普通高等学校"十三五"数字化建设规划教材

# 经济数学基础(线性代数)

内蒙古财经大学统计与数学学院 组 编
刘万霞 邵颖丽 曹京平 主 编
王瑞莲 杨 芳 胡格吉乐吐 副主编



北京大学出版社
PEKING UNIVERSITY PRESS

# 内 容 简 介

本书的主要内容有行列式、矩阵、线性方程组、向量空间、矩阵的特征值与特征向量、二次型等. 全书系统地介绍了线性代数的基本概念和方法，概念叙述清晰，理论分析严谨，突出了素质教育理念和应用背景，内容力求循序渐进、由浅入深、通俗易懂，注重文理科的数学基础训练，开拓大学生的解题思路. 书中例题丰富，讲解详尽. 为了便于学生自学，每节后配有习题，书后附有习题参考答案.

本书可作为高等院校非数学专业本科生的线性代数教材或教学参考书，也可供自学读者及相关科技人员参考.

# 前　言

线性代数是高等财经院校的一门重要基础理论课程，同系统工程、优化理论及稳定性理论等有着密切联系.随着计算技术的发展和计算机的普及，线性代数作为理工科的一门基础课程日益受到重视.本书既包括了经济管理类专业对线性代数课程要求的内容，在阐述上也保持了数学应有的逻辑上的严密性；同时，又较多地照顾到经济管理类的学生和非数学专业工作者的特点，还参考了最新颁布的《全国硕士研究生入学统一考试数学考试大纲》，对于线性代数中基本概念的引入和基本命题的阐述尽可能详尽，由具体到抽象，力求使之通俗易懂，不使初学者望而生畏.在读者理解和掌握了线性代数的基本概念和方法之后，再逐步加深内容，以便达到必要的理论高度.

本书由内蒙古财经大学统计与数学学院组编，刘万霞、邵颖丽和曹京平老师主编，其中第一、二章由邵颖丽编写，第三、四章由刘万霞编写，第五、六章由曹京平编写，最后全书由刘万霞统稿.参与编写的老师还有王瑞莲、杨芳、胡格吉乐吐.付小军编辑了教学资源，魏楠、苏娟提供了版式和装帧设计方案.在此表示感谢.

本书在编写过程中参考了一些同类书籍(由于涉及书籍较多，我们未一一列出)，汲取了其中的长处，使我们编写的教材增色不少，对这些教材的作者表示感谢.本书的出版还得到了内蒙古财经大学统计与数学学院领导和北京大学出版社的大力支持，在此一并表示衷心的感谢!

由于我们水平有限，书中一定还存在不少缺点和错误，对于本书中存在的问题，敬请广大专家、同行和读者给予批评指正.

编　者<br>2018 年 4 月

# 目　录

# 第一章

# 行列式

微课视频

行列式是一种常用的数学工具. 本章主要介绍行列式的定义、性质及其计算方法,并介绍利用 $n$ 阶行列式来求解 $n$ 元线性方程组的克拉默(Cramer)法则.

# 第一节 二阶与三阶行列式

## 一、二元一次线性方程组与二阶行列式

对于二元一次线性方程组

$$\begin{cases} a_{11}x_1 + a_{12}x_2 = b_1, & (1.1) \\ a_{21}x_1 + a_{22}x_2 = b_2, & (1.2) \end{cases}$$

式(1.1)$\times a_{22}$ − 式(1.2)$\times a_{12}$,得

$$(a_{11}a_{22} - a_{12}a_{21})x_1 = b_1a_{22} - b_2a_{12}. \tag{1.3}$$

式(1.2)$\times a_{11}$ − 式(1.1)$\times a_{21}$,得

$$(a_{11}a_{22} - a_{12}a_{21})x_2 = b_2a_{11} - b_1a_{21}. \tag{1.4}$$

当 $a_{11}a_{22} - a_{12}a_{21} \neq 0$ 时,方程组有解为

$$x_1 = \frac{b_1a_{22} - b_2a_{12}}{a_{11}a_{22} - a_{12}a_{21}}, \quad x_2 = \frac{b_2a_{11} - b_1a_{21}}{a_{11}a_{22} - a_{12}a_{21}}. \tag{1.5}$$

式(1.5)中的分子、分母都是 4 个数分两对相乘再相减而得,其中分母 $a_{11}a_{22} - a_{12}a_{21}$ 是由方程组的 4 个系数确定的. 把这 4 个数按它们在方程组中的位置排成两行两列的数表

$$\begin{matrix} a_{11} & a_{12} \\ a_{21} & a_{22} \end{matrix}, \tag{1.6}$$

表达式 $a_{11}a_{22} - a_{12}a_{21}$ 称为由数表(1.6)所确定的**二阶行列式**,记作

$$\begin{vmatrix} a_{11} & a_{12} \\ a_{21} & a_{22} \end{vmatrix}, \tag{1.7}$$

其中数 $a_{ij}$ $(i = 1,2; j = 1,2)$ 称为二阶行列式(1.7)的**元素**. 元素 $a_{ij}$ 的第一个下标 $i$ 称为**行标**,表明该元素位于第 $i$ 行;第二个下标 $j$ 称为**列标**,表明该元素位于第 $j$ 列.

上述二阶行列式的定义可用对角线法则来记忆,如图 1-1 所示,即实线(主对角线)连接的两个元素的乘积减去虚线(次对角线)连接的两个元素的乘积.

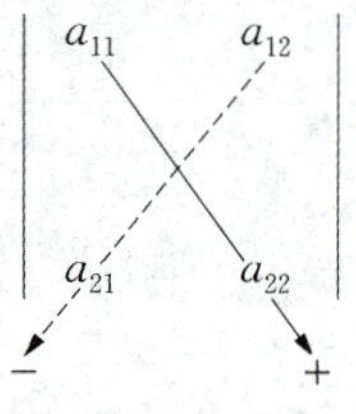


图 1-1

利用二阶行列式的定义,记

$$D = a_{11}a_{22} - a_{12}a_{21} = \begin{vmatrix} a_{11} & a_{12} \\ a_{21} & a_{22} \end{vmatrix},$$

$$D_1 = b_1 a_{22} - b_2 a_{12} = \begin{vmatrix} b_1 & a_{12} \\ b_2 & a_{22} \end{vmatrix},$$

$$D_2 = b_2 a_{11} - b_1 a_{21} = \begin{vmatrix} a_{11} & b_1 \\ a_{21} & b_2 \end{vmatrix},$$

则式(1.3)和式(1.4)可改写为

$$\begin{cases} Dx_1 = D_1, \\ Dx_2 = D_2. \end{cases}$$

于是，在 $D \neq 0$ 的条件下，方程组有唯一解为

$$x_1 = \frac{D_1}{D}, \quad x_2 = \frac{D_2}{D}.$$

**例 1** $\begin{vmatrix} 3 & -2 \\ 2 & 1 \end{vmatrix} = 3 \times 1 - (-2) \times 2 = 7.$

**例 2** 解线性方程组

$$\begin{cases} x_1 - 3x_2 = -5, \\ 4x_1 + 3x_2 = -5. \end{cases}$$

**解** $D = \begin{vmatrix} 1 & -3 \\ 4 & 3 \end{vmatrix} = 1 \times 3 - (-3) \times 4 = 15,$

$$D_1 = \begin{vmatrix} -5 & -3 \\ -5 & 3 \end{vmatrix} = -30, \quad D_2 = \begin{vmatrix} 1 & -5 \\ 4 & -5 \end{vmatrix} = 15.$$

因 $D \neq 0$，故方程组有唯一解为

$$x_1 = \frac{D_1}{D} = \frac{-30}{15} = -2, \quad x_2 = \frac{D_2}{D} = \frac{15}{15} = 1.$$

## 二、三元一次线性方程组与三阶行列式

与求解二元一次线性方程组类似，从三元一次线性方程组

$$\begin{cases} a_{11}x_1 + a_{12}x_2 + a_{13}x_3 = b_1, \\ a_{21}x_1 + a_{22}x_2 + a_{23}x_3 = b_2, \\ a_{31}x_1 + a_{32}x_2 + a_{33}x_3 = b_3 \end{cases}$$

的求解入手，可引出三阶行列式的概念.

设有 9 个数排成 3 行 3 列的数表

$$\begin{matrix} a_{11} & a_{12} & a_{13} \\ a_{21} & a_{22} & a_{23}, \\ a_{31} & a_{32} & a_{33} \end{matrix} \tag{1.8}$$

用记号$\begin{vmatrix} a_{11} & a_{12} & a_{13} \\ a_{21} & a_{22} & a_{23} \\ a_{31} & a_{32} & a_{33} \end{vmatrix}$表示代数和

$$a_{11}a_{22}a_{33}+a_{12}a_{23}a_{31}+a_{13}a_{21}a_{32}-a_{13}a_{22}a_{31}-a_{12}a_{21}a_{33}-a_{11}a_{23}a_{32}.$$

上式称为由数表(1.8)所确定的**三阶行列式**,即

$$\begin{aligned} D &= \begin{vmatrix} a_{11} & a_{12} & a_{13} \\ a_{21} & a_{22} & a_{23} \\ a_{31} & a_{32} & a_{33} \end{vmatrix} \\ &= a_{11}a_{22}a_{33}+a_{12}a_{23}a_{31}+a_{13}a_{21}a_{32}-a_{13}a_{22}a_{31}-a_{12}a_{21}a_{33}-a_{11}a_{23}a_{32}. \end{aligned} \tag{1.9}$$

三阶行列式表示的代数和也可以由下面的对角线法则来记忆,如图 1-2 所示,其中各实线连接的 3 个元素的乘积是代数和中的正项,各虚线连接的 3 个元素的乘积是代数和中的负项.

由上述定义可见,三阶行列式是由 9 个数按照一定的规律运算所得的代数和,这个代数和可利用图 1-2(对角线法则)或图 1-3(沙路法则)来表述.

(1) 对角线法则,如图 1-2 所示.

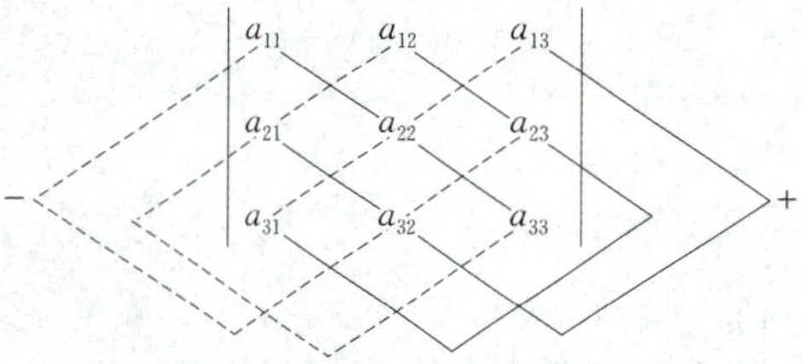


图 1-2

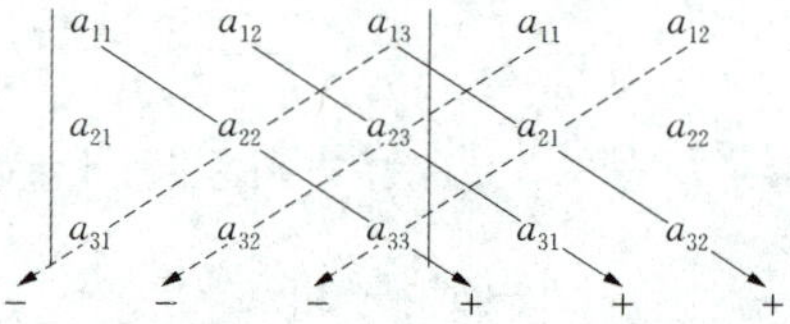


图 1-3

(2) 沙路法则,如图 1-3 所示.

**例 3** 计算三阶行列式

$$D=\begin{vmatrix} 1 & 2 & 3 \\ 2 & -2 & -1 \\ -3 & 4 & -5 \end{vmatrix}.$$

**解** 由对角线法则知

$$\begin{aligned} D &= 1\times(-2)\times(-5)+2\times(-1)\times(-3)+3\times2\times4 \\ &\quad -3\times(-2)\times(-3)-2\times2\times(-5)-1\times(-1)\times4=46. \end{aligned}$$

**例 4** $\begin{vmatrix} a & 1 & 0 \\ 1 & a & 0 \\ 4 & 1 & 1 \end{vmatrix}>0$ 的充要条件是什么?

**解** 由对角线法则知

$$\begin{vmatrix} a & 1 & 0 \\ 1 & a & 0 \\ 4 & 1 & 1 \end{vmatrix}=a^2-1.$$

$a^2-1>0$ 当且仅当 $|a|>1$，因此可得

$$\begin{vmatrix} a & 1 & 0 \\ 1 & a & 0 \\ 4 & 1 & 1 \end{vmatrix}>0$$

的充要条件是 $|a|>1$.

类似于二元线性方程组的讨论，对于三元线性方程组

$$\begin{cases} a_{11}x_1+a_{12}x_2+a_{13}x_3=b_1, \\ a_{21}x_1+a_{22}x_2+a_{23}x_3=b_2, \\ a_{31}x_1+a_{32}x_2+a_{33}x_3=b_3, \end{cases}$$

记

$$D=\begin{vmatrix} a_{11} & a_{12} & a_{13} \\ a_{21} & a_{22} & a_{23} \\ a_{31} & a_{32} & a_{33} \end{vmatrix}, \quad D_1=\begin{vmatrix} b_1 & a_{12} & a_{13} \\ b_2 & a_{22} & a_{23} \\ b_3 & a_{32} & a_{33} \end{vmatrix},$$

$$D_2=\begin{vmatrix} a_{11} & b_1 & a_{13} \\ a_{21} & b_2 & a_{23} \\ a_{31} & b_3 & a_{33} \end{vmatrix}, \quad D_3=\begin{vmatrix} a_{11} & a_{12} & b_1 \\ a_{21} & a_{22} & b_2 \\ a_{31} & a_{32} & b_3 \end{vmatrix}.$$

用消元法求解方程组得

$$\begin{cases} Dx_1=D_1, \\ Dx_2=D_2, \\ Dx_3=D_3. \end{cases}$$

于是，在 $D\neq 0$ 的条件下，方程组有唯一解为

$$x_1=\frac{D_1}{D}, \quad x_2=\frac{D_2}{D}, \quad x_3=\frac{D_3}{D}.$$

以后我们将证明，在一定条件下，具有更多未知量的线性方程组也有类似的求解公式.

**例 5** 解线性方程组

$$\begin{cases} 3x_1-x_2+x_3=26, \\ 2x_1-4x_2-x_3=9, \\ x_1+2x_2+x_3=16. \end{cases}$$

**解** $D=\begin{vmatrix} 3 & -1 & 1 \\ 2 & -4 & -1 \\ 1 & 2 & 1 \end{vmatrix}=5\neq 0, \quad D_1=\begin{vmatrix} 26 & -1 & 1 \\ 9 & -4 & -1 \\ 16 & 2 & 1 \end{vmatrix}=55,$

$$D_2=\begin{vmatrix} 3 & 26 & 1 \\ 2 & 9 & -1 \\ 1 & 16 & 1 \end{vmatrix}=20, \quad D_3=\begin{vmatrix} 3 & -1 & 26 \\ 2 & -4 & 9 \\ 1 & 2 & 16 \end{vmatrix}=-15.$$

因 $D\neq 0$，故方程组有唯一解为

$$x_1=\frac{D_1}{D}=\frac{55}{5}=11,\quad x_2=\frac{D_2}{D}=\frac{20}{5}=4,\quad x_3=\frac{D_3}{D}=\frac{-15}{5}=-3.$$

## 习题 1.1

1. 计算下列行列式:

(1) $\begin{vmatrix} 2 & 1 \\ -1 & 2 \end{vmatrix}$;　　(2) $\begin{vmatrix} 1 & 2 & 3 \\ 3 & 2 & 1 \\ 1 & 3 & 2 \end{vmatrix}$;

(3) $\begin{vmatrix} 0 & a & 0 \\ b & 0 & c \\ 0 & d & 0 \end{vmatrix}$.

# 第二节 $n$ 阶行列式

## 一、$n$ 级排列

行列式的定义需要用到排列及其逆序数的准备知识.

**定义 1.1** 由 $n$ 个数字 $1,2,\cdots,n$ 按照某种次序排成一列 $j_1j_2\cdots j_n$,则称 $j_1j_2\cdots j_n$ 为一个 **$n$ 级排列**,简称**排列**.

**例 1** 由数字 1,2,3 按照不同次序构成的不同排列共有 $3!=6$ 个,分别为 123,132,213,231,312,321. 4231 是一个四级排列,23154 是一个五级排列.

一般地,不同的 $n$ 级排列一共有

$$n\cdot(n-1)\cdot(n-2)\cdot\cdots\cdot2\cdot1=n!(\text{个}).$$

按数字从小到大的顺序所构成的 $n$ 级排列 $12\cdots n$ 称为**顺序排列**(**标准排列**或**自然序排列**). 而在其他任何一个排列中,都会或多或少地出现数字大小次序颠倒的情形.

**定义 1.2** 在一个排列中,如果一对数的前后位置与大小顺序相反,即前面的数大于后面的数,那么就称它们构成一个**逆序**. 一个排列中存在的逆序的总个数称为这个排列的**逆序数**.

排列 $j_1j_2\cdots j_n$ 的逆序数记为 $\tau(j_1j_2\cdots j_n)$.

**例 2** 确定五级排列 42531 的逆序数.

**解** 在排列 42531 中,

4 排在首位,前面没有比它大的数,故不构成逆序;

2 排在第二位,前面有 1 个数比它大,故构成 1 个逆序;

5 排在第三位，前面没有比它大的数，故不构成逆序；

3 排在第四位，前面有 2 个数比它大，故构成 2 个逆序；

1 排在第五位，前面有 4 个数比它大，故构成 4 个逆序.

于是，排列 42531 的逆序数为

$$\tau(42531)=0+1+0+2+4=7.$$

**例 3** 计算 $\tau(135\cdots(2n-1)24\cdots(2n))$.

**解** 从排列 $135\cdots(2n-1)24\cdots(2n)$ 看，前 $n$ 个数 $1,3,5,\cdots,2n-1$ 之间没有逆序，后 $n$ 个数 $2,4,\cdots,2n$ 之间也没有逆序，只有前后 $2n$ 个数之间才构成逆序.

$2n$ 最大且排在最后，故逆序数为 0；

$2n-2$ 的前面有 $2n-1$ 比它大，故逆序数为 1；

$2n-4$ 的前面有 $2n-1,2n-3$ 比它大，故逆序数为 2；

……

2 的前面有 $n-1$ 个数比它大，故逆序数为 $n-1$. 因此有

$$\tau(135\cdots(2n-1)24\cdots(2n))=0+1+2+\cdots+n-1=\frac{n(n-1)}{2}.$$

**定义 1.3** 逆序数为偶数的排列称为**偶排列**，逆序数为奇数的排列称为**奇排列**.

例 2 中的排列就是一个奇排列，而排列 24315 是一个偶排列.（为什么？）例 3 中排列的奇偶性要视 $n$ 的取值而定.

**例 4** 求排列 $12\cdots n$ 和 $n(n-1)\cdots 21$ 的逆序数，并指出其奇偶性.

**解** 因为 $\tau(12\cdots n)=0$，所以 $12\cdots n$ 为偶排列. 又因为

$$\tau(n(n-1)\cdots 21)=(n-1)+(n-2)+\cdots+2+1=\frac{n(n-1)}{2},$$

易见当 $n=4k,4k+1$ 时，该排列为偶排列；当 $n=4k+2,4k+3$ 时，该排列为奇排列.

**定义 1.4** 在一个排列中，把某两个数字的位置相互对调，其余数字的位置不变，称为对该排列进行一次**对换**. 特别地，相邻位置上的两个数字的对换称为**邻换**.

**例 5** 研究排列 23145 与排列 53142 之间的关系.

**解** 在排列 23145 中，把数字 5 和 2 对换即得到排列 53142.

经计算可知 $\tau(23145)=2$，$\tau(53142)=7$，即排列 23145 为偶排列，排列 53142 为奇排列. 这说明，本例所做的一次对换改变了排列的奇偶性.

一般地，一次对换必改变排列的奇偶性. 为此我们先证明下面的引理.

**引理** 一次邻换改变排列的奇偶性.

**证明** 设排列

$$p_1p_2\cdots p_sjiq_1q_2\cdots q_t \tag{1.10}$$

经过 $i$ 与 $j$ 的邻换，得到排列

$$p_1p_2\cdots p_sijq_1q_2\cdots q_t. \tag{1.11}$$

注意到经上述邻换后，排列 $p_1p_2\cdots p_s$ 和 $q_1q_2\cdots q_t$ 的各数字间的相互位置以及它们分别与

$i$ 或 $j$ 的相互位置并没有改变,因而它们相互间的逆序个数没有发生变化,只是由于 $i$ 与 $j$ 相互调换位置后,使所得排列(1.11)的逆序数比原排列(1.10)的逆序数加1或减1,故排列(1.10)与排列(1.11)的奇偶性不同.这就证明了一次邻换改变了排列的奇偶性.

**定理 1.1** **每做一次对换必改变排列的奇偶性.**

**证明** 设排列

$$p_1p_2\cdots p_s i r_1 r_2\cdots r_m j q_1 q_2\cdots q_t \tag{1.12}$$

经过 $i$ 与 $j$ 的对换,得到排列

$$p_1p_2\cdots p_s j r_1 r_2\cdots r_m i q_1 q_2\cdots q_t. \tag{1.13}$$

显然,这样一个对换可以通过一系列的邻换来实现:在排列(1.12)中,先用 $i$ 与它右邻的元素连续做 $m+1$ 次邻换,即得排列

$$p_1p_2\cdots p_s r_1 r_2\cdots r_m j i q_1 q_2\cdots q_t. \tag{1.14}$$

然后,在排列(1.14)中,再用 $j$ 与它左邻的元素连续做 $m$ 次邻换,即得排列(1.13).也就是说,排列(1.12)一共经过 $2m+1$ 次(奇数次)邻换就得到排列(1.13).由引理知,每一次邻换都改变排列的奇偶性,故奇数次邻换改变了排列的奇偶性.这就证明了每做一次对换必改变排列的奇偶性.

**推论** 任何一个 $n$ 级排列都可经过一系列的对换调成顺序排列 $12\cdots n$,并且偶排列调成顺序排列所需的对换次数为偶数,奇排列调成顺序排列所需的对换次数为奇数.

**证明** 注意到顺序排列为偶排列,由定理1.1不难得到其结论.证毕.

**定理 1.2** **在 $n!$ 个 $n$ 级排列中,当 $n\geqslant 2$ 时,奇排列与偶排列的个数相等,各为 $\frac{n!}{2}$ 个.**

**证明** 设有 $p$ 个不同的 $n$ 级偶排列,$q$ 个不同的 $n$ 级奇排列,则 $p+q=n!$.对这 $p$ 个偶排列施行同一个对换 $(i,j)$,那么由定理1.1可得到 $p$ 个奇排列,且 $p\leqslant q$.同理,对 $q$ 个奇排列施行同一个对换 $(i,j)$,由定理1.1可得到 $q$ 个偶排列,且 $q\leqslant p$.故 $q=p=\frac{n!}{2}$.

## 二、$n$ 阶行列式的定义

为了给出 $n$ 阶行列式的定义,我们先研究三阶行列式的定义.观察三阶行列式

$$\begin{vmatrix} a_{11} & a_{12} & a_{13} \\ a_{21} & a_{22} & a_{23} \\ a_{31} & a_{32} & a_{33} \end{vmatrix} = a_{11}a_{22}a_{33}+a_{12}a_{23}a_{31}+a_{13}a_{21}a_{32} - a_{11}a_{23}a_{32}-a_{12}a_{21}a_{33}-a_{13}a_{22}a_{31},$$

易见:

(1) 三阶行列式共有 $3!=6$ 项;

(2) 每项都是取自不同行、不同列的3个元素的乘积;

(3) 每项的符号是:当该项元素的行标按自然序排列后,若对应的列标构成的排列是偶排列则取正号,是奇排列则取负号.

因此,三阶行列式可定义为

$$\begin{vmatrix} a_{11} & a_{12} & a_{13} \\ a_{21} & a_{22} & a_{23} \\ a_{31} & a_{32} & a_{33} \end{vmatrix} = \sum_{j_1j_2j_3}(-1)^{\tau(j_1j_2j_3)}a_{1j_1}a_{2j_2}a_{3j_3},$$

其中 $\sum\limits_{j_1j_2j_3}$ 表示对所有三级排列 $j_1j_2j_3$ 求和.

**定义 1.5** 由 $n^2$ 个元素 $a_{ij}\,(i,j=1,2,\cdots,n)$ 组成的记号

$$\begin{vmatrix} a_{11} & a_{12} & \cdots & a_{1n} \\ a_{21} & a_{22} & \cdots & a_{2n} \\ \vdots & \vdots & & \vdots \\ a_{n1} & a_{n2} & \cdots & a_{nn} \end{vmatrix}$$

称为**$n$ 阶行列式**,它表示所有取自不同行、不同列的 $n$ 个元素乘积 $a_{1j_1}a_{2j_2}\cdots a_{nj_n}$ 的代数和,各项的符号是:当该项各元素的行标按自然序排列后,若对应的列标构成的排列是偶排列则取正号,是奇排列则取负号,即

$$\begin{vmatrix} a_{11} & a_{12} & \cdots & a_{1n} \\ a_{21} & a_{22} & \cdots & a_{2n} \\ \vdots & \vdots & & \vdots \\ a_{n1} & a_{n2} & \cdots & a_{nn} \end{vmatrix} = \sum_{j_1j_2\cdots j_n}(-1)^{\tau(j_1j_2\cdots j_n)}a_{1j_1}a_{2j_2}\cdots a_{nj_n},$$

其中 $\sum\limits_{j_1j_2\cdots j_n}$ 表示对所有 $n$ 级排列 $j_1j_2\cdots j_n$ 求和.

为方便起见,有时把 $n$ 阶行列式简记为 $\det(a_{ij})$,有时也简记为 $D$. 我们也称代数和 $\sum\limits_{j_1j_2\cdots j_n}(-1)^{\tau(j_1j_2\cdots j_n)}a_{1j_1}a_{2j_2}\cdots a_{nj_n}$ 为 $n$ 阶行列式 $D$ 的展开式.

**注**:(1) 由于所有 $n$ 级排列的总数有 $n!$ 个,因此 $n$ 阶行列式是 $n!$ 项的代数和.

(2) 由于在所有 $n$ 级排列中,奇排列和偶排列的个数相同,因此在代数和

$$\sum_{j_1j_2\cdots j_n}(-1)^{\tau(j_1j_2\cdots j_n)}a_{1j_1}a_{2j_2}\cdots a_{nj_n}$$

中正负项各占一半.

按此定义的二阶、三阶行列式与用对角线法则定义的二阶、三阶行列式是一致的. 特别地,当 $n=1$ 时,一阶行列式 $D=|a_{11}|=a_{11}$. 注意行列式记号与绝对值记号的区别.

**例 6** 计算 $n$ 阶行列式

$$D=\begin{vmatrix} a_{11} & 0 & \cdots & 0 \\ a_{21} & a_{22} & \cdots & 0 \\ \vdots & \vdots & & \vdots \\ a_{n1} & a_{n2} & \cdots & a_{nn} \end{vmatrix}.$$

**解** 行列式 $D$ 的一般项为 $(-1)^{\tau(j_1j_2\cdots j_n)}a_{1j_1}a_{2j_2}\cdots a_{nj_n}$,现考察不为零的项. $a_{1j_1}$ 取自第 1 行,但第 1 行中只有 $a_{11}\neq 0$,故只可能取 $a_{1j_1}=a_{11}\,(j_1=1)$. 又 $a_{2j_2}$ 取自第 2 行,而该行只有 $a_{21}$ 及 $a_{22}$ 不为零,因 $a_{1j_1}=a_{11}$ 取自第 1 列,故 $a_{2j_2}$ 不能取自第 1 列,从而 $a_{2j_2}=a_{22}$ $(j_2=2)$. 同理可得

$$a_{3j_3}=a_{33},\quad a_{4j_4}=a_{44},\quad \cdots,\quad a_{nj_n}=a_{nn},$$

因此

$$\begin{vmatrix} a_{11} & 0 & \cdots & 0 \\ a_{21} & a_{22} & \cdots & 0 \\ \vdots & \vdots & & \vdots \\ a_{n1} & a_{n2} & \cdots & a_{nn} \end{vmatrix} = (-1)^{\tau(12\cdots n)} a_{11}a_{22}\cdots a_{nn} = a_{11}a_{22}\cdots a_{nn}.$$

具有这种从主对角线以上(下)各元素都为零的特征的行列式称为下(上)三角形行列式. 上例说明,下三角形行列式的值等于主对角线上各元素的乘积. 同理可得,上三角形行列式的值也等于主对角线上各元素的乘积.

特别地,对角形行列式(主对角线以外的元素均为零的行列式)的值亦等于主对角线上各元素的乘积,即

$$\begin{vmatrix} a_{11} & 0 & \cdots & 0 \\ 0 & a_{22} & \cdots & 0 \\ \vdots & \vdots & & \vdots \\ 0 & 0 & \cdots & a_{nn} \end{vmatrix} = a_{11}a_{22}\cdots a_{nn}.$$

我们也不难得到

$$\begin{vmatrix} 0 & \cdots & 0 & a_{1n} \\ 0 & \cdots & a_{2(n-1)} & 0 \\ \vdots & & \vdots & \vdots \\ a_{n1} & \cdots & 0 & 0 \end{vmatrix} = (-1)^{\tau(n(n-1)\cdots 21)} a_{1n}a_{2(n-1)}\cdots a_{n1}$$

$$= (-1)^{\frac{n(n-1)}{2}} a_{1n}a_{2(n-1)}\cdots a_{n1}.$$

## 三、$n$ 阶行列式定义的其他形式

利用定理 1.1,我们来讨论行列式定义的其他形式.

对于行列式的任一项

$$(-1)^{\tau(p_1p_2\cdots p_i\cdots p_j\cdots p_n)} a_{1p_1}a_{2p_2}\cdots a_{ip_i}\cdots a_{jp_j}\cdots a_{np_n},$$

其中 $1\cdots i\cdots j\cdots n$ 为顺序排列,对换 $a_{ip_i}$ 与 $a_{jp_j}$ 得

$$(-1)^{\tau(p_1p_2\cdots p_j\cdots p_i\cdots p_n)} a_{1p_1}a_{2p_2}\cdots a_{jp_j}\cdots a_{ip_i}\cdots a_{np_n},$$

这时该项的值不变,而行标排列与列标排列同时做了一次相应的对换. 设新的行标排列 $1\cdots j\cdots i\cdots n$ 的逆序数为 $\tau_1$,则 $\tau_1$ 为奇数;设新的列标排列 $p_1p_2\cdots p_j\cdots p_i\cdots p_n$ 的逆序数为 $\tau_2$,则 $(-1)^{\tau_2}=-(-1)^{\tau(p_1p_2\cdots p_i\cdots p_j\cdots p_n)}$,故 $(-1)^{\tau(p_1p_2\cdots p_i\cdots p_j\cdots p_n)}=(-1)^{\tau_1+\tau_2}$,于是

$$(-1)^{\tau(p_1p_2\cdots p_i\cdots p_j\cdots p_n)} a_{1p_1}\cdots a_{ip_i}\cdots a_{jp_j}\cdots a_{np_n} = (-1)^{\tau_1+\tau_2} a_{1p_1}\cdots a_{jp_j}\cdots a_{ip_i}\cdots a_{np_n}.$$

这就说明,对换乘积中两元素的次序,从而行标排列与列标排列同时做了一次对换,因此行标排列与列标排列的逆序数之和并不改变奇偶性. 经过一次对换如此,经过多次对换亦如此. 于是经过若干次对换,使列标排列(逆序数 $\tau=\tau(p_1p_2\cdots p_n)$)变为顺序排列(逆序数为 0),行标排列则相应地从顺序排列变为某个新的排列,设此新排列为 $q_1q_2\cdots q_n$,

则有

$$(-1)^{\tau(p_1 p_2 \cdots p_n)} a_{1p_1} a_{2p_2} \cdots a_{np_n} = (-1)^{\tau(q_1 q_2 \cdots q_n)} a_{q_1 1} a_{q_2 2} \cdots a_{q_n n}.$$

又若 $p_i = j$，则 $q_j = i$（即 $a_{ip_i} = a_{ij} = a_{q_j i}$），可见排列 $q_1 q_2 \cdots q_n$ 由排列 $p_1 p_2 \cdots p_n$ 所唯一确定.

由此可得 $n$ 阶行列式的定义如下：

**定理 1.3** $n$ 阶行列式也可定义为

$$D = |a_{ij}|_{n\times n} = \sum_{i_1 i_2 \cdots i_n} (-1)^{\tau(i_1 i_2 \cdots i_n)} a_{i_1 1} a_{i_2 2} \cdots a_{i_n n}. \tag{1.15}$$

更一般地，有 $n$ 阶行列式的定义如下：

**定理 1.4** $n$ 阶行列式可定义为

$$D = |a_{ij}|_{n\times n} = \sum_{\substack{i_1 i_2 \cdots i_n \\ (\text{或} j_1 j_2 \cdots j_n)}} (-1)^{\tau(i_1 i_2 \cdots i_n)+\tau(j_1 j_2 \cdots j_n)} a_{i_1 j_1} a_{i_2 j_2} \cdots a_{i_n j_n}. \tag{1.16}$$

## 习题 1.2

1. 写出下列排列的逆序数：

   (1) 3527641； (2) 698247513.

2. (1) 若要使六级排列 $3i64j1$ 为偶排列，则 $i=$ ______，$j=$ ______；

   (2) 若要使六级排列 $42i15j$ 为奇排列，则 $i=$ ______，$j=$ ______.

3. 如果排列 $x_1 x_2 \cdots x_n$ 是奇排列，则排列 $x_n x_{n-1} \cdots x_1$ 的奇偶性如何？

4. (1) 在六阶行列式的展开式中，由元素 $a_{23}, a_{31}, a_{42}, a_{56}, a_{14}, a_{65}$ 构成的乘积项应带什么符号？

   (2) 写出四阶行列式的展开式中带负号且含元素 $a_{23}$ 和 $a_{31}$ 的项.

5. 按照行列式的定义，计算行列式

$$\begin{vmatrix} 0 & \cdots & 0 & 1 & 0 \\ 0 & \cdots & 2 & 0 & 0 \\ \vdots & & \vdots & \vdots & \vdots \\ n-1 & \cdots & 0 & 0 & 0 \\ 0 & \cdots & 0 & 0 & n \end{vmatrix}.$$

6. 根据行列式的定义，写出行列式 $\begin{vmatrix} 2x & x & 1 & 2 \\ 1 & x & 1 & -1 \\ 3 & 2 & x & 1 \\ 1 & 1 & 1 & x \end{vmatrix}$ 的展开式中含 $x^4$ 和含 $x^3$ 的项.

7. 若 $n$ 阶行列式 $D_n = |a_{ij}| = a$，则 $D = |-a_{ij}| =$ ______.

## 第三节 行列式的性质

利用行列式的定义来计算较高阶的行列式,计算量是相当大的,因此有必要研究行列式的性质,以简化行列式的计算.此外,这些性质在理论上也具有重要意义.

**定义 1.6** 将行列式 $D$ 的行与列互换后所得到的行列式称为 $D$ 的**转置行列式**,记为 $D^{\mathrm{T}}$ 或 $D'$,即若

$$D=\begin{vmatrix} a_{11} & a_{12} & \cdots & a_{1n} \\ a_{21} & a_{22} & \cdots & a_{2n} \\ \vdots & \vdots & & \vdots \\ a_{n1} & a_{n2} & \cdots & a_{nn} \end{vmatrix},\quad \text{则}\quad D^{\mathrm{T}}=\begin{vmatrix} a_{11} & a_{21} & \cdots & a_{n1} \\ a_{12} & a_{22} & \cdots & a_{n2} \\ \vdots & \vdots & & \vdots \\ a_{1n} & a_{2n} & \cdots & a_{nn} \end{vmatrix}.$$

**性质 1** 行列式与它的转置行列式相等,即 $D=D^{\mathrm{T}}$.

**证明** 设 $D^{\mathrm{T}}$ 中位于第 $i$ 行、第 $j$ 列的元素为 $b_{ij}$,显然有 $b_{ij}=a_{ji}\,(i,j=1,2,\cdots,n)$. 根据 $n$ 阶行列式的定义,有

$$\begin{aligned} D^{\mathrm{T}} &= \sum_{j_1j_2\cdots j_n}(-1)^{\tau(j_1j_2\cdots j_n)}b_{1j_1}b_{2j_2}\cdots b_{nj_n} \\ &= \sum_{j_1j_2\cdots j_n}(-1)^{\tau(j_1j_2\cdots j_n)}a_{j_11}a_{j_22}\cdots a_{j_nn}=D. \end{aligned}$$

由性质 1 知,行列式中的行与列具有相同的地位,行列式的行具有的性质,它的列也同样具有.

**性质 2** 交换行列式的两行(列),行列式变号.

**证明** 设交换行列式

$$D=\begin{vmatrix} a_{11} & a_{12} & \cdots & a_{1n} \\ \vdots & \vdots & & \vdots \\ a_{i1} & a_{i2} & \cdots & a_{in} \\ \vdots & \vdots & & \vdots \\ a_{s1} & a_{s2} & \cdots & a_{sn} \\ \vdots & \vdots & & \vdots \\ a_{n1} & a_{n2} & \cdots & a_{nn} \end{vmatrix}\begin{matrix} \\ \\ \text{第 } i \text{ 行} \\ \\ \text{第 } s \text{ 行} \\ \\ \\ \end{matrix}$$

的第 $i$ 行和第 $s$ 行($1\leqslant i<s\leqslant n$),得行列式

$$D_1=\begin{vmatrix} a_{11} & a_{12} & \cdots & a_{1n} \\ \vdots & \vdots & & \vdots \\ a_{s1} & a_{s2} & \cdots & a_{sn} \\ \vdots & \vdots & & \vdots \\ a_{i1} & a_{i2} & \cdots & a_{in} \\ \vdots & \vdots & & \vdots \\ a_{n1} & a_{n2} & \cdots & a_{nn} \end{vmatrix}\begin{matrix} \\ \\ 第\ i\ 行 \\ \\ 第\ s\ 行 \\ \\ \\ \end{matrix}.$$

显然，$a_{1j_1}\cdots a_{ij_i}\cdots a_{sj_s}\cdots a_{nj_n}$ 既是 $D$ 中的项，也是 $D_1$ 中的项. 在 $D$ 中，该项前的符号由

$$\tau(1\cdots i\cdots s\cdots n)+\tau(j_1\cdots j_i\cdots j_s\cdots j_n)$$

所确定，在 $D_1$ 中，该项前的符号由

$$\tau(1\cdots s\cdots i\cdots n)+\tau(j_1\cdots j_i\cdots j_s\cdots j_n)$$

所确定. 而排列 $1\cdots s\cdots i\cdots n$ 和排列 $1\cdots i\cdots s\cdots n$ 的奇偶性相反，因此 $D_1$ 中的每一项都是 $D$ 中对应项的相反数，于是 $D_1=-D$.

注：交换 $D$ 的第 $i,j$ 两行(列)，记为 $r_i\leftrightarrow r_j(c_i\leftrightarrow c_j)$.

**推论** 若行列式有两行(列)完全相同，则该行列式为零.

**证明** 互换相同的两行(列)，有 $D=-D$，故 $D=0$.

**性质 3** 行列式某一行(列)的所有元素都乘以数 $k$，等于用数 $k$ 乘以此行列式，即

$$D_1=\begin{vmatrix} a_{11} & a_{12} & \cdots & a_{1n} \\ \vdots & \vdots & & \vdots \\ ka_{i1} & ka_{i2} & \cdots & ka_{in} \\ \vdots & \vdots & & \vdots \\ a_{n1} & a_{n2} & \cdots & a_{nn} \end{vmatrix}=k\begin{vmatrix} a_{11} & a_{12} & \cdots & a_{1n} \\ \vdots & \vdots & & \vdots \\ a_{i1} & a_{i2} & \cdots & a_{in} \\ \vdots & \vdots & & \vdots \\ a_{n1} & a_{n2} & \cdots & a_{nn} \end{vmatrix}\triangleq kD.$$

**证明** 根据行列式的定义，有

$$\begin{aligned} D_1&=\sum_{j_1j_2\cdots j_n}(-1)^{\tau(j_1j_2\cdots j_n)}a_{1j_1}\cdots(ka_{ij_i})\cdots a_{nj_n} \\ &=k\sum_{j_1j_2\cdots j_n}(-1)^{\tau(j_1j_2\cdots j_n)}a_{1j_1}\cdots a_{ij_i}\cdots a_{nj_n}=kD. \end{aligned}$$

注：$D$ 的第 $i$ 行(列)乘以数 $k$，记为 $kr_i(kc_i)$.

**推论 1** 行列式的某一行(列)中所有元素的公因子可以提到行列式的外面.

结合性质 2 和性质 3 的推论可得到：

**推论 2** 若行列式中有两行(列)对应元素成比例，则此行列式为零.

**性质 4** 若行列式的某一行(列)的元素都是两数之和，则该行列式可以表示为两个行列式之和. 例如，若

$$D=\begin{vmatrix} a_{11} & a_{12} & \cdots & a_{1n} \\ \vdots & \vdots & & \vdots \\ b_{i1}+c_{i1} & b_{i2}+c_{i2} & \cdots & b_{in}+c_{in} \\ \vdots & \vdots & & \vdots \\ a_{n1} & a_{n2} & \cdots & a_{nn} \end{vmatrix},$$

则

$$D=\begin{vmatrix} a_{11} & a_{12} & \cdots & a_{1n} \\ \vdots & \vdots & & \vdots \\ b_{i1} & b_{i2} & \cdots & b_{in} \\ \vdots & \vdots & & \vdots \\ a_{n1} & a_{n2} & \cdots & a_{nn} \end{vmatrix}+\begin{vmatrix} a_{11} & a_{12} & \cdots & a_{1n} \\ \vdots & \vdots & & \vdots \\ c_{i1} & c_{i2} & \cdots & c_{in} \\ \vdots & \vdots & & \vdots \\ a_{n1} & a_{n2} & \cdots & a_{nn} \end{vmatrix}\triangleq D_1+D_2.$$

**证明**

$$\begin{aligned} D &= \sum_{j_1j_2\cdots j_n}(-1)^{\tau(j_1j_2\cdots j_n)}a_{1j_1}\cdots(b_{ij_i}+c_{ij_i})\cdots a_{nj_n} \\ &= \sum_{j_1j_2\cdots j_n}(-1)^{\tau(j_1j_2\cdots j_n)}a_{1j_1}\cdots b_{ij_i}\cdots a_{nj_n}+\sum_{j_1j_2\cdots j_n}(-1)^{\tau(j_1j_2\cdots j_n)}a_{1j_1}\cdots c_{ij_i}\cdots a_{nj_n} \\ &= D_1+D_2. \end{aligned}$$

**性质5** 将行列式某一行(列)的所有元素都乘以数$k$后加到另一行(列)对应位置的元素上,该行列式的值不变.

例如,以数$k$乘以第$i$行加到第$j$行上,则有

$$D=\begin{vmatrix} a_{11} & a_{12} & \cdots & a_{1n} \\ \vdots & \vdots & & \vdots \\ a_{i1} & a_{i2} & \cdots & a_{in} \\ \vdots & \vdots & & \vdots \\ a_{j1} & a_{j2} & \cdots & a_{jn} \\ \vdots & \vdots & & \vdots \\ a_{n1} & a_{n2} & \cdots & a_{nn} \end{vmatrix}=\begin{vmatrix} a_{11} & a_{12} & \cdots & a_{1n} \\ \vdots & \vdots & & \vdots \\ a_{i1} & a_{i2} & \cdots & a_{in} \\ \vdots & \vdots & & \vdots \\ a_{j1}+ka_{i1} & a_{j2}+ka_{i2} & \cdots & a_{jn}+ka_{in} \\ \vdots & \vdots & & \vdots \\ a_{n1} & a_{n2} & \cdots & a_{nn} \end{vmatrix}$$

$$\triangleq D_1 \quad (i\neq j).$$

**证明**

$$D_1 \xlongequal{\text{性质 4}} \begin{vmatrix} a_{11} & a_{12} & \cdots & a_{1n} \\ \vdots & \vdots & & \vdots \\ a_{i1} & a_{i2} & \cdots & a_{in} \\ \vdots & \vdots & & \vdots \\ a_{j1} & a_{j2} & \cdots & a_{jn} \\ \vdots & \vdots & & \vdots \\ a_{n1} & a_{n2} & \cdots & a_{nn} \end{vmatrix}+\begin{vmatrix} a_{11} & a_{12} & \cdots & a_{1n} \\ \vdots & \vdots & & \vdots \\ a_{i1} & a_{i2} & \cdots & a_{in} \\ \vdots & \vdots & & \vdots \\ ka_{i1} & ka_{i2} & \cdots & ka_{in} \\ \vdots & \vdots & & \vdots \\ a_{n1} & a_{n2} & \cdots & a_{nn} \end{vmatrix}$$

$$\xlongequal{\text{性质 3 的推论 2}} D+0=D.$$

**注**:以数$k$乘$D$的第$j$行(列)加到第$i$行(列)上,记为$r_i+kr_j(c_i+kc_j)$.

**例 1** 计算行列式

$$D=\begin{vmatrix} 2 & -5 & 1 & 2 \\ -3 & 7 & -1 & 4 \\ 5 & -9 & 2 & 7 \\ 4 & -6 & 1 & 2 \end{vmatrix}.$$

**解** $D=-\begin{vmatrix} 1 & -5 & 2 & 2 \\ -1 & 7 & -3 & 4 \\ 2 & -9 & 5 & 7 \\ 1 & -6 & 4 & 2 \end{vmatrix}=-\begin{vmatrix} 1 & -5 & 2 & 2 \\ 0 & 2 & -1 & 6 \\ 0 & 1 & 1 & 3 \\ 0 & -1 & 2 & 0 \end{vmatrix}=\begin{vmatrix} 1 & -5 & 2 & 2 \\ 0 & 1 & 1 & 3 \\ 0 & 2 & -1 & 6 \\ 0 & -1 & 2 & 0 \end{vmatrix}$

$$=\begin{vmatrix} 1 & -5 & 2 & 2 \\ 0 & 1 & 1 & 3 \\ 0 & 0 & -3 & 0 \\ 0 & 0 & 3 & 3 \end{vmatrix}=\begin{vmatrix} 1 & -5 & 2 & 2 \\ 0 & 1 & 1 & 3 \\ 0 & 0 & -3 & 0 \\ 0 & 0 & 0 & 3 \end{vmatrix}=1\times1\times(-3)\times3=-9.$$

**例 2** 计算 $n$ 阶行列式

$$D=\begin{vmatrix} a & b & b & \cdots & b \\ b & a & b & \cdots & b \\ b & b & a & \cdots & b \\ \vdots & \vdots & \vdots & & \vdots \\ b & b & b & \cdots & a \end{vmatrix}.$$

**解** 注意到行列式的各行(列)对应元素相加之和相等这一特点,把第 2 列至第 $n$ 列的元素加到第 1 列对应元素上去,得

$$D=\begin{vmatrix} a+(n-1)b & b & \cdots & b \\ a+(n-1)b & a & \cdots & b \\ \vdots & \vdots & & \vdots \\ a+(n-1)b & b & \cdots & a \end{vmatrix}=[a+(n-1)b]\cdot\begin{vmatrix} 1 & b & \cdots & b \\ 1 & a & \cdots & b \\ \vdots & \vdots & & \vdots \\ 1 & b & \cdots & a \end{vmatrix}$$

$$=[a+(n-1)b]\cdot\begin{vmatrix} 1 & b & \cdots & b \\ 0 & a-b & \cdots & 0 \\ \vdots & \vdots & & \vdots \\ 0 & 0 & \cdots & a-b \end{vmatrix}$$

$$=[a+(n-1)b]\cdot(a-b)^{n-1}.$$

**例 3** 计算行列式

$$D=\begin{vmatrix} a & b & c & d \\ a & a+b & a+b+c & a+b+c+d \\ a & 2a+b & 3a+2b+c & 4a+3b+2c+d \\ a & 3a+b & 6a+3b+c & 10a+6b+3c+d \end{vmatrix}.$$

**解** 从第 4 行开始,后行减前行,得

$$D=\begin{vmatrix} a & b & c & d \\ 0 & a & a+b & a+b+c \\ 0 & a & 2a+b & 3a+2b+c \\ 0 & a & 3a+b & 6a+3b+c \end{vmatrix}=\begin{vmatrix} a & b & c & d \\ 0 & a & a+b & a+b+c \\ 0 & 0 & a & 2a+b \\ 0 & 0 & a & 3a+b \end{vmatrix}$$

$$=\begin{vmatrix} a & b & c & d \\ 0 & a & a+b & a+b+c \\ 0 & 0 & a & 2a+b \\ 0 & 0 & 0 & a \end{vmatrix}=a^4.$$

可见,计算高阶行列式时利用性质将其化为上三角形行列式,既简便又程序化.

**定义 1.7** 在 $n$ 阶行列式 $D=|a_{ij}|_{n\times n}$ 中,若

$$a_{ij}=a_{ji}\quad(i,j=1,2,\cdots,n),$$

则称 $D$ 为**对称行列式**;若

$$a_{ij}=-a_{ji}\quad(i,j=1,2,\cdots,n),$$

则称 $D$ 为**反对称行列式**.

例如,

$$\begin{vmatrix} 1 & -3 & 5 \\ -3 & -7 & 4 \\ 5 & 4 & 0 \end{vmatrix},\quad \begin{vmatrix} 0 & -3 & 5 \\ 3 & 0 & 4 \\ -5 & -4 & 0 \end{vmatrix}$$

分别为对称行列式和反对称行列式.

**例 4** 试证:奇数阶反对称行列式的值等于零.

**证明** 设反对称行列式为

$$D=\begin{vmatrix} 0 & a_{12} & \cdots & a_{1n} \\ -a_{12} & 0 & \cdots & a_{2n} \\ \vdots & \vdots & & \vdots \\ -a_{1n} & -a_{2n} & \cdots & 0 \end{vmatrix},$$

其阶数 $n$ 是奇数,根据性质 1 及性质 3 有

$$D=D^{\mathrm{T}}=\begin{vmatrix} 0 & -a_{12} & \cdots & -a_{1n} \\ a_{12} & 0 & \cdots & -a_{2n} \\ \vdots & \vdots & & \vdots \\ a_{1n} & a_{2n} & \cdots & 0 \end{vmatrix}=(-1)^n\begin{vmatrix} 0 & a_{12} & \cdots & a_{1n} \\ -a_{12} & 0 & \cdots & a_{2n} \\ \vdots & \vdots & & \vdots \\ -a_{1n} & -a_{2n} & \cdots & 0 \end{vmatrix}$$

$$=(-1)^nD=\ D,$$

于是 $D=0$.

## 习题 1.3

1. 利用行列式的性质计算下列行列式：

(1) $\begin{vmatrix} 1 & 2 & 3 & 4 \\ 2 & 3 & 4 & 1 \\ 3 & 4 & 1 & 2 \\ 4 & 1 & 2 & 3 \end{vmatrix}$；　　(2) $\begin{vmatrix} 2 & 1 & 4 & 1 \\ 3 & -1 & 2 & 1 \\ 1 & 2 & 3 & 2 \\ 5 & 0 & 6 & 2 \end{vmatrix}$；

(3) $\begin{vmatrix} a^2 & ab & b^2 \\ 2a & a+b & 2b \\ 1 & 1 & 1 \end{vmatrix}$；　　(4) $\begin{vmatrix} 2 & 1 & 1 & 1 \\ 4 & 2 & 1 & -1 \\ 201 & 102 & -99 & 98 \\ 1 & 2 & 1 & -2 \end{vmatrix}$；

(5) $\begin{vmatrix} 1+x & 1 & 1 & 1 \\ 1 & 1-x & 1 & 1 \\ 1 & 1 & 1+x & 1 \\ 1 & 1 & 1 & 1-x \end{vmatrix}$.

2. 若行列式 $\begin{vmatrix} 1 & 2 & 3 & 4 \\ 5 & 6 & 7 & 8 \\ 0 & 0 & x & 3 \\ 0 & 0 & 4 & 5 \end{vmatrix} = 0$，求 $x$.

# 第四节 行列式按一行（列）展开

将高阶行列式化为低阶行列式是计算行列式的又一途径，为此先引进余子式和代数余子式的概念.

在 $n$ 阶行列式中，划去元素 $a_{ij}$ 所在的行和列，余下的 $n-1$ 阶行列式（依原来的排法）称为元素 $a_{ij}$ 的**余子式**，记为 $M_{ij}$. 余子式前面冠以符号 $(-1)^{i+j}$ 称为元素 $a_{ij}$ 的**代数余子式**，记为 $A_{ij}$，即 $A_{ij} = (-1)^{i+j}M_{ij}$.

例如，在四阶行列式

$$\begin{vmatrix} a_{11} & a_{12} & a_{13} & a_{14} \\ a_{21} & a_{22} & a_{23} & a_{24} \\ a_{31} & a_{32} & a_{33} & a_{34} \\ a_{41} & a_{42} & a_{43} & a_{44} \end{vmatrix}$$

中，元素 $a_{23}$ 的余子式和代数余子式分别为

$$M_{23}=\begin{vmatrix} a_{11} & a_{12} & a_{14} \\ a_{31} & a_{32} & a_{34} \\ a_{41} & a_{42} & a_{44} \end{vmatrix}, \quad A_{23}=(-1)^{2+3}M_{23}=-M_{23}.$$

**引理** 一个 $n$ 阶行列式 $D$,如果第 $i$ 行所有元素除 $a_{ij}$ 外全为零,则行列式

$$D=a_{ij}A_{ij}.$$

**证明** 先证 $a_{ij}$ 位于第 1 行、第 1 列的情形,此时

$$D=\begin{vmatrix} a_{11} & 0 & \cdots & 0 \\ a_{21} & a_{22} & \cdots & a_{2n} \\ \vdots & \vdots & & \vdots \\ a_{n1} & a_{n2} & \cdots & a_{nn} \end{vmatrix}.$$

由 $n$ 阶行列式的定义知

$$\begin{aligned} D &= \sum_{1j_2\cdots j_n}(-1)^{\tau(1j_2\cdots j_n)}a_{11}a_{2j_2}\cdots a_{nj_n}=a_{11}\sum_{j_2j_3\cdots j_n}(-1)^{\tau(j_2j_3\cdots j_n)}a_{2j_2}a_{3j_3}\cdots a_{nj_n} \\ &= a_{11}M_{11}=a_{11}A_{11}. \end{aligned}$$

再证一般情形,此时

$$D=\begin{vmatrix} a_{11} & \cdots & a_{1j} & \cdots & a_{1n} \\ \vdots & & \vdots & & \vdots \\ 0 & \cdots & a_{ij} & \cdots & 0 \\ \vdots & & \vdots & & \vdots \\ a_{n1} & \cdots & a_{nj} & \cdots & a_{nn} \end{vmatrix}.$$

我们将 $D$ 做如下的调换:先把 $D$ 的第 $i$ 行依次与第 $i-1$ 行,第 $i-2$ 行,…,第 1 行对调,这样数 $a_{ij}$ 就调到了第1行、第 $j$ 列的位置,调换次数为 $i-1$;再把第 $j$ 列依次与第 $j-1$ 列,第 $j-2$ 列,…,第 1 列对调,数 $a_{ij}$ 就调到了第 1 行、第 1 列的位置,调换次数为 $j-1$. 也就是说,总共经过 $(i-1)+(j-1)$ 次对调,将数 $a_{ij}$ 调到第 1 行、第 1 列的位置,第 1 行其他元素为零,所得的行列式记为 $D_1$. 而 $a_{ij}$ 在 $D_1$ 中的余子式仍然是 $a_{ij}$ 在 $D$ 中的余子式 $M_{ij}$,利用前面的结果,有

$$D_1=a_{ij}M_{ij}.$$

于是

$$D=(-1)^{i+j}D_1=(-1)^{i+j}a_{ij}M_{ij}=a_{ij}A_{ij}.$$

**定理 1.5** 行列式等于它的任一行(列)的各元素与其对应的代数余子式乘积之和,即

$$D=a_{i1}A_{i1}+a_{i2}A_{i2}+\cdots+a_{in}A_{in} \quad (i=1,2,\cdots,n)$$

或

$$D=a_{1j}A_{1j}+a_{2j}A_{2j}+\cdots+a_{nj}A_{nj} \quad (j=1,2,\cdots,n).$$

**证明** $$D=\begin{vmatrix} a_{11} & a_{12} & \cdots & a_{1n} \\ \vdots & \vdots & & \vdots \\ a_{i1}+0+\cdots+0 & 0+a_{i2}+0+\cdots+0 & \cdots & 0+\cdots+0+a_{in} \\ \vdots & \vdots & & \vdots \\ a_{n1} & a_{n2} & \cdots & a_{nn} \end{vmatrix}$$

$$=\begin{vmatrix} a_{11} & a_{12} & \cdots & a_{1n} \\ \vdots & \vdots & & \vdots \\ a_{i1} & 0 & \cdots & 0 \\ \vdots & \vdots & & \vdots \\ a_{n1} & a_{n2} & \cdots & a_{nn} \end{vmatrix}+\begin{vmatrix} a_{11} & a_{12} & \cdots & a_{1n} \\ \vdots & \vdots & & \vdots \\ 0 & a_{i2} & \cdots & 0 \\ \vdots & \vdots & & \vdots \\ a_{n1} & a_{n2} & \cdots & a_{nn} \end{vmatrix}+\cdots$$

$$+\begin{vmatrix} a_{11} & a_{12} & \cdots & a_{1n} \\ \vdots & \vdots & & \vdots \\ 0 & 0 & \cdots & a_{in} \\ \vdots & \vdots & & \vdots \\ a_{n1} & a_{n2} & \cdots & a_{nn} \end{vmatrix}$$

$$=a_{i1}A_{i1}+a_{i2}A_{i2}+\cdots+a_{in}A_{in}.$$

同理可得 $D$ 按列展开的公式.

**推论**　行列式某一个行(列)的各元素与另一行(列)各对应元素的代数余子式乘积之和等于零,即

$$a_{i1}A_{j1}+a_{i2}A_{j2}+\cdots+a_{in}A_{jn}=0\quad(i\neq j)$$

或

$$a_{1i}A_{1j}+a_{2i}A_{2j}+\cdots+a_{ni}A_{nj}=0\quad(i\neq j).$$

**证明**

$$a_{j1}A_{j1}+a_{j2}A_{j2}+\cdots+a_{jn}A_{jn}=\begin{vmatrix} a_{11} & a_{12} & \cdots & a_{1n} \\ \vdots & \vdots & & \vdots \\ a_{i1} & a_{i2} & \cdots & a_{in} \\ \vdots & \vdots & & \vdots \\ a_{j1} & a_{j2} & \cdots & a_{jn} \\ \vdots & \vdots & & \vdots \\ a_{n1} & a_{n2} & \cdots & a_{nn} \end{vmatrix},$$

当 $i\neq j$ 时,将上式中的 $a_{jk}$ 换成 $a_{ik}(k=1,2,\cdots,n)$,可得

$$a_{i1}A_{j1}+a_{i2}A_{j2}+\cdots+a_{in}A_{jn}=\begin{vmatrix} a_{11} & a_{12} & \cdots & a_{1n} \\ \vdots & \vdots & & \vdots \\ a_{i1} & a_{i2} & \cdots & a_{in} \\ \vdots & \vdots & & \vdots \\ a_{i1} & a_{i2} & \cdots & a_{in} \\ \vdots & \vdots & & \vdots \\ a_{n1} & a_{n2} & \cdots & a_{nn} \end{vmatrix}=0.$$

同理可证

$$a_{1i}A_{1j}+a_{2i}A_{2j}+\cdots+a_{ni}A_{nj}=0 \quad (i\neq j).$$

综上所述,可得到有关代数余子式的一个重要性质:

$$a_{i1}A_{j1}+a_{i2}A_{j2}+\cdots+a_{in}A_{jn}=\begin{cases} D, & i=j, \\ 0, & i\neq j \end{cases}$$

或

$$a_{1i}A_{1j}+a_{2i}A_{2j}+\cdots+a_{ni}A_{nj}=\begin{cases} D, & i=j, \\ 0, & i\neq j. \end{cases}$$

**例 1** 计算行列式

$$D=\begin{vmatrix} 2 & -5 & 1 & 2 \\ -3 & 7 & -1 & 4 \\ 5 & -9 & 2 & 7 \\ 4 & -6 & 1 & 2 \end{vmatrix}.$$

**解** $$D=\begin{vmatrix} 2 & -5 & 1 & 2 \\ -3 & 7 & -1 & 4 \\ 5 & -9 & 2 & 7 \\ 4 & -6 & 1 & 2 \end{vmatrix}=\begin{vmatrix} 0 & 0 & 1 & 0 \\ -1 & 2 & -1 & 6 \\ 1 & 1 & 2 & 3 \\ 2 & -1 & 1 & 0 \end{vmatrix}$$

$$=(-1)^{1+3}\begin{vmatrix} -1 & 2 & 6 \\ 1 & 1 & 3 \\ 2 & -1 & 0 \end{vmatrix}=\begin{vmatrix} -3 & 0 & 0 \\ 1 & 1 & 3 \\ 2 & -1 & 0 \end{vmatrix}$$

$$=(-1)^{1+1}\times(-3)\begin{vmatrix} 1 & 3 \\ -1 & 0 \end{vmatrix}$$

$$=-3\times(-1)^{2+1}\times(-1)\times 3=-9.$$

**例 2** 计算行列式

$$D_{2n}=\begin{vmatrix} a_n & & & & & b_n \\ & & 0 & & & \\ & \ddots & & & \iddots & \\ & & a_1 & b_1 & & \\ & 0 & & & 0 & \\ & & c_1 & d_1 & & \\ & \iddots & & & \ddots & \\ & & & 0 & & \\ c_n & & & & & d_n \end{vmatrix}.$$

**解** 按第 1 行展开有

$$D_{2n}=a_n\begin{vmatrix} a_{n-1} & & & & b_{n-1} & 0 \\ & & 0 & & & \\ & \ddots & & \iddots & & \vdots \\ & a_1 & & b_1 & & \\ 0 & & & & 0 & \vdots \\ & c_1 & & d_1 & & \\ & \iddots & & \ddots & & \vdots \\ c_{n-1} & & 0 & & d_{n-1} & 0 \\ 0 & & \cdots & & 0 & d_n \end{vmatrix}$$

$$+b_n\times(-1)^{1+2n}\begin{vmatrix} 0 & a_{n-1} & & & & b_{n-1} \\ & & & 0 & & \\ & & \ddots & & \iddots & \vdots \\ & & a_1 & & b_1 & \\ & 0 & & & 0 & \vdots \\ & & c_1 & & d_1 & \\ & & \iddots & & \ddots & \vdots \\ 0 & c_{n-1} & & 0 & & d_{n-1} \\ c_n & 0 & & \cdots & & 0 \end{vmatrix}$$

$$=a_nd_nD_{2(n-1)}-b_nc_nD_{2(n-1)}=(a_nd_n-b_nc_n)D_{2(n-1)}.$$

以此作递推公式,得

$$\begin{aligned} D_{2n}&=(a_nd_n-b_nc_n)D_{2(n-1)} \\ &=(a_nd_n-b_nc_n)(a_{n-1}d_{n-1}-b_{n-1}c_{n-1})D_{2(n-2)} \\ &\cdots \\ &=(a_nd_n-b_nc_n)(a_{n-1}d_{n-1}-b_{n-1}c_{n-1})\cdots(a_2d_2-b_2c_2)\begin{vmatrix} a_1 & b_1 \\ c_1 & d_1 \end{vmatrix} \\ &=(a_nd_n-b_nc_n)(a_{n-1}d_{n-1}-b_{n-1}c_{n-1})\cdots(a_1d_1-b_1c_1) \end{aligned}$$

$$= \prod_{i=1}^{n}(a_i d_i - b_i c_i),$$

其中记号"$\prod$"表示所有同类型因子的连乘积.

**例 3** 证明:范德蒙德(Vandermonde)行列式

$$D_n = \begin{vmatrix} 1 & 1 & \cdots & 1 \\ x_1 & x_2 & \cdots & x_n \\ x_1^2 & x_2^2 & \cdots & x_n^2 \\ \vdots & \vdots & & \vdots \\ x_1^{n-1} & x_2^{n-1} & \cdots & x_n^{n-1} \end{vmatrix} = \prod_{1 \leqslant j < i \leqslant n}(x_i - x_j). \tag{1.17}$$

**证明** 用数学归纳法证明. 当 $n = 2$ 时,有

$$D_2 = \begin{vmatrix} 1 & 1 \\ x_1 & x_2 \end{vmatrix} = \prod_{1 \leqslant j < i \leqslant 2}(x_i - x_j),$$

式(1.17)成立. 假设式(1.17)对 $n-1$ 阶范德蒙德行列式成立,要证式(1.17)对 $n$ 阶范德蒙德行列式成立. 为此,将 $D_n$ 降阶,从第 $n$ 行开始,后一行减前一行的 $x_1$ 倍得

$$D_n = \begin{vmatrix} 1 & 1 & 1 & \cdots & 1 \\ 0 & x_2 - x_1 & x_3 - x_1 & \cdots & x_n - x_1 \\ 0 & x_2(x_2 - x_1) & x_3(x_3 - x_1) & \cdots & x_n(x_n - x_1) \\ \vdots & \vdots & \vdots & & \vdots \\ 0 & x_2^{n-2}(x_2 - x_1) & x_3^{n-2}(x_3 - x_1) & \cdots & x_n^{n-2}(x_n - x_1) \end{vmatrix},$$

上式按第 1 列展开,并提取每一列的公因子,有

$$D_n = (x_2 - x_1)(x_3 - x_1)\cdots(x_n - x_1)\begin{vmatrix} 1 & 1 & \cdots & 1 \\ x_2 & x_3 & \cdots & x_n \\ \vdots & \vdots & & \vdots \\ x_2^{n-2} & x_3^{n-2} & \cdots & x_n^{n-2} \end{vmatrix}.$$

上式右端行列式是 $n-1$ 阶范德蒙德行列式,由归纳假设它等于 $\prod\limits_{2 \leqslant j < i \leqslant n}(x_i - x_j)$,故

$$\begin{aligned} D_n &= (x_2 - x_1)(x_3 - x_1)\cdots(x_n - x_1)\prod_{2 \leqslant j < i \leqslant n}(x_i - x_j) \\ &= \prod_{1 \leqslant j < i \leqslant n}(x_i - x_j). \end{aligned}$$

下面介绍更一般的拉普拉斯(Laplace)展开定理.

先推广余子式的概念.

**定义 1.8** 在一个 $n$ 阶行列式 $D$ 中,任意取定 $k$ 行 $k$ 列($k \leqslant n$),位于这些行与列的交点处的 $k^2$ 个元素按原来的顺序构成的 $k$ 阶行列式 $M$,称为行列式 $D$ 的一个 **$k$ 阶子式**;而在 $D$ 中划去这 $k$ 行 $k$ 列后余下的元素按原来的顺序构成的 $n-k$ 阶行列式 $N$,称为 $k$ 阶子式 $M$ 的余子式. 若 $k$ 阶子式 $M$ 在 $D$ 中所在的行标、列标分别为 $i_1, i_2, \cdots, i_k$ 及 $j_1, j_2, \cdots, j_k$,则 $(-1)^{(i_1+i_2+\cdots+i_k)+(j_1+j_2+\cdots+j_k)}N$ 称为 $k$ 阶子式 $M$ 的代数余子式.

例如，在五阶行列式

$$\begin{vmatrix} a_{11} & a_{12} & a_{13} & a_{14} & a_{15} \\ a_{21} & a_{22} & a_{23} & a_{24} & a_{25} \\ \vdots & \vdots & \vdots & \vdots & \vdots \\ a_{51} & a_{52} & a_{53} & a_{54} & a_{55} \end{vmatrix}$$

中，选定第 2、第 5 行和第 1、第 4 列，则二阶子式

$$M = \begin{vmatrix} a_{21} & a_{24} \\ a_{51} & a_{54} \end{vmatrix}$$

的余子式为

$$N = \begin{vmatrix} a_{12} & a_{13} & a_{15} \\ a_{32} & a_{33} & a_{35} \\ a_{42} & a_{43} & a_{45} \end{vmatrix},$$

而其代数余子式为$(-1)^{2+5+1+4}N = N$.

**定理 1.6（拉普拉斯展开定理）** **设在行列式 $D$ 中任意选定 $k(1 \leqslant k \leqslant n-1)$ 行（列），则行列式 $D$ 等于由这 $k$ 行（列）元素组成的一切 $k$ 阶子式与它们对应的代数余子式乘积之和.**

证明从略.

**例 4** 用拉普拉斯展开定理计算行列式

$$D = \begin{vmatrix} 1 & 2 & 1 & 4 \\ 0 & -1 & 2 & 1 \\ 1 & 0 & 1 & 3 \\ 0 & 1 & 3 & 1 \end{vmatrix}.$$

**解** 若取第 1、第 2 行，则由这两行组成的一切二阶子式共有 $C_4^2 = 6$ 个，分别为

$$M_1 = \begin{vmatrix} 1 & 2 \\ 0 & -1 \end{vmatrix}, \quad M_2 = \begin{vmatrix} 1 & 1 \\ 0 & 2 \end{vmatrix}, \quad M_3 = \begin{vmatrix} 1 & 4 \\ 0 & 1 \end{vmatrix},$$

$$M_4 = \begin{vmatrix} 2 & 1 \\ -1 & 2 \end{vmatrix}, \quad M_5 = \begin{vmatrix} 2 & 4 \\ -1 & 1 \end{vmatrix}, \quad M_6 = \begin{vmatrix} 1 & 4 \\ 2 & 1 \end{vmatrix},$$

其对应的代数余子式分别为

$$A_1 = \begin{vmatrix} 1 & 3 \\ 3 & 1 \end{vmatrix}, \quad A_2 = -\begin{vmatrix} 0 & 3 \\ 1 & 1 \end{vmatrix}, \quad A_3 = \begin{vmatrix} 0 & 1 \\ 1 & 3 \end{vmatrix},$$

$$A_4 = \begin{vmatrix} 1 & 3 \\ 0 & 1 \end{vmatrix}, \quad A_5 = -\begin{vmatrix} 1 & 1 \\ 0 & 3 \end{vmatrix}, \quad A_6 = \begin{vmatrix} 1 & 0 \\ 0 & 1 \end{vmatrix},$$

则由拉普拉斯展开定理得

$$D = M_1A_1 + M_2A_2 + M_3A_3 + M_4A_4 + M_5A_5 + M_6A_6 = -7.$$

**注**：当取定一行（列），即 $k = 1$ 时，就是按一行（列）展开. 从以上计算看到，采用拉普拉斯展开定理计算行列式一般并不简便，其主要是在理论上的应用.

## 习题 1.4

1. 在五阶行列式 $\begin{vmatrix} a_{11} & a_{12} & a_{13} & a_{14} & a_{15} \\ a_{21} & a_{22} & a_{23} & a_{24} & a_{25} \\ a_{31} & a_{32} & a_{33} & a_{34} & a_{35} \\ a_{41} & a_{42} & a_{43} & a_{44} & a_{45} \\ a_{51} & a_{52} & a_{53} & a_{54} & a_{55} \end{vmatrix}$ 中,写出元素 $a_{23}$ 对应的余子式 $M_{23}$,元素 $a_{32}$ 对应的代数余子式 $A_{32}$.

2. 证明:行列式 $D_5 = \begin{vmatrix} a_1 & a_2 & a_3 & a_4 & a_5 \\ b_1 & b_2 & b_3 & b_4 & b_5 \\ c_1 & c_2 & 0 & 0 & 0 \\ d_1 & d_2 & 0 & 0 & 0 \\ e_1 & e_2 & 0 & 0 & 0 \end{vmatrix} = 0$.

3. 设四阶行列式 $D_4 = \begin{vmatrix} a & b & c & d \\ c & b & d & a \\ d & b & c & a \\ a & b & d & c \end{vmatrix}$,求 $A_{14} + A_{24} + A_{34} + A_{44}$.

4. 设行列式

$$D = \begin{vmatrix} 3 & -5 & 2 & 1 \\ 1 & 1 & 0 & -1 \\ 1 & 1 & 1 & 1 \\ 2 & -4 & -1 & -1 \end{vmatrix},$$

求:

(1) $A_{11} + A_{12} + A_{13} + A_{14}$;

(2) $A_{11} - A_{12} + A_{13} - A_{14}$;

(3) $M_{11} + M_{21} + M_{31} + M_{41}$.

5. 计算下列行列式:

(1) $\begin{vmatrix} 1+a_1 & 1 & \cdots & 1 \\ 1 & 1+a_2 & \cdots & 1 \\ \vdots & \vdots & & \vdots \\ 1 & 1 & \cdots & 1+a_n \end{vmatrix}$,其中 $a_1 a_2 \cdots a_n \neq 0$;

(2) $D_n = \begin{vmatrix} x & y & 0 & \cdots & 0 & 0 \\ 0 & x & y & \cdots & 0 & 0 \\ \vdots & \vdots & \vdots & & \vdots & \vdots \\ 0 & 0 & 0 & \cdots & x & y \\ y & 0 & 0 & \cdots & 0 & x \end{vmatrix}$;

(3) $\begin{vmatrix} 1 & 2 & 2 & \cdots & 2 \\ 2 & 2 & 2 & \cdots & 2 \\ 2 & 2 & 3 & \cdots & 2 \\ \vdots & \vdots & \vdots & & \vdots \\ 2 & 2 & 2 & \cdots & n \end{vmatrix}$;

(4) $D_{n+1} = \begin{vmatrix} a^n & (a-1)^n & \cdots & (a-n)^n \\ a^{n-1} & (a-1)^{n-1} & \cdots & (a-n)^{n-1} \\ \vdots & \vdots & & \vdots \\ a & a-1 & \cdots & a-n \\ 1 & 1 & \cdots & 1 \end{vmatrix}$;

(5) $D_n = \begin{vmatrix} a_1+b_1 & a_1+b_2 & \cdots & a_1+b_n \\ a_2+b_1 & a_2+b_2 & \cdots & a_2+b_n \\ \vdots & \vdots & & \vdots \\ a_n+b_1 & a_n+b_2 & \cdots & a_n+b_n \end{vmatrix}$;

(6) $D_n = \begin{vmatrix} a & 0 & \cdots & 0 & 1 \\ 0 & a & \cdots & 0 & 0 \\ \vdots & \vdots & & \vdots & \vdots \\ 0 & 0 & \cdots & a & 0 \\ 1 & 0 & \cdots & 0 & a \end{vmatrix}$;

(7) $D_n = \begin{vmatrix} x & -1 & 0 & \cdots & 0 & 0 \\ 0 & x & -1 & \cdots & 0 & 0 \\ \vdots & \vdots & \vdots & & \vdots & \vdots \\ 0 & 0 & 0 & \cdots & x & -1 \\ a_n & a_{n-1} & a_{n-2} & \cdots & a_2 & a_1+x \end{vmatrix}$;

(8) $D_n = \begin{vmatrix} x+a_1 & a_2 & a_3 & \cdots & a_n \\ a_1 & x+a_2 & a_3 & \cdots & a_n \\ a_1 & a_2 & x+a_3 & \cdots & a_n \\ \vdots & \vdots & \vdots & & \vdots \\ a_1 & a_2 & a_3 & \cdots & x+a_n \end{vmatrix}$ $(x \neq 0)$.

## 第五节 克拉默法则

我们先介绍有关$n$元线性方程组的概念. 含有$n$个未知量$x_1, x_2, \cdots, x_n$的线性方程组

$$\begin{cases} a_{11}x_1 + a_{12}x_2 + \cdots + a_{1n}x_n = b_1, \\ a_{21}x_1 + a_{22}x_2 + \cdots + a_{2n}x_n = b_2, \\ \qquad \cdots\cdots \\ a_{n1}x_1 + a_{n2}x_2 + \cdots + a_{nn}x_n = b_n, \end{cases} \tag{1.18}$$

称为 **$n$ 元线性方程组**. 当其右端的常数项 $b_1, b_2, \cdots, b_n$ 不全为零时,线性方程组(1.18) 称为**非齐次线性方程组**;当 $b_1, b_2, \cdots, b_n$ 全为零时,方程组(1.18) 化为

$$\begin{cases} a_{11}x_1 + a_{12}x_2 + \cdots + a_{1n}x_n = 0, \\ a_{21}x_1 + a_{22}x_2 + \cdots + a_{2n}x_n = 0, \\ \qquad \cdots\cdots \\ a_{n1}x_1 + a_{n2}x_2 + \cdots + a_{nn}x_n = 0, \end{cases} \tag{1.19}$$

称线性方程组(1.19) 为**齐次线性方程组**. 方程组(1.18) 或方程组(1.19) 的系数构成行列式

$$D = \begin{vmatrix} a_{11} & a_{12} & \cdots & a_{1n} \\ a_{21} & a_{22} & \cdots & a_{2n} \\ \vdots & \vdots & & \vdots \\ a_{n1} & a_{n2} & \cdots & a_{nn} \end{vmatrix},$$

称为相应方程组的**系数行列式**.

**定理 1.7(克拉默法则)** **如果线性方程组(1.18) 的系数行列式 $D \neq 0$,则方程组(1.18) 有唯一解为**

$$x_1 = \frac{D_1}{D}, \quad x_2 = \frac{D_2}{D}, \quad \cdots, \quad x_n = \frac{D_n}{D}. \tag{1.20}$$

**此处 $D_j (j = 1, 2, \cdots, n)$ 是把行列式 $D$ 的第 $j$ 列元素换成方程组(1.18) 的常数项 $b_1, b_2, \cdots, b_n$ 而得到的 $n$ 阶行列式.**

**证明** 当 $n = 1$ 时,结论显然成立. 设 $n > 1$,现分别以 $A_{1j}, A_{2j}, \cdots, A_{nj} (1 \leqslant j \leqslant n)$ 乘以方程组(1.18) 的第 1,第 2,…,第 $n$ 个方程,然后相加,得

$$(a_{11}A_{1j} + a_{21}A_{2j} + \cdots + a_{n1}A_{nj})x_1 + \cdots + (a_{1j}A_{1j} + a_{2j}A_{2j} + \cdots + a_{nj}A_{nj})x_j$$
$$+ \cdots + (a_{1n}A_{1j} + a_{2n}A_{2j} + \cdots + a_{nn}A_{nj})x_n = b_1A_{1j} + b_2A_{2j} + \cdots + b_nA_{nj}.$$

于是,由定理 1.5 及其推论有

$$Dx_j = D_j.$$

当 $j$ 分别取 $1, 2, \cdots, n$ 时,得方程组

$$Dx_1 = D_1, \quad Dx_2 = D_2, \quad \cdots, \quad Dx_n = D_n. \tag{1.21}$$

因此,一方面,如果方程组(1.18) 有解,则其解必满足方程组(1.21),而当 $D \neq 0$ 时,方程组(1.21) 只有形式为(1.20) 的解. 另一方面,容易验证式(1.20) 是方程组(1.18) 的解. 因此,当方程组(1.18) 的系数行列式 $D \neq 0$ 时,方程组(1.18) 有唯一解为

$$x_1 = \frac{D_1}{D}, \quad x_2 = \frac{D_2}{D}, \quad \cdots, \quad x_n = \frac{D_n}{D}.$$

一般来讲,用克拉默法则求线性方程组的解时,计算量是比较大的. 对具体的数字线

性方程组，往往可用计算机来求解. 用计算机解线性方程组目前已经有了一整套成熟的方法.

**例 1** 求解线性方程组

$$\begin{cases} 2x_1 + x_2 - 5x_3 + x_4 = 8, \\ x_1 - 3x_2 - 6x_4 = 9, \\ 2x_2 - x_3 + 2x_4 = -5, \\ x_1 + 4x_2 - 7x_3 + 6x_4 = 0. \end{cases}$$

**解** 因为方程组的系数行列式为

$$D = \begin{vmatrix} 2 & 1 & -5 & 1 \\ 1 & -3 & 0 & -6 \\ 0 & 2 & -1 & 2 \\ 1 & 4 & -7 & 6 \end{vmatrix} = 27 \neq 0,$$

所以该线性方程组有唯一解. 而

$$D_1 = \begin{vmatrix} 8 & 1 & -5 & 1 \\ 9 & -3 & 0 & -6 \\ -5 & 2 & -1 & 2 \\ 0 & 4 & -7 & 6 \end{vmatrix} = 81, \quad D_2 = \begin{vmatrix} 2 & 8 & -5 & 1 \\ 1 & 9 & 0 & -6 \\ 0 & -5 & -1 & 2 \\ 1 & 0 & -7 & 6 \end{vmatrix} = -108,$$

$$D_3 = \begin{vmatrix} 2 & 1 & 8 & 1 \\ 1 & -3 & 9 & -6 \\ 0 & 2 & -5 & 2 \\ 1 & 4 & 0 & 6 \end{vmatrix} = -27, \quad D_4 = \begin{vmatrix} 2 & 1 & -5 & 8 \\ 1 & -3 & 0 & 9 \\ 0 & 2 & -1 & -5 \\ 1 & 4 & -7 & 0 \end{vmatrix} = 27,$$

由克拉默法则，原方程组的解为

$$x_1 = \frac{D_1}{D} = 3, \quad x_2 = \frac{D_2}{D} = -4, \quad x_3 = \frac{D_3}{D} = -1, \quad x_4 = \frac{D_4}{D} = 1.$$

用克拉默法则解方程组并不方便，因它需要计算很多行列式，故只适用于求解未知量较少和某些特殊的方程组. 但它能把方程组的解用一般公式表示出来，这在理论上是重要的.

**注**：克拉默法则只能用于求解方程个数等于未知量个数，且系数行列式不等于零的线性方程组. 对于不满足这两个条件的情形留待后面章节中讨论.

对于齐次线性方程组(1.19)，显然 $x_1 = x_2 = \cdots = x_n = 0$ 是该方程组的解，称为**零解**. 若方程组(1.19)除了零解外，还有 $x_1, x_2, \cdots, x_n$ 不全为零的解，则称为**非零解**. 由克拉默法则，有以下定理.

**定理 1.8** **如果齐次线性方程组(1.19)的系数行列式 $D \neq 0$，则齐次线性方程组(1.19)只有零解.**

**定理 1.8′** **如果齐次线性方程组(1.19)有非零解，则它的系数行列式必为零.**

定理 1.8′ 说明，系数行列式 $D = 0$ 是齐次线性方程组(1.19)有非零解的必要条件，在后面章节中我们还将证明这个条件也是充分的.

**例 2** 问:$\lambda$ 取何值时,齐次线性方程组

$$\begin{cases}(5-\lambda)x+2y+2z=0,\\ 2x+(6-\lambda)y=0,\\ 2x+(4-\lambda)z=0\end{cases}$$

有非零解?

**解** 齐次线性方程组有非零解,则其系数行列式 $D=0$. 所给齐次线性方程组的系数行列式为

$$D=\begin{vmatrix}5-\lambda & 2 & 2\\ 2 & 6-\lambda & 0\\ 2 & 0 & 4-\lambda\end{vmatrix}$$

$$=(5-\lambda)(6-\lambda)(4-\lambda)-4(4-\lambda)-4(6-\lambda)$$

$$=(5-\lambda)(2-\lambda)(8-\lambda).$$

由 $D=0$,得 $\lambda=2,\lambda=5$ 或 $\lambda=8$.

**例 3** 当 $k$ 取何值时,线性方程组

$$\begin{cases}x_1+(k^2+1)x_2+2x_3=0,\\ x_1+(2k+1)x_2+2x_3=0,\\ kx_1+kx_2+(2k+1)x_3=0\end{cases}$$

有非零解?

**解** 因为

$$D=\begin{vmatrix}1 & k^2+1 & 2\\ 1 & 2k+1 & 2\\ k & k & 2k+1\end{vmatrix}=\begin{vmatrix}1 & k^2+1 & 2\\ 0 & k(2-k) & 0\\ 0 & -k^3 & 1\end{vmatrix}$$

$$=\begin{vmatrix}k(2-k) & 0\\ -k^3 & 1\end{vmatrix}=k(2-k),$$

所以要使上述线性方程组有非零解,必须 $D=0$,即 $k=0$ 或 $k=2$.

## 习题 1.5

1. 当 $\lambda,\mu$ 分别取何值时,齐次线性方程组

$$\begin{cases}\lambda x_1+x_2+x_3=0,\\ x_1+\mu x_2+x_3=0,\\ x_1+2\mu x_2+x_3=0\end{cases}$$

有非零解?

2. 确定二次多项式 $f(x)=ax^2+bx+c$ 的系数,使得 $f(1)=1,f(-1)=9,f(2)=3$.

3. 用克拉默法则求解下列线性方程组:

(1) $\begin{cases} x_1 + x_2 + x_3 + x_4 = a, \\ x_1 + x_2 + x_3 - x_4 = b, \\ x_1 + x_2 - x_3 - x_4 = c, \\ x_1 - x_2 - x_3 - x_4 = d; \end{cases}$

(2) $\begin{cases} x_1 + a_1 x_2 + a_1^2 x_3 + \cdots + a_1^{n-1} x_n = 1, \\ x_1 + a_2 x_2 + a_2^2 x_3 + \cdots + a_2^{n-1} x_n = 1, \\ \cdots\cdots \\ x_1 + a_n x_2 + a_n^2 x_3 + \cdots + a_n^{n-1} x_n = 1, \end{cases}$ 其中 $a_i \neq a_j (i \neq j; i, j = 1, 2, \cdots, n)$.

# 第二章

## 矩阵

微课视频

矩阵是线性代数的一个重要组成部分. 本章主要介绍矩阵的基本概念及基本运算，矩阵的逆和矩阵的秩及矩阵的初等变换，并且给出利用初等变换求逆矩阵和矩阵的秩的方法. 本章所讨论的矩阵都是某个数域 $F$ 上的矩阵，所提到的数都是同一个数域 $F$ 中的数.

# 第一节 矩阵的概念

**定义 2.1** 如果数集 $F$ 满足条件：

(1) 0 与 1 在 $F$ 中；

(2) $F$ 中任意两个数的和、差、积、商(分母不为零) 仍在 $F$ 中，

则称数集 $F$ 为**数域**.

容易验证，全体实数组成的集合 $\mathbf{R}$、全体复数组成的集合 $\mathbf{C}$ 及全体有理数组成的集合 $\mathbf{Q}$ 都是数域，而全体整数组成的集合 $\mathbf{Z}$ 不是数域，因为任意两个整数的商(除数不为零) 不一定是整数.

**定义 2.2** 由 $m\times n$ 个数 $a_{ij}(i=1,2,\cdots,m;j=1,2,\cdots,n)$ 排成的一个 $m$ 行 $n$ 列的数表

$$\begin{pmatrix} a_{11} & a_{12} & \cdots & a_{1n} \\ a_{21} & a_{22} & \cdots & a_{2n} \\ \vdots & \vdots & & \vdots \\ a_{m1} & a_{m2} & \cdots & a_{mn} \end{pmatrix}, \tag{2.1}$$

称为一个 **$m$ 行 $n$ 列矩阵**，简称 **$m\times n$ 矩阵**，其中横排称为矩阵的行，纵排称为矩阵的列，矩阵中的每个数都称为矩阵的**元素**，元素 $a_{ij}$ 是矩阵的第 $i$ 行、第 $j$ 列的元素. 矩阵一般用大写粗体字母 $\boldsymbol{A},\boldsymbol{B},\boldsymbol{C}$ 等表示. 有时为了简便，$m\times n$ 矩阵 $\boldsymbol{A}$ 简记为 $\boldsymbol{A}_{m\times n}$ 或 $\boldsymbol{A}=(a_{ij})_{m\times n}$.

当 $m=1$ 时，矩阵 $\boldsymbol{A}=(a_{ij})_{1\times n}$ 称为**行矩阵**；

当 $n=1$ 时，矩阵 $\boldsymbol{A}=(a_{ij})_{m\times 1}$ 称为**列矩阵**；

当 $m=n$ 时，矩阵 $\boldsymbol{A}=(a_{ij})_{n\times n}$ 称为 **$n$ 阶方阵**.

若矩阵 $\boldsymbol{A}=(a_{ij})_{m\times n}$ 中的元素全为 0，则称此矩阵为**零矩阵**，记作 $\boldsymbol{O}$，即

$$\boldsymbol{O}=\begin{pmatrix} 0 & 0 & \cdots & 0 \\ 0 & 0 & \cdots & 0 \\ \vdots & \vdots & & \vdots \\ 0 & 0 & \cdots & 0 \end{pmatrix}. \tag{2.2}$$

设矩阵 $\boldsymbol{A}=(a_{ij})_{m\times n}$，称 $(-a_{ij})_{m\times n}$ 为矩阵 $\boldsymbol{A}$ 的**负矩阵**，记作 $-\boldsymbol{A}$，即

$$-\boldsymbol{A}=\begin{pmatrix} -a_{11} & -a_{12} & \cdots & -a_{1n} \\ -a_{21} & -a_{22} & \cdots & -a_{2n} \\ \vdots & \vdots & & \vdots \\ -a_{m1} & -a_{m2} & \cdots & -a_{mn} \end{pmatrix}.$$

值得注意的是，要区别 $n$ 阶方阵与 $n$ 阶行列式的概念，$n$ 阶行列式表示的是一个数，而 $n$ 阶方阵是一个数表. 另外，行列式的行数与列数必相同，而矩阵的行数与列数可以不同.

# 第二节 矩阵的运算及其性质

**定义 2.3** 若两个具有相同行数与列数的矩阵 $\boldsymbol{A}=(a_{ij})_{m\times n}$, $\boldsymbol{B}=(b_{ij})_{m\times n}$ 的各对应元素相等,即满足

$$a_{ij}=b_{ij}\quad(i=1,2,\cdots,m;j=1,2,\cdots,n),$$

则称矩阵 $\boldsymbol{A}$ 与 $\boldsymbol{B}$ **相等**,记为 $\boldsymbol{A}=\boldsymbol{B}$.

## 一、矩阵的加法

**定义 2.4** 由两个矩阵 $\boldsymbol{A}=(a_{ij})_{m\times n}$ 与 $\boldsymbol{B}=(b_{ij})_{m\times n}$ 的各对应位置上的元素相加后得到的矩阵,称为矩阵 $\boldsymbol{A}$ 与 $\boldsymbol{B}$ 的**和**,记为 $\boldsymbol{A}+\boldsymbol{B}$,即

$$\boldsymbol{A}+\boldsymbol{B}=(a_{ij}+b_{ij})_{m\times n}.$$

根据矩阵加法的定义和负矩阵,可以定义矩阵的减法为

$$\boldsymbol{A}-\boldsymbol{B}=\boldsymbol{A}+(-\boldsymbol{B})=(a_{ij}-b_{ij})_{m\times n}.$$

由矩阵加法的定义,可以验证矩阵的加法具有下述性质($\boldsymbol{A},\boldsymbol{B},\boldsymbol{C},\boldsymbol{O}$均为$m\times n$矩阵):

(1) $\boldsymbol{A}+\boldsymbol{B}=\boldsymbol{B}+\boldsymbol{A}$ (交换律);

(2) $(\boldsymbol{A}+\boldsymbol{B})+\boldsymbol{C}=\boldsymbol{A}+(\boldsymbol{B}+\boldsymbol{C})$ (结合律);

(3) $\boldsymbol{A}+\boldsymbol{O}=\boldsymbol{A}$;

(4) $\boldsymbol{A}+(-\boldsymbol{A})=\boldsymbol{O}$.

**例 1** 设矩阵

$$\boldsymbol{A}=\begin{pmatrix}0&1&2&3\\1&3&1&4\\2&0&3&1\end{pmatrix},\quad \boldsymbol{B}=\begin{pmatrix}3&2&1&0\\2&-1&-1&1\\0&-1&3&2\end{pmatrix},\quad \boldsymbol{C}=\begin{pmatrix}-1&2&3&4\\0&2&0&-1\\-1&1&3&1\end{pmatrix},$$

求 $\boldsymbol{A}+\boldsymbol{B}-\boldsymbol{C}$.

**解**

$$\begin{aligned}\boldsymbol{A}+\boldsymbol{B}-\boldsymbol{C}&=\begin{pmatrix}0&1&2&3\\1&3&1&4\\2&0&3&1\end{pmatrix}+\begin{pmatrix}3&2&1&0\\2&-1&-1&1\\0&-1&3&2\end{pmatrix}-\begin{pmatrix}-1&2&3&4\\0&2&0&-1\\-1&1&3&1\end{pmatrix}\\&=\begin{pmatrix}0+3&1+2&2+1&3+0\\1+2&3+(-1)&1+(-1)&4+1\\2+0&0+(-1)&3+3&1+2\end{pmatrix}-\begin{pmatrix}-1&2&3&4\\0&2&0&-1\\-1&1&3&1\end{pmatrix}\end{aligned}$$

$$=\begin{pmatrix}3&3&3&3\\3&2&0&5\\2&-1&6&3\end{pmatrix}-\begin{pmatrix}-1&2&3&4\\0&2&0&-1\\-1&1&3&1\end{pmatrix}$$

$$=\begin{pmatrix}3-(-1)&3-2&3-3&3-4\\3-0&2-2&0-0&5-(-1)\\2-(-1)&-1-1&6-3&3-1\end{pmatrix}$$

$$=\begin{pmatrix}4&1&0&-1\\3&0&0&6\\3&-2&3&2\end{pmatrix}.$$

**例 2** 求矩阵 $\boldsymbol{X}$,使

$$\begin{pmatrix}2&1&1\\3&1&2\\-1&0&1\end{pmatrix}+\boldsymbol{X}-\begin{pmatrix}2&3&0\\-1&0&-1\\2&-1&1\end{pmatrix}=\begin{pmatrix}1&2&3\\4&5&6\\-3&-1&2\end{pmatrix}.$$

**解** $$\boldsymbol{X}=\begin{pmatrix}1&2&3\\4&5&6\\-3&-1&2\end{pmatrix}-\begin{pmatrix}2&1&1\\3&1&2\\-1&0&1\end{pmatrix}+\begin{pmatrix}2&3&0\\-1&0&-1\\2&-1&1\end{pmatrix}$$

$$=\begin{pmatrix}-1&1&2\\1&4&4\\-2&-1&1\end{pmatrix}+\begin{pmatrix}2&3&0\\-1&0&-1\\2&-1&1\end{pmatrix}=\begin{pmatrix}1&4&2\\0&4&3\\0&2&2\end{pmatrix}.$$

## 二、数与矩阵的乘法

**定义 2.5** 设矩阵 $\boldsymbol{A}=(a_{ij})_{m\times n}$,$k$ 是数域 $F$ 中的数,由常数 $k$ 乘以矩阵 $\boldsymbol{A}_{m\times n}$ 的每个元素得到的矩阵

$$\begin{pmatrix}ka_{11}&ka_{12}&\cdots&ka_{1n}\\ka_{21}&ka_{22}&\cdots&ka_{2n}\\\vdots&\vdots&&\vdots\\ka_{m1}&ka_{m2}&\cdots&ka_{mn}\end{pmatrix}=(ka_{ij})_{m\times n},$$

称为**数 $k$ 与矩阵 $\boldsymbol{A}$ 的乘积**,记作 $k\boldsymbol{A}=(ka_{ij})_{m\times n}$.

根据定义,数与矩阵的乘法满足以下运算性质($\boldsymbol{A},\boldsymbol{B},\boldsymbol{O}$ 均为 $m\times n$ 矩阵,$k,l$ 为常数):

(1) $k(\boldsymbol{A}+\boldsymbol{B})=k\boldsymbol{A}+k\boldsymbol{B}$;

(2) $(k+l)\boldsymbol{A}=k\boldsymbol{A}+l\boldsymbol{A}$;

(3) $(kl)\boldsymbol{A}=k(l\boldsymbol{A})=l(k\boldsymbol{A})$;

(4) $1\boldsymbol{A}=\boldsymbol{A},0\boldsymbol{A}=\boldsymbol{O},(-1)\boldsymbol{A}=-\boldsymbol{A}$;

(5) 若 $k\neq0,\boldsymbol{A}\neq\boldsymbol{O}$,则 $k\boldsymbol{A}\neq\boldsymbol{O}$.

**例 3** 设矩阵 $\boldsymbol{A}=\begin{pmatrix}3&4&2\\-2&3&1\end{pmatrix}$,$\boldsymbol{B}=\begin{pmatrix}5&8&-6\\2&7&-9\end{pmatrix}$,求矩阵 $\boldsymbol{X}$,使得

$$3\boldsymbol{A}+2\boldsymbol{X}=3\boldsymbol{B}.$$

**解** 由 $3\boldsymbol{A}+2\boldsymbol{X}=3\boldsymbol{B}$,得 $2\boldsymbol{X}=3\boldsymbol{B}-3\boldsymbol{A}$,即 $\boldsymbol{X}=\frac{3}{2}(\boldsymbol{B}-\boldsymbol{A})$,所以

$$\boldsymbol{X}=\frac{3}{2}\left[\begin{pmatrix}5&8&-6\\2&7&-9\end{pmatrix}-\begin{pmatrix}3&4&2\\-2&3&1\end{pmatrix}\right]$$
$$=\frac{3}{2}\begin{pmatrix}2&4&-8\\4&4&-10\end{pmatrix}=\begin{pmatrix}3&6&-12\\6&6&-15\end{pmatrix}.$$

## 三、矩阵的乘法

**定义 2.6** 设矩阵 $\boldsymbol{A}=(a_{ij})_{m\times s}$,$\boldsymbol{B}=(b_{ij})_{s\times n}$,定义 **$\boldsymbol{A}$ 和 $\boldsymbol{B}$ 的乘积 $\boldsymbol{AB}$** 是一个 $m\times n$ 矩阵 $\boldsymbol{C}=(c_{ij})_{m\times n}$,其中

$$c_{ij}=a_{i1}b_{1j}+a_{i2}b_{2j}+\cdots+a_{is}b_{sj}=\sum_{k=1}^{s}a_{ik}b_{kj}\quad(i=1,2,\cdots,m;j=1,2,\cdots,n),$$

记作 $\boldsymbol{C}=\boldsymbol{AB}$.

为了使读者看得更清楚,我们进一步写出矩阵乘积的表达式:

$$\begin{pmatrix}a_{11}&a_{12}&\cdots&a_{1s}\\a_{21}&a_{22}&\cdots&a_{2s}\\\vdots&\vdots&&\vdots\\a_{m1}&a_{m2}&\cdots&a_{ms}\end{pmatrix}\begin{pmatrix}b_{11}&b_{12}&\cdots&b_{1n}\\b_{21}&b_{22}&\cdots&b_{2n}\\\vdots&\vdots&&\vdots\\b_{s1}&b_{s2}&\cdots&b_{sn}\end{pmatrix}=\begin{pmatrix}\sum_{i=1}^{s}a_{1i}b_{i1}&\sum_{i=1}^{s}a_{1i}b_{i2}&\cdots&\sum_{i=1}^{s}a_{1i}b_{in}\\\sum_{i=1}^{s}a_{2i}b_{i1}&\sum_{i=1}^{s}a_{2i}b_{i2}&\cdots&\sum_{i=1}^{s}a_{2i}b_{in}\\\vdots&\vdots&&\vdots\\\sum_{i=1}^{s}a_{mi}b_{i1}&\sum_{i=1}^{s}a_{mi}b_{i2}&\cdots&\sum_{i=1}^{s}a_{mi}b_{in}\end{pmatrix}.$$

从矩阵的乘法定义看,我们需要注意以下 3 点:

(1) 若计算 $\boldsymbol{AB}$,则只有在 $\boldsymbol{A}$ 的列数与 $\boldsymbol{B}$ 的行数相等时才可以相乘;

(2) 若 $\boldsymbol{C}=\boldsymbol{AB}$,则矩阵 $\boldsymbol{C}$ 的行数与 $\boldsymbol{A}$ 的行数相同,$\boldsymbol{C}$ 的列数与 $\boldsymbol{B}$ 的列数相同;

(3) 矩阵 $\boldsymbol{C}=\boldsymbol{AB}$ 的元素 $c_{ij}=a_{i1}b_{1j}+a_{i2}b_{2j}+\cdots+a_{is}b_{sj}$,这里会涉及 $\boldsymbol{A}$ 的第 $i$ 行元素与 $\boldsymbol{B}$ 的第 $j$ 列元素. 也就是说,$c_{ij}$ 等于将 $\boldsymbol{A}$ 的第 $i$ 行元素与 $\boldsymbol{B}$ 的第 $j$ 列元素分别对应相乘以后再求和,可以用下面的式子来帮助记忆:

$$c_{ij}=(a_{i1},a_{i2},\cdots,a_{is})\begin{pmatrix}b_{1j}\\b_{2j}\\\vdots\\b_{sj}\end{pmatrix}=a_{i1}b_{1j}+a_{i2}b_{2j}+\cdots+a_{is}b_{sj}.$$

**例 4** 设矩阵

$$\boldsymbol{A}=\begin{pmatrix}1&2&3\\-1&2&-1\end{pmatrix},\quad\boldsymbol{B}=\begin{pmatrix}1&2&3\\-1&-1&5\\1&-2&-1\end{pmatrix},\quad\boldsymbol{C}=\begin{pmatrix}1\\2\\3\end{pmatrix},$$

求 $\boldsymbol{AB}$，$\boldsymbol{BA}$，$\boldsymbol{BC}$.

**解** 因为 $\boldsymbol{A}$ 的列数与 $\boldsymbol{B}$ 的行数都是 3，所以 $\boldsymbol{AB}$ 有意义，且

$$\boldsymbol{AB}=\begin{pmatrix}1&2&3\\-1&2&-1\end{pmatrix}\begin{pmatrix}1&2&3\\-1&-1&5\\1&-2&-1\end{pmatrix}=\begin{pmatrix}2&-6&10\\-4&-2&8\end{pmatrix}.$$

因为 $\boldsymbol{B}$ 的列数为 3，$\boldsymbol{A}$ 的行数为 2，所以 $\boldsymbol{B}$ 与 $\boldsymbol{A}$ 不能相乘，即 $\boldsymbol{BA}$ 无意义.

$$\boldsymbol{BC}=\begin{pmatrix}1&2&3\\-1&-1&5\\1&-2&-1\end{pmatrix}\begin{pmatrix}1\\2\\3\end{pmatrix}=\begin{pmatrix}14\\12\\-6\end{pmatrix}.$$

**例 5** 设矩阵

$$\boldsymbol{A}=\begin{pmatrix}1&1\\-1&-1\end{pmatrix},\quad \boldsymbol{B}=\begin{pmatrix}1&-1\\-1&1\end{pmatrix},$$

求 $\boldsymbol{AB}$，$\boldsymbol{BA}$.

**解** $$\boldsymbol{AB}=\begin{pmatrix}1&1\\-1&-1\end{pmatrix}\begin{pmatrix}1&-1\\-1&1\end{pmatrix}=\begin{pmatrix}0&0\\0&0\end{pmatrix},$$

$$\boldsymbol{BA}=\begin{pmatrix}1&-1\\-1&1\end{pmatrix}\begin{pmatrix}1&1\\-1&-1\end{pmatrix}=\begin{pmatrix}2&2\\-2&-2\end{pmatrix}.$$

**例 6** 设矩阵

$$\boldsymbol{A}=\begin{pmatrix}1&2\\0&3\end{pmatrix},\quad \boldsymbol{B}=\begin{pmatrix}1&0\\0&4\end{pmatrix},\quad \boldsymbol{C}=\begin{pmatrix}1&1\\0&0\end{pmatrix},$$

求 $\boldsymbol{AC}$，$\boldsymbol{BC}$.

**解** $$\boldsymbol{AC}=\begin{pmatrix}1&2\\0&3\end{pmatrix}\begin{pmatrix}1&1\\0&0\end{pmatrix}=\begin{pmatrix}1&1\\0&0\end{pmatrix},$$

$$\boldsymbol{BC}=\begin{pmatrix}1&0\\0&4\end{pmatrix}\begin{pmatrix}1&1\\0&0\end{pmatrix}=\begin{pmatrix}1&1\\0&0\end{pmatrix}.$$

在做矩阵的乘法运算时，应注意下述问题：

(1) 矩阵的乘法一般不满足交换律(如例 4 和例 5). 也就是说，当 $\boldsymbol{AB}$ 有意义时，$\boldsymbol{BA}$ 不一定有意义，即使 $\boldsymbol{AB}$ 与 $\boldsymbol{BA}$ 都有意义，$\boldsymbol{AB}$ 与 $\boldsymbol{BA}$ 也不一定相等. 通常，在 $\boldsymbol{AB}$ 有意义时称矩阵 $\boldsymbol{A}$ 左乘矩阵 $\boldsymbol{B}$ 或矩阵 $\boldsymbol{B}$ 右乘矩阵 $\boldsymbol{A}$.

(2) 两个非零矩阵的乘积可能是零矩阵(如例 5).

(3) 矩阵的乘法不满足消去律(如例 6，$\boldsymbol{AC}=\boldsymbol{BC}$，但 $\boldsymbol{A}\neq\boldsymbol{B}$).

对于一般的线性方程组

$$\begin{cases}a_{11}x_1+a_{12}x_2+\cdots+a_{1n}x_n=b_1,\\ a_{21}x_1+a_{22}x_2+\cdots+a_{2n}x_n=b_2,\\ \cdots\cdots\\ a_{m1}x_1+a_{m2}x_2+\cdots+a_{mn}x_n=b_m.\end{cases}$$

如果记

$$A=\begin{pmatrix}a_{11}&a_{12}&\cdots&a_{1n}\\a_{21}&a_{22}&\cdots&a_{2n}\\\vdots&\vdots&&\vdots\\a_{m1}&a_{m2}&\cdots&a_{mn}\end{pmatrix},\quad X=\begin{pmatrix}x_1\\x_2\\\vdots\\x_n\end{pmatrix},\quad B=\begin{pmatrix}b_1\\b_2\\\vdots\\b_m\end{pmatrix},$$

则该线性方程组可以写成矩阵形式

$$AX=B.$$

矩阵的乘法满足以下运算性质:

(1) $(AB)C=A(BC)$ (乘法结合律);

(2) $A(B+C)=AB+AC$ (左分配律);

(3) $(B+C)A=BA+CA$ (右分配律);

(4) 对数域 $F$ 中的任意数 $k$,有 $k(AB)=(kA)B=A(kB)$.

**例 7** 设 $A,B$ 分别是 $n\times1$ 和 $1\times n$ 矩阵,即

$$A=\begin{pmatrix}a_1\\a_2\\\vdots\\a_n\end{pmatrix},\quad B=(b_1,b_2,\cdots,b_n),$$

求 $AB,BA$.

**解** $$AB=\begin{pmatrix}a_1\\a_2\\\vdots\\a_n\end{pmatrix}(b_1,b_2,\cdots,b_n)=\begin{pmatrix}a_1b_1&a_1b_2&\cdots&a_1b_n\\a_2b_1&a_2b_2&\cdots&a_2b_n\\\vdots&\vdots&&\vdots\\a_nb_1&a_nb_2&\cdots&a_nb_n\end{pmatrix},$$

$$BA=(b_1,b_2,\cdots,b_n)\begin{pmatrix}a_1\\a_2\\\vdots\\a_n\end{pmatrix}=b_1a_1+b_2a_2+\cdots+b_na_n.$$

**例 8** 如果两个 $n$ 阶方阵 $A$ 与 $B$ 满足 $AB=BA$,则称 $A$ 与 $B$ 是**可交换的**. 设 $A=\begin{pmatrix}1&2\\0&1\end{pmatrix}$,求所有与 $A$ 可交换的矩阵.

**解** 设与 $A$ 可交换的矩阵为 $B=\begin{pmatrix}b_{11}&b_{12}\\b_{21}&b_{22}\end{pmatrix}$,则

$$AB=\begin{pmatrix}1&2\\0&1\end{pmatrix}\begin{pmatrix}b_{11}&b_{12}\\b_{21}&b_{22}\end{pmatrix}=\begin{pmatrix}b_{11}+2b_{21}&b_{12}+2b_{22}\\b_{21}&b_{22}\end{pmatrix},$$

$$BA=\begin{pmatrix}b_{11}&b_{12}\\b_{21}&b_{22}\end{pmatrix}\begin{pmatrix}1&2\\0&1\end{pmatrix}=\begin{pmatrix}b_{11}&2b_{11}+b_{12}\\b_{21}&2b_{21}+b_{22}\end{pmatrix}.$$

由 $\boldsymbol{AB}=\boldsymbol{BA}$，可得方程组

$$\begin{cases}b_{11}+2b_{21}=b_{11},\\ b_{12}+2b_{22}=2b_{11}+b_{12},\\ b_{21}=b_{21},\\ 2b_{21}+b_{22}=b_{22}.\end{cases}$$

解得 $b_{11}=b_{22}, b_{21}=0, b_{12}$ 为任意数，故矩阵 $\boldsymbol{B}$ 为

$$\boldsymbol{B}=\begin{pmatrix}b_{11} & b_{12}\\ 0 & b_{22}\end{pmatrix}.$$

令 $b_{11}=b_{22}=a, b_{12}=b$，则所有与 $\boldsymbol{A}$ 可交换的矩阵为

$$\boldsymbol{B}=\begin{pmatrix}a & b\\ 0 & a\end{pmatrix}\quad (a,b\text{ 为任意数}).$$

**例 9** 如果矩阵 $\boldsymbol{A}_{m\times n}$ 与矩阵 $\boldsymbol{B}_{t\times s}$ 满足 $\boldsymbol{AB}=\boldsymbol{BA}$，则 $m,n,s,t$ 应满足什么条件?

**解** 因为 $\boldsymbol{A}_{m\times n}\boldsymbol{B}_{t\times s}$ 有意义，所以 $n=t$，且 $\boldsymbol{AB}$ 为 $m\times s$ 矩阵. 又因为 $\boldsymbol{B}_{t\times s}\boldsymbol{A}_{m\times n}$ 有意义，所以 $s=m$，且 $\boldsymbol{BA}$ 为 $t\times n$ 矩阵. 故有 $m=n=s=t$.

## 四、矩阵的转置

**定义 2.7** 把矩阵 $\boldsymbol{A}=(a_{ij})_{m\times n}$ 的行与列互换得到的 $n\times m$ 矩阵，称为 $\boldsymbol{A}$ 的**转置矩阵**，记作 $\boldsymbol{A}^{\mathrm{T}}$(或 $\boldsymbol{A}'$).

例如，若

$$\boldsymbol{A}=\begin{pmatrix}a_{11} & a_{12} & \cdots & a_{1n}\\ a_{21} & a_{22} & \cdots & a_{2n}\\ \vdots & \vdots & & \vdots\\ a_{m1} & a_{m2} & \cdots & a_{mn}\end{pmatrix}_{m\times n},$$

则 $\boldsymbol{A}$ 的转置矩阵为

$$\boldsymbol{A}^{\mathrm{T}}=\begin{pmatrix}a_{11} & a_{21} & \cdots & a_{m1}\\ a_{12} & a_{22} & \cdots & a_{m2}\\ \vdots & \vdots & & \vdots\\ a_{1n} & a_{2n} & \cdots & a_{mn}\end{pmatrix}_{n\times m}.$$

通过观察可以看出，$\boldsymbol{A}$ 的第 $i$ 行、第 $j$ 列元素 $a_{ij}$ 在 $\boldsymbol{A}^{\mathrm{T}}$ 中位于第 $j$ 行、第 $i$ 列. 例如，

$$\boldsymbol{A}=\begin{pmatrix}1 & 2 & 3\\ 4 & 5 & 6\end{pmatrix},\quad \boldsymbol{A}^{\mathrm{T}}=\begin{pmatrix}1 & 4\\ 2 & 5\\ 3 & 6\end{pmatrix}.$$

转置矩阵具有以下运算性质：

(1) $(\boldsymbol{A}^{\mathrm{T}})^{\mathrm{T}}=\boldsymbol{A}$;

(2) $(\boldsymbol{A}\pm\boldsymbol{B})^{\mathrm{T}}=\boldsymbol{A}^{\mathrm{T}}\pm\boldsymbol{B}^{\mathrm{T}}$;

(3) $(k\boldsymbol{A})^{\mathrm{T}}=k\boldsymbol{A}^{\mathrm{T}}$;

(4) $(\boldsymbol{AB})^{\mathrm{T}}=\boldsymbol{B}^{\mathrm{T}}\boldsymbol{A}^{\mathrm{T}}$;

(5) $(\boldsymbol{A}_1\boldsymbol{A}_2\cdots\boldsymbol{A}_s)^{\mathrm{T}}=\boldsymbol{A}_s^{\mathrm{T}}\cdots\boldsymbol{A}_2^{\mathrm{T}}\boldsymbol{A}_1^{\mathrm{T}}$.

我们来证明运算性质(4).

**证明** 设矩阵$\boldsymbol{A}=(a_{ij})_{m\times s}$,$\boldsymbol{B}=(b_{ij})_{s\times n}$,记$\boldsymbol{C}=\boldsymbol{AB}$,则$\boldsymbol{AB}$为$m\times n$矩阵,它的第$i$行、第$j$列的元素为

$$c_{ij}=a_{i1}b_{1j}+a_{i2}b_{2j}+\cdots+a_{is}b_{sj}.$$

矩阵$(\boldsymbol{AB})^{\mathrm{T}}=\boldsymbol{C}^{\mathrm{T}}$是$n\times m$矩阵,元素$c_{ij}$应位于它的第$j$行、第$i$列,性质(4)等式右边$\boldsymbol{B}^{\mathrm{T}}\boldsymbol{A}^{\mathrm{T}}$也是$n\times m$矩阵,它的第$j$行、第$i$列的元素等于$\boldsymbol{B}^{\mathrm{T}}$的第$j$行与$\boldsymbol{A}^{\mathrm{T}}$的第$i$列的对应位置上元素的乘积之和.而$\boldsymbol{B}^{\mathrm{T}}$的第$j$行即为$\boldsymbol{B}$的第$j$列,$\boldsymbol{A}^{\mathrm{T}}$的第$i$列即为$\boldsymbol{A}$的第$i$行,故$\boldsymbol{B}^{\mathrm{T}}\boldsymbol{A}^{\mathrm{T}}$的第$j$行、第$i$列的元素为

$$b_{1j}a_{i1}+b_{2j}a_{i2}+\cdots+b_{sj}a_{is}\quad(i=1,2,\cdots,m;j=1,2,\cdots,n),$$

即$(\boldsymbol{AB})^{\mathrm{T}}=\boldsymbol{B}^{\mathrm{T}}\boldsymbol{A}^{\mathrm{T}}$.

## 五、方阵的幂与方阵的行列式

设$\boldsymbol{A}$为$n$阶方阵,对于正整数$k$,定义

$$\boldsymbol{A}^k=\underbrace{\boldsymbol{AA}\cdots\boldsymbol{A}}_{k\text{个}\boldsymbol{A}},$$

称为$\boldsymbol{A}$的**$k$次幂**.

对于任意的正整数$k$,$l$,有

$$\boldsymbol{A}^k\boldsymbol{A}^l=\boldsymbol{A}^{k+l},\quad(\boldsymbol{A}^k)^l=\boldsymbol{A}^{kl}.$$

由于矩阵的乘法一般不满足交换律,因此$(\boldsymbol{AB})^k$一般不等于$\boldsymbol{A}^k\boldsymbol{B}^k$.也就是说,只有当$\boldsymbol{AB}=\boldsymbol{BA}$时,才会有$(\boldsymbol{AB})^k=\boldsymbol{A}^k\boldsymbol{B}^k$.另外,若$\boldsymbol{A}^k=\boldsymbol{O}$,也不一定有$\boldsymbol{A}=\boldsymbol{O}$.

例如,设$\boldsymbol{A}=\begin{pmatrix}0&0\\1&0\end{pmatrix}\neq\boldsymbol{O}$,而

$$\boldsymbol{A}^2=\begin{pmatrix}0&0\\1&0\end{pmatrix}\begin{pmatrix}0&0\\1&0\end{pmatrix}=\begin{pmatrix}0&0\\0&0\end{pmatrix}=\boldsymbol{O}.$$

由$n$阶方阵$\boldsymbol{A}$的元素构成的行列式(各元素的位置不变)称为**方阵$\boldsymbol{A}$的行列式**,记作$|\boldsymbol{A}|$.

设$\boldsymbol{A}$,$\boldsymbol{B}$为$n$阶方阵,则有如下$n$阶方阵行列式的运算性质:

(1) $|\boldsymbol{A}|=|\boldsymbol{A}^{\mathrm{T}}|$;

(2) $|k\boldsymbol{A}|=k^n|\boldsymbol{A}|$ ($k$为数域$F$中的数);

(3) $|\boldsymbol{AB}|=|\boldsymbol{A}||\boldsymbol{B}|=|\boldsymbol{B}||\boldsymbol{A}|=|\boldsymbol{BA}|$;

(4) $|\boldsymbol{A}_1\boldsymbol{A}_2\cdots\boldsymbol{A}_s|=|\boldsymbol{A}_1||\boldsymbol{A}_2|\cdots|\boldsymbol{A}_s|$,其中$\boldsymbol{A}_1,\boldsymbol{A}_2,\cdots,\boldsymbol{A}_s$都是$n$阶方阵.

**例 10** 已知$n$阶方阵$\boldsymbol{A}$和常数$k$,且$|\boldsymbol{A}|=d$,求$|k\boldsymbol{AA}^{\mathrm{T}}|$的值.

**解** $|k\boldsymbol{AA}^{\mathrm{T}}|=k^n|\boldsymbol{AA}^{\mathrm{T}}|=k^n|\boldsymbol{A}||\boldsymbol{A}^{\mathrm{T}}|=k^n|\boldsymbol{A}|^2=k^nd^2$.

**例 11** 设$\boldsymbol{A}$为$p\times s$矩阵,$\boldsymbol{B}$是$m\times n$矩阵.如果$\boldsymbol{AC}^{\mathrm{T}}\boldsymbol{B}$有意义,判断矩阵$\boldsymbol{C}$的类型.

**解** 由 $\boldsymbol{AC}^{\mathrm{T}}\boldsymbol{B}$ 有意义，则必须 $\boldsymbol{AC}^{\mathrm{T}}$ 与 $\boldsymbol{C}^{\mathrm{T}}\boldsymbol{B}$ 有意义. 已知 $\boldsymbol{A}_{p\times s}$，$\boldsymbol{B}_{m\times n}$，则 $\boldsymbol{C}^{\mathrm{T}}$ 的行数应等于 $\boldsymbol{A}$ 的列数，$\boldsymbol{C}^{\mathrm{T}}$ 的列数应等于 $\boldsymbol{B}$ 的行数，故 $\boldsymbol{C}^{\mathrm{T}}$ 应为 $s\times m$ 矩阵，因而 $\boldsymbol{C}$ 为 $m\times s$ 矩阵.

## 习题 2.2

1. 设矩阵 $\boldsymbol{A}=\begin{pmatrix}2&1&3&-2\\0&8&6&2\\3&2&0&-3\end{pmatrix}$，$\boldsymbol{B}=\begin{pmatrix}-2&1&1&1\\1&2&3&4\\4&2&5&3\end{pmatrix}$，求 $3\boldsymbol{A}+2\boldsymbol{B}$.

2. 设矩阵 $\boldsymbol{A}=\begin{pmatrix}2&3&6&8\\4&7&-2&5\end{pmatrix}$，$\boldsymbol{B}=\begin{pmatrix}8&5&2&-4\\6&3&-4&5\end{pmatrix}$，且有 $\boldsymbol{A}+2\boldsymbol{X}=\boldsymbol{B}$，求矩阵 $\boldsymbol{X}$.

3. 计算：

(1) $\begin{pmatrix}0&0&0\\a&b&c\end{pmatrix}\begin{pmatrix}a_1&0\\b_1&0\\c_1&0\end{pmatrix}$； (2) $\begin{pmatrix}a_1&0\\b_1&0\\c_1&0\end{pmatrix}\begin{pmatrix}0&0&0\\a&b&c\end{pmatrix}$；

(3) $\begin{pmatrix}1&2&4\\0&3&2\end{pmatrix}\begin{pmatrix}1&2&0\\4&0&8\\3&6&5\end{pmatrix}$； (4) $\begin{pmatrix}1\\2\\3\\4\end{pmatrix}(3,2,1,5)$ 与 $(1,2,3,4)\begin{pmatrix}3\\2\\1\\5\end{pmatrix}$；

(5) $\begin{pmatrix}3&1&2&-1\\0&3&1&0\end{pmatrix}\begin{pmatrix}1&0&5\\0&2&0\\1&0&1\\0&3&0\end{pmatrix}\begin{pmatrix}-1&0\\1&5\\0&2\end{pmatrix}$.

4. 计算：

(1) 设矩阵 $\boldsymbol{A}=\begin{pmatrix}0&1&1\\2&1&0\end{pmatrix}$，$\boldsymbol{B}=\begin{pmatrix}1&-1\\2&0\\1&1\end{pmatrix}$，求：① $\boldsymbol{AB}$ 和 $\boldsymbol{BA}$；② $\boldsymbol{A}^{\mathrm{T}}\boldsymbol{B}^{\mathrm{T}}$.

(2) 设矩阵 $\boldsymbol{A}=\begin{pmatrix}1&1&1\\2&-1&0\\1&0&1\end{pmatrix}$，$\boldsymbol{B}=\begin{pmatrix}1&0&0\\2&1&0\\0&2&1\end{pmatrix}$，求 $(\boldsymbol{AB})^{\mathrm{T}}-\boldsymbol{A}^{\mathrm{T}}\boldsymbol{B}^{\mathrm{T}}$.

5. 设矩阵 $\boldsymbol{A}=\begin{pmatrix}-1&-1&2\\-1&2&0\\0&1&1\end{pmatrix}$，求：(1) $|3\boldsymbol{A}|$；(2) $3|\boldsymbol{A}|$；(3) $|k\boldsymbol{A}|$（$k$ 是一个常数）.

6. 求所有与 $\boldsymbol{A}$ 可交换的矩阵：

(1) $\boldsymbol{A}=\begin{pmatrix}1&0&0\\0&1&2\\0&1&-2\end{pmatrix}$； (2) $\boldsymbol{A}=\begin{pmatrix}1&1&0\\0&1&1\\0&0&1\end{pmatrix}$.

7. 计算:

(1) $\begin{pmatrix} 1 & 3 \\ 0 & 1 \end{pmatrix}^n$; (2) $\begin{pmatrix} 1 & -1 & -1 & -1 \\ -1 & 1 & -1 & -1 \\ -1 & -1 & 1 & -1 \\ -1 & -1 & -1 & 1 \end{pmatrix}^n$.

# 第三节 几种特殊的矩阵

这里需要指出的是,本节所讲的特殊矩阵都是 $n$ 阶方阵.

## 一、对角形矩阵

**定义 2.8** 若 $n$ 阶方阵 $\boldsymbol{A}=(a_{ij})$ 中的元素满足 $a_{ij}=0(i\neq j;i,j=1,2,\cdots,n)$,则称 $\boldsymbol{A}$ 为 **$n$ 阶对角形矩阵**,即

$$\boldsymbol{A}=\begin{pmatrix} a_{11} & & & \\ & a_{22} & & \\ & & \ddots & \\ & & & a_{nn} \end{pmatrix} \quad 或 \quad \boldsymbol{A}=\begin{pmatrix} a_{11} & 0 & \cdots & 0 \\ 0 & a_{22} & \cdots & 0 \\ \vdots & \vdots & & \vdots \\ 0 & 0 & \cdots & a_{nn} \end{pmatrix}.$$

对角形矩阵的运算如下:

$$(1)\ \boldsymbol{A}+\boldsymbol{B}=\begin{pmatrix} a_{11} & & & \\ & a_{22} & & \\ & & \ddots & \\ & & & a_{nn} \end{pmatrix}+\begin{pmatrix} b_{11} & & & \\ & b_{22} & & \\ & & \ddots & \\ & & & b_{nn} \end{pmatrix}$$

$$=\begin{pmatrix} a_{11}+b_{11} & & & \\ & a_{22}+b_{22} & & \\ & & \ddots & \\ & & & a_{nn}+b_{nn} \end{pmatrix};$$

$$(2)\ k\boldsymbol{A}=\begin{pmatrix} ka_{11} & & & \\ & ka_{22} & & \\ & & \ddots & \\ & & & ka_{nn} \end{pmatrix};$$

(3) $$\boldsymbol{A}-\boldsymbol{B}=\begin{pmatrix} a_{11} & & & \\ & a_{22} & & \\ & & \ddots & \\ & & & a_{nn} \end{pmatrix}-\begin{pmatrix} b_{11} & & & \\ & b_{22} & & \\ & & \ddots & \\ & & & b_{nn} \end{pmatrix}=\begin{pmatrix} a_{11}-b_{11} & & & \\ & a_{22}-b_{22} & & \\ & & \ddots & \\ & & & a_{nn}-b_{nn} \end{pmatrix};$$

(4) $$\boldsymbol{AB}=\begin{pmatrix} a_{11} & & & \\ & a_{22} & & \\ & & \ddots & \\ & & & a_{nn} \end{pmatrix}\begin{pmatrix} b_{11} & b_{12} & \cdots & b_{1n} \\ b_{21} & b_{22} & \cdots & b_{2n} \\ \vdots & \vdots & & \vdots \\ b_{n1} & b_{n2} & \cdots & b_{nn} \end{pmatrix}=\begin{pmatrix} a_{11}b_{11} & a_{11}b_{12} & \cdots & a_{11}b_{1n} \\ a_{22}b_{21} & a_{22}b_{22} & \cdots & a_{22}b_{2n} \\ \vdots & \vdots & & \vdots \\ a_{nn}b_{n1} & a_{nn}b_{n2} & \cdots & a_{nn}b_{nn} \end{pmatrix};$$

(5) $$\boldsymbol{BC}=\begin{pmatrix} b_{11} & b_{12} & \cdots & b_{1n} \\ b_{21} & b_{22} & \cdots & b_{2n} \\ \vdots & \vdots & & \vdots \\ b_{n1} & b_{n2} & \cdots & b_{nn} \end{pmatrix}\begin{pmatrix} c_{11} & & & \\ & c_{22} & & \\ & & \ddots & \\ & & & c_{nn} \end{pmatrix}=\begin{pmatrix} b_{11}c_{11} & b_{12}c_{22} & \cdots & b_{1n}c_{nn} \\ b_{21}c_{11} & b_{22}c_{22} & \cdots & b_{2n}c_{nn} \\ \vdots & \vdots & & \vdots \\ b_{n1}c_{11} & b_{n2}c_{22} & \cdots & b_{nn}c_{nn} \end{pmatrix}.$$

## 二、数量矩阵

**定义 2.9** 如果 $n$ 阶对角形矩阵 $\boldsymbol{A}$ 中的元素 $a_{11}=a_{22}=\cdots=a_{nn}=a$，则称 $\boldsymbol{A}$ 为 $n$ 阶数量矩阵，即

$$\boldsymbol{A}=\begin{pmatrix} a & & & \\ & a & & \\ & & \ddots & \\ & & & a \end{pmatrix}.$$

用数量矩阵 $\boldsymbol{A}$ 左乘或右乘（如果可以乘）任意一个 $n$ 阶方阵 $\boldsymbol{B}$，其乘积等于用数 $a$ 乘以方阵 $\boldsymbol{B}$，即若

$$\boldsymbol{A}=\begin{pmatrix} a & & & \\ & a & & \\ & & \ddots & \\ & & & a \end{pmatrix},\quad \boldsymbol{B}=\begin{pmatrix} b_{11} & b_{12} & \cdots & b_{1n} \\ b_{21} & b_{22} & \cdots & b_{2n} \\ \vdots & \vdots & & \vdots \\ b_{n1} & b_{n2} & \cdots & b_{nn} \end{pmatrix},$$

则

$$\boldsymbol{AB}=\begin{pmatrix} a & & & \\ & a & & \\ & & \ddots & \\ & & & a \end{pmatrix}\begin{pmatrix} b_{11} & b_{12} & \cdots & b_{1n} \\ b_{21} & b_{22} & \cdots & b_{2n} \\ \vdots & \vdots & & \vdots \\ b_{n1} & b_{n2} & \cdots & b_{nn} \end{pmatrix}=\begin{pmatrix} ab_{11} & ab_{12} & \cdots & ab_{1n} \\ ab_{21} & ab_{22} & \cdots & ab_{2n} \\ \vdots & \vdots & & \vdots \\ ab_{n1} & ab_{n2} & \cdots & ab_{nn} \end{pmatrix}=a\boldsymbol{B}.$$

## 三、单位矩阵

当数量矩阵 $\boldsymbol{A}$ 中的元素 $a=1$ 时,称 $\boldsymbol{A}$ 为 $n$ **阶单位矩阵**,记作 $\boldsymbol{E}_n$,简记为 $\boldsymbol{E}$,即

$$\boldsymbol{E}_n=\begin{pmatrix}1 & & & \\ & 1 & & \\ & & \ddots & \\ & & & 1\end{pmatrix}.$$

单位矩阵 $\boldsymbol{E}_n$ 满足 $\boldsymbol{A}_{m\times n}\boldsymbol{E}_n=\boldsymbol{A}_{m\times n}$;单位矩阵 $\boldsymbol{E}_m$ 满足 $\boldsymbol{E}_m\boldsymbol{A}_{m\times n}=\boldsymbol{A}_{m\times n}$.

## 四、三角形矩阵

**定义 2.10** 如果 $n$ 阶方阵 $\boldsymbol{A}=(a_{ij})$ 中的元素满足 $a_{ij}=0(i>j;i,j=1,2,\cdots,n)$(主对角线下方的元素都等于零),则称此矩阵为**上三角形矩阵**,即

$$\boldsymbol{A}=\begin{pmatrix}a_{11} & a_{12} & \cdots & a_{1n}\\ 0 & a_{22} & \cdots & a_{2n}\\ \vdots & \vdots & & \vdots\\ 0 & 0 & \cdots & a_{nn}\end{pmatrix}.$$

如果 $n$ 阶方阵 $\boldsymbol{B}=(b_{ij})$ 中的元素满足 $b_{ij}=0(i<j;i,j=1,2,\cdots,n)$(主对角线上方的元素都等于零),则称此矩阵为**下三角形矩阵**,即

$$\boldsymbol{B}=\begin{pmatrix}b_{11} & 0 & \cdots & 0\\ b_{21} & b_{22} & \cdots & 0\\ \vdots & \vdots & & \vdots\\ b_{n1} & b_{n2} & \cdots & b_{nn}\end{pmatrix}.$$

若 $\boldsymbol{A},\boldsymbol{B}$ 为同阶的上(下)三角形矩阵,可以验证,$\boldsymbol{A}\pm\boldsymbol{B},k\boldsymbol{A},\boldsymbol{AB}$ 仍为同阶同结构的上(下)三角形矩阵.

## 五、对称矩阵与反对称矩阵

**定义 2.11** 如果 $n$ 阶方阵 $\boldsymbol{A}$ 满足 $\boldsymbol{A}^{\mathrm{T}}=\boldsymbol{A}(a_{ij}=a_{ji},i,j=1,2,\cdots,n)$,则称 $\boldsymbol{A}$ 为**对称矩阵**.

很显然,对称矩阵的元素关于主对角线对称.例如,

$$\boldsymbol{A}=\begin{pmatrix}3 & \frac{1}{2}\\ \frac{1}{2} & 4\end{pmatrix},\quad \boldsymbol{B}=\begin{pmatrix}1 & 2 & 3\\ 2 & 4 & 6\\ 3 & 6 & 5\end{pmatrix}$$

都是对称矩阵.

对称矩阵的运算具有以下性质:

(1) 如果 $\boldsymbol{A},\boldsymbol{B}$ 是同阶对称矩阵,则 $\boldsymbol{A}\pm\boldsymbol{B}$ 也是对称矩阵;

**证明** 因为 $\boldsymbol{A}^{\mathrm{T}}=\boldsymbol{A},\boldsymbol{B}^{\mathrm{T}}=\boldsymbol{B}$,所以 $(\boldsymbol{A}+\boldsymbol{B})^{\mathrm{T}}=\boldsymbol{A}^{\mathrm{T}}+\boldsymbol{B}^{\mathrm{T}}=\boldsymbol{A}+\boldsymbol{B}$,即 $\boldsymbol{A}+\boldsymbol{B}$ 是对称矩阵. 同理可证 $\boldsymbol{A}-\boldsymbol{B}$ 也是对称矩阵.

(2) 数 $k$ 与对称矩阵 $\boldsymbol{A}$ 的乘积 $k\boldsymbol{A}$ 也是对称矩阵.

值得注意的是,两个同阶的对称矩阵的乘积不一定是对称矩阵.

**定理 2.1** **两个同阶的对称矩阵 $\boldsymbol{A}$ 与 $\boldsymbol{B}$ 的乘积仍是对称矩阵的充要条件是 $\boldsymbol{A}$ 与 $\boldsymbol{B}$ 可交换.**

**证明** **必要性** 设 $\boldsymbol{AB}$ 是对称矩阵,即 $(\boldsymbol{AB})^{\mathrm{T}}=\boldsymbol{AB}$,则有

$$\boldsymbol{AB}=(\boldsymbol{AB})^{\mathrm{T}}=\boldsymbol{B}^{\mathrm{T}}\boldsymbol{A}^{\mathrm{T}}=\boldsymbol{BA},$$

即 $\boldsymbol{A}$ 与 $\boldsymbol{B}$ 可交换.

**充分性** 由于 $\boldsymbol{A}$ 与 $\boldsymbol{B}$ 均为对称矩阵,因此 $\boldsymbol{A}^{\mathrm{T}}=\boldsymbol{A},\boldsymbol{B}^{\mathrm{T}}=\boldsymbol{B}$. 又有 $\boldsymbol{AB}=\boldsymbol{BA}$,则

$$(\boldsymbol{AB})^{\mathrm{T}}=\boldsymbol{B}^{\mathrm{T}}\boldsymbol{A}^{\mathrm{T}}=\boldsymbol{BA}=\boldsymbol{AB},$$

所以 $\boldsymbol{AB}$ 是对称矩阵.

**定义 2.12** 如果 $n$ 阶方阵 $\boldsymbol{A}$ 满足 $\boldsymbol{A}^{\mathrm{T}}=-\boldsymbol{A}(a_{ij}=-a_{ji},a_{ii}=0,i,j=1,2,\cdots,n)$,则称 $\boldsymbol{A}$ 为**反对称矩阵**.

例如,

$$\boldsymbol{A}=\begin{pmatrix}0&-1&2\\1&0&-\frac{1}{3}\\-2&\frac{1}{3}&0\end{pmatrix}$$

是一个三阶反对称矩阵.

反对称矩阵的运算具有以下性质:

(1) 两个同阶反对称矩阵的和(差)仍是反对称矩阵;

(2) 数 $k$ 与反对称矩阵的乘积仍是反对称矩阵.

但是两个同阶的反对称矩阵的乘积不一定是反对称矩阵. 可以证明,两个同阶的反对称矩阵 $\boldsymbol{A}$ 与 $\boldsymbol{B}$ 的乘积仍是反对称矩阵的充要条件是 $\boldsymbol{AB}=-\boldsymbol{BA}$.

**例 1** 将矩阵 $\boldsymbol{A}=\begin{pmatrix}1&1&2\\2&2&1\\1&2&3\end{pmatrix}$ 表示为一个对称矩阵与一个反对称矩阵的和.

**解** 设 $\boldsymbol{A}=\boldsymbol{B}+\boldsymbol{C}$,$\boldsymbol{B}$ 为对称矩阵,$\boldsymbol{C}$ 为反对称矩阵,将两边取转置,有

$$\boldsymbol{A}^{\mathrm{T}}=(\boldsymbol{B}+\boldsymbol{C})^{\mathrm{T}}=\boldsymbol{B}^{\mathrm{T}}+\boldsymbol{C}^{\mathrm{T}}=\boldsymbol{B}-\boldsymbol{C}.$$

由 $\begin{cases}\boldsymbol{A}=\boldsymbol{B}+\boldsymbol{C},\\ \boldsymbol{A}^{\mathrm{T}}=\boldsymbol{B}-\boldsymbol{C},\end{cases}$ 得 $\boldsymbol{B}=\frac{1}{2}(\boldsymbol{A}+\boldsymbol{A}^{\mathrm{T}}),\boldsymbol{C}=\frac{1}{2}(\boldsymbol{A}-\boldsymbol{A}^{\mathrm{T}})$. 易证 $\boldsymbol{B}$ 为对称矩阵,因为

$$\boldsymbol{B}^{\mathrm{T}}=\left[\frac{1}{2}(\boldsymbol{A}+\boldsymbol{A}^{\mathrm{T}})\right]^{\mathrm{T}}=\frac{1}{2}(\boldsymbol{A}^{\mathrm{T}}+\boldsymbol{A})=\frac{1}{2}(\boldsymbol{A}+\boldsymbol{A}^{\mathrm{T}})=\boldsymbol{B};$$

$\boldsymbol{C}$ 为反对称矩阵,因为

$$C^{\mathrm{T}}=\left[\frac{1}{2}(A-A^{\mathrm{T}})\right]^{\mathrm{T}}=\frac{1}{2}(A^{\mathrm{T}}-A)=-\frac{1}{2}(A-A^{\mathrm{T}})=-C,$$

所以

$$B=\begin{pmatrix}1&\frac{3}{2}&\frac{3}{2}\\ \frac{3}{2}&2&\frac{3}{2}\\ \frac{3}{2}&\frac{3}{2}&3\end{pmatrix},\quad C=\begin{pmatrix}0&-\frac{1}{2}&\frac{1}{2}\\ \frac{1}{2}&0&-\frac{1}{2}\\ -\frac{1}{2}&\frac{1}{2}&0\end{pmatrix}.$$

**例 2** 设 $A,B$ 是两个 $n$ 阶反对称矩阵,试证:

(1) $A^2$ 是对称矩阵;

(2) $AB$ 是对称矩阵的充要条件是 $AB=BA$.

**证明** (1) 由于 $A$ 是 $n$ 阶反对称矩阵,故 $A^{\mathrm{T}}=-A$. 又 $(A^2)^{\mathrm{T}}=(A^{\mathrm{T}})^2=(-A)^2=A^2$,从而 $A^2$ 是对称矩阵;

(2) **必要性** 若 $AB$ 是对称矩阵,则有 $(AB)^{\mathrm{T}}=AB$,由于 $A,B$ 是反对称矩阵,从而有 $(A)^{\mathrm{T}}=-A$,$(B)^{\mathrm{T}}=-B$. 又 $(AB)^{\mathrm{T}}=B^{\mathrm{T}}A^{\mathrm{T}}=(-B)(-A)=BA$,故 $AB=BA$.

**充分性** 若 $AB=BA$,则 $(AB)^{\mathrm{T}}=B^{\mathrm{T}}A^{\mathrm{T}}=(-B)(-A)=BA=AB$,即 $(AB)^{\mathrm{T}}=AB$,从而 $AB$ 是对称矩阵.

**例 3** 设 $A$ 为奇数阶的反对称矩阵,证明:$|A|=0$.

**证明** 由于 $A$ 为反对称矩阵,因此 $A^{\mathrm{T}}=-A$. 因为

$$|A|=|A^{\mathrm{T}}|=|-A|=(-1)^n|A|,$$

而 $n$ 为奇数,所以 $|A|=-|A|$,即 $2|A|=0$. 故 $|A|=0$.

## 习题 2.3

1. 设 $f(x)=ax^2+bx+c$,$A$ 为 $n$ 阶方阵,$E$ 为 $n$ 阶单位矩阵,定义 $f(A)=aA^2+bA+cE$.

(1) 已知 $f(x)=x^2+x-1$,$A=\begin{pmatrix}1&2&1\\2&1&3\\1&0&1\end{pmatrix}$,求 $f(A)$;

(2) 已知 $f(x)=x^2-5x+3$,$A=\begin{pmatrix}2&1\\3&4\end{pmatrix}$,求 $f(A)$.

2. 已知矩阵 $A$ 为 $n$ 阶反对称矩阵,$B$ 为 $n$ 阶对称矩阵,试问:$BA-AB$ 是对称矩阵还是反对称矩阵?并给予证明.

3. 设 $A$ 为 $m\times n$ 实矩阵,证明:若 $AA^{\mathrm{T}}=O$,则 $A=O$.

# 第四节 分块矩阵

## 一、矩阵的分块

**定义 2.13** 用水平虚线和垂直虚线将矩阵 $\boldsymbol{A}$ 中的元素分割成若干个小块，每一小块称为矩阵的一个**子块**或**子矩阵**，则原矩阵是以这些子块为元素的**分块矩阵**.

例如，设

$$\boldsymbol{A}=\begin{pmatrix}1&0&0&0\\0&1&0&0\\5&-3&-2&0\\7&6&0&-2\end{pmatrix},$$

令 $\boldsymbol{A}_1=\begin{pmatrix}5&-3\\7&6\end{pmatrix}$，则原矩阵 $\boldsymbol{A}$ 分块为

$$\boldsymbol{A}=\left(\begin{array}{cc:cc}1&0&0&0\\0&1&0&0\\\hdashline 5&-3&-2&0\\7&6&0&-2\end{array}\right)=\begin{pmatrix}\boldsymbol{E}_2&\boldsymbol{O}\\\boldsymbol{A}_1&-2\boldsymbol{E}_2\end{pmatrix},$$

其中 $\boldsymbol{E}_2$ 是二阶单位矩阵，$\boldsymbol{O}$ 是二阶零矩阵.

矩阵可以根据需要任意分块，如上述矩阵还可以分块为

$$\boldsymbol{A}=\left(\begin{array}{cccc}1&0&0&0\\\hdashline 0&1&0&0\\\hdashline 5&-3&-2&0\\\hdashline 7&6&0&-2\end{array}\right)=\begin{pmatrix}\boldsymbol{A}_1\\\boldsymbol{A}_2\\\boldsymbol{A}_3\\\boldsymbol{A}_4\end{pmatrix}$$

或

$$\boldsymbol{A}=\left(\begin{array}{c:c:c:c}1&0&0&0\\0&1&0&0\\5&-3&-2&0\\7&6&0&-2\end{array}\right)=(\boldsymbol{B}_1,\boldsymbol{B}_2,\boldsymbol{B}_3,\boldsymbol{B}_4).$$

## 二、分块矩阵的运算

分块矩阵在进行运算时，把子块作为元素来处理，其运算规则与普通矩阵的运算规则类似，不过在运算时应注意以下 4 点.

### 1. 分块矩阵的加(减)法及数乘运算

在进行分块矩阵的加(减)法运算时，对应子块必须具有相同的行数和列数，两个矩阵

的分块方法必须完全相同;数 $k$ 与分块矩阵相乘时,数 $k$ 应与分块矩阵的每一个子块相乘.

若两个 $m\times n$ 矩阵 $\boldsymbol{A},\boldsymbol{B}$ 按相同的分块方法分块为

$$\boldsymbol{A}=\begin{pmatrix}\boldsymbol{A}_{11} & \boldsymbol{A}_{12} & \cdots & \boldsymbol{A}_{1t}\\ \boldsymbol{A}_{21} & \boldsymbol{A}_{22} & \cdots & \boldsymbol{A}_{2t}\\ \vdots & \vdots & & \vdots\\ \boldsymbol{A}_{s1} & \boldsymbol{A}_{s2} & \cdots & \boldsymbol{A}_{st}\end{pmatrix}\begin{matrix}m_1\text{ 行}\\ m_2\text{ 行}\\ \vdots\\ m_s\text{ 行}\end{matrix},$$
$$\begin{matrix}n_1\text{ 列} & n_2\text{ 列} & \cdots & n_t\text{ 列}\end{matrix}$$

$$\boldsymbol{B}=\begin{pmatrix}\boldsymbol{B}_{11} & \boldsymbol{B}_{12} & \cdots & \boldsymbol{B}_{1t}\\ \boldsymbol{B}_{21} & \boldsymbol{B}_{22} & \cdots & \boldsymbol{B}_{2t}\\ \vdots & \vdots & & \vdots\\ \boldsymbol{B}_{s1} & \boldsymbol{B}_{s2} & \cdots & \boldsymbol{B}_{st}\end{pmatrix}\begin{matrix}m_1\text{ 行}\\ m_2\text{ 行}\\ \vdots\\ m_s\text{ 行}\end{matrix},$$
$$\begin{matrix}n_1\text{ 列} & n_2\text{ 列} & \cdots & n_t\text{ 列}\end{matrix}$$

其中 $m_1+m_2+\cdots+m_s=m;n_1+n_2+\cdots+n_t=n$. 这里 $\boldsymbol{A}_{ij}$ 与 $\boldsymbol{B}_{ij}\,(i=1,2,\cdots,s;j=1,2,\cdots,t)$ 的行数及列数对应相等,则

$$\boldsymbol{A}+\boldsymbol{B}=\begin{pmatrix}\boldsymbol{A}_{11}+\boldsymbol{B}_{11} & \boldsymbol{A}_{12}+\boldsymbol{B}_{12} & \cdots & \boldsymbol{A}_{1t}+\boldsymbol{B}_{1t}\\ \boldsymbol{A}_{21}+\boldsymbol{B}_{21} & \boldsymbol{A}_{22}+\boldsymbol{B}_{22} & \cdots & \boldsymbol{A}_{2t}+\boldsymbol{B}_{2t}\\ \vdots & \vdots & & \vdots\\ \boldsymbol{A}_{s1}+\boldsymbol{B}_{s1} & \boldsymbol{A}_{s2}+\boldsymbol{B}_{s2} & \cdots & \boldsymbol{A}_{st}+\boldsymbol{B}_{st}\end{pmatrix};$$

$$k\boldsymbol{A}=\begin{pmatrix}k\boldsymbol{A}_{11} & k\boldsymbol{A}_{12} & \cdots & k\boldsymbol{A}_{1t}\\ k\boldsymbol{A}_{21} & k\boldsymbol{A}_{22} & \cdots & k\boldsymbol{A}_{2t}\\ \vdots & \vdots & & \vdots\\ k\boldsymbol{A}_{s1} & k\boldsymbol{A}_{s2} & \cdots & k\boldsymbol{A}_{st}\end{pmatrix}.$$

**例 1** 设矩阵

$$\boldsymbol{A}=\begin{pmatrix}3 & 0 & 1 & 5\\ 0 & 3 & 4 & 7\\ 0 & 0 & -1 & 0\\ 0 & 0 & 0 & -1\end{pmatrix},\quad \boldsymbol{B}=\begin{pmatrix}1 & 3 & 0 & 0\\ 3 & 0 & 0 & 0\\ 8 & 4 & 1 & 0\\ 0 & -5 & 0 & 1\end{pmatrix},$$

求 $2\boldsymbol{A}+\boldsymbol{B},k\boldsymbol{A}$.

**解** 将 $\boldsymbol{A},\boldsymbol{B}$ 分块为

$$\boldsymbol{A}=\left(\begin{array}{cc:cc}3 & 0 & 1 & 5\\ 0 & 3 & 4 & 7\\ \hdashline 0 & 0 & -1 & 0\\ 0 & 0 & 0 & -1\end{array}\right)=\begin{pmatrix}3\boldsymbol{E}_2 & \boldsymbol{A}_1\\ \boldsymbol{O} & -\boldsymbol{E}_2\end{pmatrix},$$

$$\boldsymbol{B}=\left(\begin{array}{cc:cc}1 & 3 & 0 & 0\\ 3 & 0 & 0 & 0\\ \hdashline 8 & 4 & 1 & 0\\ 0 & -5 & 0 & 1\end{array}\right)=\begin{pmatrix}\boldsymbol{B}_1 & \boldsymbol{O}\\ \boldsymbol{B}_2 & \boldsymbol{E}_2\end{pmatrix},$$

则

$$2\boldsymbol{A}+\boldsymbol{B}=\begin{pmatrix}6\boldsymbol{E}_2 & 2\boldsymbol{A}_1\\ \boldsymbol{O} & -2\boldsymbol{E}_2\end{pmatrix}+\begin{pmatrix}\boldsymbol{B}_1 & \boldsymbol{O}\\ \boldsymbol{B}_2 & \boldsymbol{E}_2\end{pmatrix}=\begin{pmatrix}6\boldsymbol{E}_2+\boldsymbol{B}_1 & 2\boldsymbol{A}_1\\ \boldsymbol{B}_2 & -\boldsymbol{E}_2\end{pmatrix}.$$

而

$$6\boldsymbol{E}_2+\boldsymbol{B}_1=\begin{pmatrix}6&0\\0&6\end{pmatrix}+\begin{pmatrix}1&3\\3&0\end{pmatrix}=\begin{pmatrix}7&3\\3&6\end{pmatrix},$$

所以

$$2\boldsymbol{A}+\boldsymbol{B}=\begin{pmatrix}7&3&2&10\\3&6&8&14\\8&4&-1&0\\0&-5&0&-1\end{pmatrix},$$

$$k\boldsymbol{A}=\begin{pmatrix}3k\boldsymbol{E}_2 & k\boldsymbol{A}_1\\ \boldsymbol{O} & -k\boldsymbol{E}_2\end{pmatrix}=\begin{pmatrix}3k&0&k&5k\\0&3k&4k&7k\\0&0&-k&0\\0&0&0&-k\end{pmatrix}.$$

**2. 分块矩阵的积运算**

利用分块矩阵计算 $\boldsymbol{A}_{m\times s}$ 与 $\boldsymbol{B}_{s\times n}$ 的积时，应使左矩阵 $\boldsymbol{A}$ 的列块的分法与右矩阵 $\boldsymbol{B}$ 的行块的分法相同，以保证 $\boldsymbol{AB}$ 的子块运算有意义. 设 $\boldsymbol{A}_{m\times s}$ 与 $\boldsymbol{B}_{s\times n}$ 分块后分别为

$$\boldsymbol{A}=\begin{pmatrix}\boldsymbol{A}_{11}&\boldsymbol{A}_{12}&\cdots&\boldsymbol{A}_{1t}\\ \boldsymbol{A}_{21}&\boldsymbol{A}_{22}&\cdots&\boldsymbol{A}_{2t}\\ \vdots&\vdots&&\vdots\\ \boldsymbol{A}_{l1}&\boldsymbol{A}_{l2}&\cdots&\boldsymbol{A}_{lt}\end{pmatrix}\begin{matrix}m_1\text{ 行}\\ m_2\text{ 行}\\ \vdots\\ m_l\text{ 行}\end{matrix},$$
$$\begin{matrix}s_1\text{ 列} & s_2\text{ 列} & \cdots & s_t\text{ 列}\end{matrix}$$

$$\boldsymbol{B}=\begin{pmatrix}\boldsymbol{B}_{11}&\boldsymbol{B}_{12}&\cdots&\boldsymbol{B}_{1r}\\ \boldsymbol{B}_{21}&\boldsymbol{B}_{22}&\cdots&\boldsymbol{B}_{2r}\\ \vdots&\vdots&&\vdots\\ \boldsymbol{B}_{t1}&\boldsymbol{B}_{t2}&\cdots&\boldsymbol{B}_{tr}\end{pmatrix}\begin{matrix}s_1\text{ 行}\\ s_2\text{ 行}\\ \vdots\\ s_t\text{ 行}\end{matrix},$$
$$\begin{matrix}n_1\text{ 列} & n_2\text{ 列} & \cdots & n_t\text{ 列}\end{matrix}$$

其中 $m_1+m_2+\cdots+m_l=m;s_1+s_2+\cdots+s_t=s;n_1+n_2+\cdots+n_r=n$. 这里 $\boldsymbol{A}$ 的第 $i$ 行$(i=1,2,\cdots,l)$对应的各子块 $\boldsymbol{A}_{ik}(k=1,2,\cdots,t)$ 的列数与 $\boldsymbol{B}$ 的第 $j$ 列$(j=1,2,\cdots,r)$对应的各子块 $\boldsymbol{B}_{kj}(k=1,2,\cdots,t)$ 的行数相同，则

$$\boldsymbol{AB}=\begin{pmatrix}\boldsymbol{C}_{11}&\boldsymbol{C}_{12}&\cdots&\boldsymbol{C}_{1r}\\ \boldsymbol{C}_{21}&\boldsymbol{C}_{22}&\cdots&\boldsymbol{C}_{2r}\\ \vdots&\vdots&&\vdots\\ \boldsymbol{C}_{l1}&\boldsymbol{C}_{l2}&\cdots&\boldsymbol{C}_{lr}\end{pmatrix},$$

其中 $\boldsymbol{C}_{ij}=\boldsymbol{A}_{i1}\boldsymbol{B}_{1j}+\boldsymbol{A}_{i2}\boldsymbol{B}_{2j}+\cdots+\boldsymbol{A}_{it}\boldsymbol{B}_{tj}(i=1,2,\cdots,l;j=1,2,\cdots,r)$.

**例 2** 设矩阵

$$A=\begin{pmatrix}1&0&0&0\\0&1&0&0\\-1&2&1&0\\1&1&0&1\end{pmatrix},\quad B=\begin{pmatrix}1&0&3&2\\-1&2&0&1\\1&0&4&1\\-1&-1&2&0\end{pmatrix},$$

求 $AB$.

**解** 将 $A,B$ 分块为

$$A=\left(\begin{array}{cc:cc}1&0&0&0\\0&1&0&0\\ \hdashline -1&2&1&0\\1&1&0&1\end{array}\right)=\begin{pmatrix}E_2&O\\A_1&E_2\end{pmatrix},$$

$$B=\left(\begin{array}{cc:cc}1&0&3&2\\-1&2&0&1\\ \hdashline 1&0&4&1\\-1&-1&2&0\end{array}\right)=\begin{pmatrix}B_{11}&B_{12}\\B_{21}&B_{22}\end{pmatrix},$$

则

$$AB=\begin{pmatrix}E_2&O\\A_1&E_2\end{pmatrix}\begin{pmatrix}B_{11}&B_{12}\\B_{21}&B_{22}\end{pmatrix}=\begin{pmatrix}B_{11}&B_{12}\\A_1B_{11}+B_{21}&A_1B_{12}+B_{22}\end{pmatrix}.$$

而

$$A_1B_{11}+B_{21}=\begin{pmatrix}-2&4\\-1&1\end{pmatrix},\quad A_1B_{12}+B_{22}=\begin{pmatrix}1&1\\5&3\end{pmatrix},$$

所以

$$AB=\begin{pmatrix}1&0&3&2\\-1&2&0&1\\-2&4&1&1\\-1&1&5&3\end{pmatrix}.$$

**例 3** 设 $A=(a_{ij})_{m\times s}, B=(b_{ij})_{s\times n}$，若将矩阵 $B$ 按列分块为

$$B=\left(\begin{array}{c:c:c:c}b_{11}&b_{12}&\cdots&b_{1n}\\b_{21}&b_{22}&\cdots&b_{2n}\\\vdots&\vdots&&\vdots\\b_{s1}&b_{s2}&\cdots&b_{sn}\end{array}\right)=(B_1,B_2,\cdots,B_n),$$

则

$$AB=A(B_1,B_2,\cdots,B_n)=(AB_1,AB_2,\cdots,AB_n).$$

**3. 分块矩阵的转置运算**

分块矩阵在转置时，不但要把行块与列块互换，而且行列块互换的同时每个子块也要转置，即若 $A_{m\times n}$ 分块为

$$A=\begin{pmatrix} A_{11} & A_{12} & \cdots & A_{1t} \\ A_{21} & A_{22} & \cdots & A_{2t} \\ \vdots & \vdots & & \vdots \\ A_{s1} & A_{s2} & \cdots & A_{st} \end{pmatrix},$$

其中 $A_{ij}\ (i=1,2,\cdots,s;j=1,2,\cdots,t)$ 为矩阵 $A_{m\times n}$ 的子块，则

$$A^{\mathrm{T}}=\begin{pmatrix} A_{11}^{\mathrm{T}} & A_{21}^{\mathrm{T}} & \cdots & A_{s1}^{\mathrm{T}} \\ A_{12}^{\mathrm{T}} & A_{22}^{\mathrm{T}} & \cdots & A_{s2}^{\mathrm{T}} \\ \vdots & \vdots & & \vdots \\ A_{1t}^{\mathrm{T}} & A_{2t}^{\mathrm{T}} & \cdots & A_{st}^{\mathrm{T}} \end{pmatrix}.$$

**4. 特殊结构的分块矩阵的运算**

对于某些具有特殊结构的分块矩阵，通过适当的分块可以使运算简化.

**例 4** 设分块矩阵为

$$H=\begin{pmatrix} A & B \\ O & C \end{pmatrix},$$

其中 $A$ 为 $k$ 阶方阵，$B$ 为 $k\times r$ 矩阵，$C$ 为 $r$ 阶方阵，$O$ 为 $r\times k$ 零矩阵，求 $|H|$.

**解** 由于

$$H=\begin{pmatrix} A & B \\ O & C \end{pmatrix}=\begin{pmatrix} E & B \\ O & C \end{pmatrix}\begin{pmatrix} A & O \\ O & E \end{pmatrix},$$

根据行列式的展开定理有

$$\begin{vmatrix} E & B \\ O & C \end{vmatrix}=|C|,\quad \begin{vmatrix} A & O \\ O & E \end{vmatrix}=|A|,$$

因此

$$|H|=\left|\begin{pmatrix} E & B \\ O & C \end{pmatrix}\begin{pmatrix} A & O \\ O & E \end{pmatrix}\right|=|A||C|.$$

对于方阵 $H$，若可以分块为

$$H=\begin{pmatrix} A_1 & & & \\ & A_2 & & \\ & & \ddots & \\ & & & A_t \end{pmatrix},$$

其中 $A_i$ 为 $k_i$ 阶方阵$(i=1,2,\cdots,t)$，则称 $H$ 为**准对角形矩阵**. 而准对角形矩阵在运算时，有如下运算性质：

(1) 同阶准对角形矩阵的和、差、积仍为准对角形矩阵；

(2) $|H|=|A_1||A_2|\cdots|A_t|$；

(3) $H^{\mathrm{T}}=\begin{pmatrix} A_1^{\mathrm{T}} & & & \\ & A_2^{\mathrm{T}} & & \\ & & \ddots & \\ & & & A_t^{\mathrm{T}} \end{pmatrix}$.

# 第五节 逆矩阵

**定义 2.14** 对于 $n$ 阶方阵 $A$,如果存在方阵 $B$,使得

$$AB=BA=E,$$

则称 $A$ 为**可逆矩阵**,简称 $A$ **可逆**,称 $B$ 为 $A$ 的**逆矩阵**.

根据定义可知,如果 $B$ 是 $A$ 的逆矩阵,则 $A$ 与 $B$ 一定是同阶方阵,且若 $A$ 可逆,则其逆矩阵是唯一的.这是因为,如果 $B$ 和 $C$ 都是 $A$ 的逆矩阵,则

$$AB=BA=E,\quad AC=CA=E,$$

所以

$$B=BE=B(AC)=(BA)C=EC=C.$$

可见,逆矩阵是唯一的.

矩阵 $A$ 的逆矩阵记作 $A^{-1}$,因此当 $A$ 可逆时,必存在 $A^{-1}$,使

$$AA^{-1}=A^{-1}A=E\quad\left(A^{-1}\neq\frac{1}{A}\right).$$

从定义可知,若 $AB=BA=E$,则 $A$ 与 $B$ 都可逆,且 $A^{-1}=B,B^{-1}=A$.

**例 1** 单位矩阵 $E_n$ 可逆,因为 $E_nE_n=E_n$,所以 $E_n^{-1}=E_n$.

**例 2** 设对角形矩阵

$$A=\begin{pmatrix} a_{11} & 0 & \cdots & 0 \\ 0 & a_{22} & \cdots & 0 \\ \vdots & \vdots & & \vdots \\ 0 & 0 & \cdots & a_{nn} \end{pmatrix},$$

其中 $a_{11},a_{22},\cdots,a_{nn}\neq 0$,证明:$A$ 可逆,且

$$A^{-1} = \begin{pmatrix} \frac{1}{a_{11}} & 0 & \cdots & 0 \\ 0 & \frac{1}{a_{22}} & \cdots & 0 \\ \vdots & \vdots & & \vdots \\ 0 & 0 & \cdots & \frac{1}{a_{nn}} \end{pmatrix}.$$

**证明** 因为存在矩阵

$$B = \begin{pmatrix} \frac{1}{a_{11}} & 0 & \cdots & 0 \\ 0 & \frac{1}{a_{22}} & \cdots & 0 \\ \vdots & \vdots & & \vdots \\ 0 & 0 & \cdots & \frac{1}{a_{nn}} \end{pmatrix},$$

使得

$$AB = \begin{pmatrix} a_{11} & 0 & \cdots & 0 \\ 0 & a_{22} & \cdots & 0 \\ \vdots & \vdots & & \vdots \\ 0 & 0 & \cdots & a_{nn} \end{pmatrix} \begin{pmatrix} \frac{1}{a_{11}} & 0 & \cdots & 0 \\ 0 & \frac{1}{a_{22}} & \cdots & 0 \\ \vdots & \vdots & & \vdots \\ 0 & 0 & \cdots & \frac{1}{a_{nn}} \end{pmatrix} = E,$$

$$BA = \begin{pmatrix} \frac{1}{a_{11}} & 0 & \cdots & 0 \\ 0 & \frac{1}{a_{22}} & \cdots & 0 \\ \vdots & \vdots & & \vdots \\ 0 & 0 & \cdots & \frac{1}{a_{nn}} \end{pmatrix} \begin{pmatrix} a_{11} & 0 & \cdots & 0 \\ 0 & a_{22} & \cdots & 0 \\ \vdots & \vdots & & \vdots \\ 0 & 0 & \cdots & a_{nn} \end{pmatrix} = E,$$

即 $AB = BA = E$,所以 $A$ 可逆,且 $A^{-1} = B$.

下面我们进一步讨论 $n$ 阶方阵可逆的充要条件.

**定义 2.15** 如果 $n$ 阶方阵 $A$ 的行列式 $|A| \neq 0$,则称 $A$ 是**非奇异的**(或**非退化的**);否则,称 $A$ 是**奇异的**(或**退化的**).

**定义 2.16** 设 $A = (a_{ij})_{n\times n}$,$A_{ij}$ 是 $|A|$ 中元素 $a_{ij}(i,j = 1,2,\cdots,n)$ 的代数余子式,则矩阵

$$A^* = \begin{pmatrix} A_{11} & A_{21} & \cdots & A_{n1} \\ A_{12} & A_{22} & \cdots & A_{n2} \\ \vdots & \vdots & & \vdots \\ A_{1n} & A_{2n} & \cdots & A_{nn} \end{pmatrix} \tag{2.3}$$

称为 $\boldsymbol{A}$ 的**伴随矩阵**.

根据行列式按一行(列)展开的公式可得,对任一 $n$ 阶方阵 $\boldsymbol{A}$,有

$$\boldsymbol{AA}^* = \boldsymbol{A}^*\boldsymbol{A} = \begin{pmatrix} |\boldsymbol{A}| & 0 & \cdots & 0 \\ 0 & |\boldsymbol{A}| & \cdots & 0 \\ \vdots & \vdots & & \vdots \\ 0 & 0 & \cdots & |\boldsymbol{A}| \end{pmatrix} = |\boldsymbol{A}|\boldsymbol{E}. \tag{2.4}$$

**定理 2.2** **方阵 $\boldsymbol{A} = (a_{ij})_{n\times n}$ 为可逆矩阵的充要条件是 $\boldsymbol{A}$ 为非奇异矩阵,并且当 $\boldsymbol{A}$ 可逆时,有**

$$\boldsymbol{A}^{-1} = \frac{1}{|\boldsymbol{A}|}\boldsymbol{A}^*.$$

**证明** **必要性** 设 $\boldsymbol{A}$ 为可逆矩阵,则存在矩阵 $\boldsymbol{A}^{-1}$,有 $\boldsymbol{AA}^{-1} = \boldsymbol{E}$. 在等式两边取行列式,得

$$|\boldsymbol{AA}^{-1}| = |\boldsymbol{A}|\cdot|\boldsymbol{A}^{-1}| = 1,$$

由此可得 $|\boldsymbol{A}| \neq 0$,即 $\boldsymbol{A}$ 是非奇异的.

**充分性** 设 $\boldsymbol{A}$ 是非奇异的,则 $|\boldsymbol{A}| \neq 0$,记 $\boldsymbol{B} = \frac{1}{|\boldsymbol{A}|}\boldsymbol{A}^*$. 由式(2.4)得

$$\boldsymbol{AB} = \boldsymbol{A}\left(\frac{1}{|\boldsymbol{A}|}\boldsymbol{A}^*\right) = \frac{1}{|\boldsymbol{A}|}\boldsymbol{AA}^* = \frac{1}{|\boldsymbol{A}|}\cdot|\boldsymbol{A}|\cdot\boldsymbol{E} = \boldsymbol{E}.$$

类似可得 $\boldsymbol{BA} = \boldsymbol{E}$,所以 $\boldsymbol{A}$ 可逆,并且

$$\boldsymbol{A}^{-1} = \frac{1}{|\boldsymbol{A}|}\boldsymbol{A}^*. \tag{2.5}$$

**推论** 设 $\boldsymbol{A},\boldsymbol{B}$ 均为 $n$ 阶方阵,并且 $\boldsymbol{AB} = \boldsymbol{E}$,则 $\boldsymbol{A},\boldsymbol{B}$ 都可逆,且 $\boldsymbol{A}^{-1} = \boldsymbol{B}$,$\boldsymbol{B}^{-1} = \boldsymbol{A}$.

**证明** 由 $\boldsymbol{AB} = \boldsymbol{E}$,可得 $|\boldsymbol{AB}| = |\boldsymbol{A}|\cdot|\boldsymbol{B}| = 1$,所以 $|\boldsymbol{A}| \neq 0$,$|\boldsymbol{B}| \neq 0$. 根据定理 2.2,$\boldsymbol{A}$ 可逆且 $\boldsymbol{B}$ 也可逆. 在 $\boldsymbol{AB} = \boldsymbol{E}$ 的两边左乘 $\boldsymbol{A}^{-1}$,得 $\boldsymbol{B} = \boldsymbol{A}^{-1}$,在 $\boldsymbol{AB} = \boldsymbol{E}$ 的两边右乘 $\boldsymbol{B}^{-1}$,得 $\boldsymbol{A} = \boldsymbol{B}^{-1}$.

利用上述推论验证 $\boldsymbol{B}$ 是否为同阶矩阵 $\boldsymbol{A}$ 的逆矩阵,只需要验证等式 $\boldsymbol{AB} = \boldsymbol{E}$(或 $\boldsymbol{BA} = \boldsymbol{E}$)即可,比用定义 2.14 验证简单.

**例 3** 设矩阵

$$\boldsymbol{A} = \begin{pmatrix} 0 & 1 & 2 \\ 1 & 1 & 4 \\ 2 & -1 & 0 \end{pmatrix},$$

判断 $\boldsymbol{A}$ 是否可逆;若可逆,求 $\boldsymbol{A}^{-1}$.

**解** 由

$$|\boldsymbol{A}|=\begin{vmatrix}0&1&2\\1&1&4\\2&-1&0\end{vmatrix}=2\neq 0,$$

可知 $\boldsymbol{A}$ 为可逆矩阵. 因为

$$A_{11}=4,\quad A_{21}=-2,\quad A_{31}=2,$$
$$A_{12}=8,\quad A_{22}=-4,\quad A_{32}=2,$$
$$A_{13}=-3,\quad A_{23}=2,\quad A_{33}=-1,$$

所以

$$\boldsymbol{A}^*=\begin{pmatrix}4&-2&2\\8&-4&2\\-3&2&-1\end{pmatrix}.$$

故

$$\boldsymbol{A}^{-1}=\frac{1}{|\boldsymbol{A}|}\boldsymbol{A}^*=\frac{1}{2}\begin{pmatrix}4&-2&2\\8&-4&2\\-3&2&-1\end{pmatrix}=\begin{pmatrix}2&-1&1\\4&-2&1\\-\frac{3}{2}&1&-\frac{1}{2}\end{pmatrix}.$$

**例 4**　解矩阵方程

$$\begin{pmatrix}0&1&2\\1&1&4\\2&-1&0\end{pmatrix}\boldsymbol{X}=\begin{pmatrix}1&-1&1\\1&1&0\\2&2&1\end{pmatrix}.$$

**解**　由例 3 知

$$\boldsymbol{A}^{-1}=\begin{pmatrix}0&1&2\\1&1&4\\2&-1&0\end{pmatrix}^{-1}=\begin{pmatrix}2&-1&1\\4&-2&1\\-\frac{3}{2}&1&-\frac{1}{2}\end{pmatrix},$$

用 $\boldsymbol{A}^{-1}$ 左乘方程的两端,即得

$$\boldsymbol{X}=\begin{pmatrix}2&-1&1\\4&-2&1\\-\frac{3}{2}&1&-\frac{1}{2}\end{pmatrix}\begin{pmatrix}1&-1&1\\1&1&0\\2&2&1\end{pmatrix}=\begin{pmatrix}3&-1&3\\4&-4&5\\-\frac{3}{2}&\frac{3}{2}&-2\end{pmatrix}.$$

**例 5**　对于 $n$ 阶方阵 $\boldsymbol{A}$,如果存在正整数 $k$,使得 $\boldsymbol{A}^k=\boldsymbol{O}$,则称 $\boldsymbol{A}$ 为**幂零阵**,证明:幂零阵不是可逆矩阵.

**证明**　若 $\boldsymbol{A}$ 为幂零阵,则存在 $k$,使得 $\boldsymbol{A}^k=\boldsymbol{O}$. 而 $|\boldsymbol{A}^k|=|\boldsymbol{A}|^k=0$,所以 $|\boldsymbol{A}|=0$,故 $\boldsymbol{A}$ 不是可逆矩阵.

**例 6**　设 $n$ 阶方阵 $\boldsymbol{A}$ 满足 $a\boldsymbol{A}^2+b\boldsymbol{A}+c\boldsymbol{E}=\boldsymbol{O}$($a,b,c$ 为常数,且 $c\neq 0$),证明:$\boldsymbol{A}$ 为可逆矩阵,并求 $\boldsymbol{A}^{-1}$.

**证明**　由 $a\boldsymbol{A}^2+b\boldsymbol{A}+c\boldsymbol{E}=\boldsymbol{O}$,有 $a\boldsymbol{A}^2+b\boldsymbol{A}=-c\boldsymbol{E}$. 因为 $c\neq 0$,所以有

$$-\frac{a}{c}\boldsymbol{A}^2-\frac{b}{c}\boldsymbol{A}=\boldsymbol{E},$$

即$\left(-\frac{a}{c}\boldsymbol{A}-\frac{b}{c}\boldsymbol{E}\right)\boldsymbol{A}=\boldsymbol{E}$.因此$\boldsymbol{A}$可逆,且$\boldsymbol{A}^{-1}=-\frac{a}{c}\boldsymbol{A}-\frac{b}{c}\boldsymbol{E}$.

**例 7** 已知$n$阶方阵$\boldsymbol{A}$满足$2\boldsymbol{A}(\boldsymbol{A}-\boldsymbol{E})=\boldsymbol{A}^3$,求$(\boldsymbol{E}-\boldsymbol{A})^{-1}$.

**解** 设法分解出$\boldsymbol{E}-\boldsymbol{A}$.由$2\boldsymbol{A}(\boldsymbol{A}-\boldsymbol{E})=\boldsymbol{A}^3$,得$\boldsymbol{A}^3-2\boldsymbol{A}^2+2\boldsymbol{A}=\boldsymbol{O}$,把它改写为

$$-(\boldsymbol{A}^3-2\boldsymbol{A}^2+2\boldsymbol{A}-\boldsymbol{E})=\boldsymbol{E},$$

即有

$$(\boldsymbol{E}-\boldsymbol{A})(\boldsymbol{A}^2-\boldsymbol{A}+\boldsymbol{E})=\boldsymbol{E}.$$

故

$$(\boldsymbol{E}-\boldsymbol{A})^{-1}=\boldsymbol{A}^2-\boldsymbol{A}+\boldsymbol{E}.$$

**注**:对于题设条件为关于矩阵的等式的问题,讨论某矩阵的可逆性或求逆矩阵时,一般都是把已知等式化为“$()\cdot()=\boldsymbol{E}$”的形式进行分析,记住“求谁的逆矩阵就分解出谁”,即“()”中之一必须为所求矩阵.

**例 8** 已知$\boldsymbol{A},\boldsymbol{B}$为三阶方阵,且满足$2\boldsymbol{A}^{-1}\boldsymbol{B}=\boldsymbol{B}-4\boldsymbol{E}$,其中$\boldsymbol{E}$为三阶单位矩阵.

(1) 证明:矩阵$\boldsymbol{A}-2\boldsymbol{E}$可逆;

(2) 若$\boldsymbol{B}=\begin{pmatrix}1&-2&0\\1&2&0\\0&0&-2\end{pmatrix}$,求矩阵$\boldsymbol{A}$.

**证明** (1) 用矩阵$\boldsymbol{A}$左乘$2\boldsymbol{A}^{-1}\boldsymbol{B}=\boldsymbol{B}-4\boldsymbol{E}$,得$2\boldsymbol{B}=\boldsymbol{AB}-4\boldsymbol{A}$,即$\boldsymbol{AB}-2\boldsymbol{B}-4\boldsymbol{A}=\boldsymbol{O}$,从而有

$$\boldsymbol{AB}-2\boldsymbol{B}-4\boldsymbol{A}+8\boldsymbol{E}=8\boldsymbol{E},$$

即

$$(\boldsymbol{A}-2\boldsymbol{E})\cdot\frac{1}{8}(\boldsymbol{B}-4\boldsymbol{E})=\boldsymbol{E}.$$

所以$\boldsymbol{A}-2\boldsymbol{E}$可逆.

(2) 由(1)得$\boldsymbol{A}=2\boldsymbol{E}+8(\boldsymbol{B}-4\boldsymbol{E})^{-1}$,而

$$(\boldsymbol{B}-4\boldsymbol{E})^{-1}=\begin{pmatrix}-\frac{1}{4}&\frac{1}{4}&0\\-\frac{1}{8}&-\frac{3}{8}&0\\0&0&-\frac{1}{6}\end{pmatrix},$$

故

$$\boldsymbol{A}=\begin{pmatrix}0&2&0\\-1&-1&0\\0&0&\frac{2}{3}\end{pmatrix}.$$

逆矩阵有如下性质：

(1) 若矩阵 $\boldsymbol{A}$ 可逆，则 $\boldsymbol{A}^{-1}$ 也可逆，且 $(\boldsymbol{A}^{-1})^{-1}=\boldsymbol{A}$；

**证明** 由 $\boldsymbol{A}\boldsymbol{A}^{-1}=\boldsymbol{E}$ 知 $\boldsymbol{A}^{-1}$ 也可逆，且 $(\boldsymbol{A}^{-1})^{-1}=\boldsymbol{A}$.

(2) 若矩阵 $\boldsymbol{A}$ 可逆，数 $k\neq 0$，则 $k\boldsymbol{A}$ 也可逆，且 $(k\boldsymbol{A})^{-1}=\frac{1}{k}\boldsymbol{A}^{-1}$；

**证明** $(k\boldsymbol{A})\left(\frac{1}{k}\boldsymbol{A}^{-1}\right)=\boldsymbol{A}\boldsymbol{A}^{-1}=\boldsymbol{E}$.

(3) 若矩阵 $\boldsymbol{A},\boldsymbol{B}$ 为同阶可逆矩阵，则 $\boldsymbol{A}\boldsymbol{B}$ 也可逆，且 $(\boldsymbol{A}\boldsymbol{B})^{-1}=\boldsymbol{B}^{-1}\boldsymbol{A}^{-1}$；

**证明** $(\boldsymbol{A}\boldsymbol{B})(\boldsymbol{B}^{-1}\boldsymbol{A}^{-1})=\boldsymbol{A}(\boldsymbol{B}\boldsymbol{B}^{-1})\boldsymbol{A}^{-1}=\boldsymbol{A}\boldsymbol{E}\boldsymbol{A}^{-1}=\boldsymbol{A}\boldsymbol{A}^{-1}=\boldsymbol{E}$.

性质(3)可以推广到有限个可逆矩阵乘积的情形，设 $\boldsymbol{A}_1,\boldsymbol{A}_2,\cdots,\boldsymbol{A}_s$ 是同阶可逆矩阵，则它们的乘积 $\boldsymbol{A}_1\boldsymbol{A}_2\cdots\boldsymbol{A}_s$ 也可逆，且

$$(\boldsymbol{A}_1\boldsymbol{A}_2\cdots\boldsymbol{A}_s)^{-1}=\boldsymbol{A}_s^{-1}\cdots\boldsymbol{A}_2^{-1}\boldsymbol{A}_1^{-1}.$$

(4) 若矩阵 $\boldsymbol{A}$ 可逆，则其转置矩阵也可逆，且 $(\boldsymbol{A}^{\mathrm{T}})^{-1}=(\boldsymbol{A}^{-1})^{\mathrm{T}}$；

**证明** $(\boldsymbol{A}^{\mathrm{T}})(\boldsymbol{A}^{-1})^{\mathrm{T}}=(\boldsymbol{A}^{-1}\boldsymbol{A})^{\mathrm{T}}=\boldsymbol{E}^{\mathrm{T}}=\boldsymbol{E}$.

(5) 若矩阵 $\boldsymbol{A}$ 可逆，则 $|\boldsymbol{A}^{-1}|=\frac{1}{|\boldsymbol{A}|}$；

**证明** 因为 $\boldsymbol{A}$ 可逆，所以 $\boldsymbol{A}^{-1}\boldsymbol{A}=\boldsymbol{E}$，且 $|\boldsymbol{A}|\neq 0$. 两边取行列式得

$$|\boldsymbol{A}^{-1}\boldsymbol{A}|=|\boldsymbol{A}||\boldsymbol{A}^{-1}|=|\boldsymbol{E}|=1,$$

故 $|\boldsymbol{A}^{-1}|=\frac{1}{|\boldsymbol{A}|}$.

(6) 若 $n$ 阶矩阵 $\boldsymbol{A}$ 可逆，则其伴随矩阵 $\boldsymbol{A}^*$ 也可逆，且

$$(\boldsymbol{A}^*)^{-1}=\frac{\boldsymbol{A}}{|\boldsymbol{A}|},\quad |\boldsymbol{A}^*|=|\boldsymbol{A}|^{n-1}.$$

**证明** 由 $\boldsymbol{A}$ 可逆，有 $|\boldsymbol{A}|\neq 0$. 由于 $\boldsymbol{A}\boldsymbol{A}^*=|\boldsymbol{A}|\boldsymbol{E}$，两边取行列式得

$$|\boldsymbol{A}\boldsymbol{A}^*|=||\boldsymbol{A}|\boldsymbol{E}|=|\boldsymbol{A}|^n|\boldsymbol{E}|,$$

于是 $|\boldsymbol{A}||\boldsymbol{A}^*|=|\boldsymbol{A}|^n$，故 $|\boldsymbol{A}^*|=\frac{|\boldsymbol{A}|^n}{|\boldsymbol{A}|}=|\boldsymbol{A}|^{n-1}\neq 0$，因而 $\boldsymbol{A}^*$ 可逆. 因 $\frac{1}{|\boldsymbol{A}|}\boldsymbol{A}\boldsymbol{A}^*=\boldsymbol{E}$，故 $(\boldsymbol{A}^*)^{-1}=\frac{\boldsymbol{A}}{|\boldsymbol{A}|}$.

**例 9** 设有分块矩阵

$$\boldsymbol{D}=\begin{pmatrix}\boldsymbol{A} & \boldsymbol{C}\\ \boldsymbol{O} & \boldsymbol{B}\end{pmatrix},$$

其中 $\boldsymbol{A},\boldsymbol{B}$ 分别为 $m$ 阶和 $n$ 阶可逆矩阵，$\boldsymbol{C}$ 为 $m\times n$ 矩阵，$\boldsymbol{O}$ 为 $n\times m$ 零矩阵，试证：矩阵 $\boldsymbol{D}$ 可逆，并求出 $\boldsymbol{D}^{-1}$.

**证明** 因为 $|\boldsymbol{A}|\neq 0$，$|\boldsymbol{B}|\neq 0$，所以

$$|\boldsymbol{D}|=\begin{vmatrix}\boldsymbol{A} & \boldsymbol{C}\\ \boldsymbol{O} & \boldsymbol{B}\end{vmatrix}=|\boldsymbol{A}||\boldsymbol{B}|\neq 0.$$

于是 $\boldsymbol{D}$ 可逆，设

$$\boldsymbol{D}^{-1}=\begin{pmatrix}\boldsymbol{X} & \boldsymbol{Z}\\ \boldsymbol{W} & \boldsymbol{Y}\end{pmatrix},$$

其中 $\boldsymbol{X},\boldsymbol{Y}$ 分别为与 $\boldsymbol{A},\boldsymbol{B}$ 同阶的方阵,由

$$\boldsymbol{D}\boldsymbol{D}^{-1}=\begin{pmatrix}\boldsymbol{A} & \boldsymbol{C}\\ \boldsymbol{O} & \boldsymbol{B}\end{pmatrix}\begin{pmatrix}\boldsymbol{X} & \boldsymbol{Z}\\ \boldsymbol{W} & \boldsymbol{Y}\end{pmatrix}=\boldsymbol{E},$$

得

$$\begin{pmatrix}\boldsymbol{AX}+\boldsymbol{CW} & \boldsymbol{AZ}+\boldsymbol{CY}\\ \boldsymbol{BW} & \boldsymbol{BY}\end{pmatrix}=\begin{pmatrix}\boldsymbol{E}_m & \boldsymbol{O}\\ \boldsymbol{O} & \boldsymbol{E}_n\end{pmatrix}.$$

于是

$$\begin{cases}\boldsymbol{AX}+\boldsymbol{CW}=\boldsymbol{E}_m, & (2.6)\\ \boldsymbol{AZ}+\boldsymbol{CY}=\boldsymbol{O}, & (2.7)\\ \boldsymbol{BW}=\boldsymbol{O}, & (2.8)\\ \boldsymbol{BY}=\boldsymbol{E}_n. & (2.9)\end{cases}$$

在式(2.8)、式(2.9)两边左乘 $\boldsymbol{B}^{-1}$,得 $\boldsymbol{W}=\boldsymbol{O},\boldsymbol{Y}=\boldsymbol{B}^{-1}$;把 $\boldsymbol{W}=\boldsymbol{O}$ 代入式(2.6)得 $\boldsymbol{AX}=\boldsymbol{E}_m$,两边左乘 $\boldsymbol{A}^{-1}$,得 $\boldsymbol{X}=\boldsymbol{A}^{-1}$;把 $\boldsymbol{Y}=\boldsymbol{B}^{-1}$ 代入式(2.7),得 $\boldsymbol{AZ}=-\boldsymbol{CB}^{-1}$,两边左乘 $\boldsymbol{A}^{-1}$,得 $\boldsymbol{Z}=-\boldsymbol{A}^{-1}\boldsymbol{CB}^{-1}$. 于是

$$\boldsymbol{D}^{-1}=\begin{pmatrix}\boldsymbol{A}^{-1} & -\boldsymbol{A}^{-1}\boldsymbol{CB}^{-1}\\ \boldsymbol{O} & \boldsymbol{B}^{-1}\end{pmatrix}.$$

用同样的证明方法可以求得

(1) $\begin{pmatrix}\boldsymbol{A} & \boldsymbol{O}\\ \boldsymbol{O} & \boldsymbol{B}\end{pmatrix}^{-1}=\begin{pmatrix}\boldsymbol{A}^{-1} & \boldsymbol{O}\\ \boldsymbol{O} & \boldsymbol{B}^{-1}\end{pmatrix}$;

(2) $\begin{pmatrix}\boldsymbol{A} & \boldsymbol{O}\\ \boldsymbol{C} & \boldsymbol{B}\end{pmatrix}^{-1}=\begin{pmatrix}\boldsymbol{A}^{-1} & \boldsymbol{O}\\ -\boldsymbol{B}^{-1}\boldsymbol{CA}^{-1} & \boldsymbol{B}^{-1}\end{pmatrix}$;

(3) $\begin{pmatrix}\boldsymbol{O} & \boldsymbol{A}\\ \boldsymbol{B} & \boldsymbol{O}\end{pmatrix}^{-1}=\begin{pmatrix}\boldsymbol{O} & \boldsymbol{B}^{-1}\\ \boldsymbol{A}^{-1} & \boldsymbol{O}\end{pmatrix}$,

其中 $\boldsymbol{A},\boldsymbol{B}$ 分别为 $m$ 阶与 $n$ 阶可逆矩阵.

对于准对角形矩阵

$$\boldsymbol{D}=\begin{pmatrix}\boldsymbol{A}_1 & & & \\ & \boldsymbol{A}_2 & & \\ & & \ddots & \\ & & & \boldsymbol{A}_s\end{pmatrix},$$

其中 $\boldsymbol{A}_i(i=1,2,\cdots,s)$ 为 $n_i$ 阶可逆矩阵,则 $\boldsymbol{D}$ 可逆,且

$$\boldsymbol{D}^{-1}=\begin{pmatrix}\boldsymbol{A}_1^{-1} & & & \\ & \boldsymbol{A}_2^{-1} & & \\ & & \ddots & \\ & & & \boldsymbol{A}_s^{-1}\end{pmatrix}.$$

## 习题 2.5

1. 判断下列方阵是否可逆;若可逆,求其逆矩阵:

(1) $\begin{pmatrix} 1 & 2 & -1 \\ 3 & 4 & -2 \\ 5 & -4 & 1 \end{pmatrix}$; (2) $\begin{pmatrix} 2 & 2 & 2 \\ 1 & 2 & 3 \\ 1 & 3 & 6 \end{pmatrix}$;

(3) $\begin{pmatrix} 1 & 2 & 3 \\ 0 & 1 & 2 \\ 0 & 0 & 1 \end{pmatrix}$; (4) $\begin{pmatrix} 1 & 0 & 0 & 0 \\ 1 & 2 & 0 & 0 \\ 2 & 1 & 3 & 0 \\ 1 & 2 & 1 & 4 \end{pmatrix}$.

2. 设矩阵 $\boldsymbol{A}$ 满足 $\boldsymbol{A}^2 + \boldsymbol{A} - 2\boldsymbol{E} = \boldsymbol{O}$,证明:$\boldsymbol{A}$ 和 $\boldsymbol{A} - 2\boldsymbol{E}$ 都可逆,并求其逆矩阵.

3. 已知三阶方阵 $\boldsymbol{A}$ 的逆矩阵为

$$\boldsymbol{A}^{-1} = \begin{pmatrix} 1 & 1 & 1 \\ 1 & 2 & 1 \\ 1 & 1 & 3 \end{pmatrix},$$

试求伴随矩阵 $\boldsymbol{A}^*$ 的逆矩阵 $(\boldsymbol{A}^*)^{-1}$.

4. 设 $\boldsymbol{A}$ 是三阶方阵,已知 $|\boldsymbol{A}| = \dfrac{1}{2}$,求 $|(3\boldsymbol{A})^{-1} - 2\boldsymbol{A}^*|$ 的值.

5. 设 $\boldsymbol{A},\boldsymbol{B},\boldsymbol{A}+\boldsymbol{B}$ 均为 $n$ 阶可逆矩阵,证明:

(1) $\boldsymbol{A}^{-1} + \boldsymbol{B}^{-1}$ 可逆,且 $(\boldsymbol{A}^{-1} + \boldsymbol{B}^{-1})^{-1} = \boldsymbol{A}(\boldsymbol{A}+\boldsymbol{B})^{-1}\boldsymbol{B}$;

(2) $\boldsymbol{A}(\boldsymbol{A}+\boldsymbol{B})^{-1}\boldsymbol{B} = \boldsymbol{B}(\boldsymbol{A}+\boldsymbol{B})^{-1}\boldsymbol{A}$.

6. 已知 $\boldsymbol{A}^3 = 2\boldsymbol{E}$,$\boldsymbol{B} = \boldsymbol{A}^2 - 2\boldsymbol{A} + 2\boldsymbol{E}$,证明:$\boldsymbol{B}$ 可逆,并求其逆矩阵.

7. 设方阵 $\boldsymbol{A}$ 可逆,且 $\boldsymbol{A}^*\boldsymbol{B} = \boldsymbol{A}^{-1} + \boldsymbol{B}$,证明:$\boldsymbol{B}$ 可逆,又当 $\boldsymbol{A} = \begin{pmatrix} 2 & 6 & 0 \\ 0 & 2 & 6 \\ 0 & 0 & 2 \end{pmatrix}$ 时,求 $\boldsymbol{B}$.

8. 用矩阵分块的方法,证明下列方阵可逆,并求其逆矩阵:

(1) $\begin{pmatrix} 1 & 2 & 0 & 0 & 0 \\ 2 & 5 & 0 & 0 & 0 \\ 0 & 0 & 3 & 0 & 0 \\ 0 & 0 & 0 & 2 & 0 \\ 0 & 0 & 0 & 0 & 4 \end{pmatrix}$; (2) $\begin{pmatrix} 0 & 0 & 3 & -1 \\ 0 & 0 & 2 & 1 \\ 2 & 1 & 0 & 0 \\ -2 & 3 & 0 & 0 \end{pmatrix}$;

(3) $\begin{pmatrix} 2 & 0 & 1 & 0 & 2 \\ 0 & 2 & 0 & 1 & 3 \\ 0 & 0 & 1 & 0 & 0 \\ 0 & 0 & 0 & \frac{1}{2} & 0 \\ 0 & 0 & 0 & 0 & 7 \end{pmatrix}$.

# 第六节 矩阵的初等变换

**定义 2.17** 对矩阵施以下列 3 种变换,称为**矩阵的初等行(列)变换**.

(1) 交换矩阵的两行(列)元素;

(2) 用一个非零的数 $k$ 乘以矩阵的某一行(列)所有元素;

(3) 把矩阵的某一行(列)元素的 $l$ 倍加到另一行(列)的对应元素上.

矩阵的初等行变换与初等列变换,统称为**矩阵的初等变换**.

**定义 2.18** 对单位矩阵 $\boldsymbol{E}$ 施以一次初等变换得到的矩阵,称为**初等矩阵**.

初等矩阵有以下 3 种:

(1) 互换 $\boldsymbol{E}$ 的第 $i,j$ 两行(或第 $i,j$ 两列),得

$$\boldsymbol{E}(i,j)=\begin{pmatrix}1 & & & & & & & \\ & \ddots & & & & & & \\ & & 0 & \cdots & \cdots & \cdots & 1 & & \\ & & \vdots & 1 & & & \vdots & & \\ & & \vdots & & \ddots & & \vdots & & \\ & & \vdots & & & 1 & \vdots & & \\ & & 1 & \cdots & \cdots & \cdots & 0 & & \\ & & & & & & & \ddots & \\ & & & & & & & & 1\end{pmatrix}\begin{matrix}\\ \\ 第\,i\,行 \\ \\ \\ \\ 第\,j\,行 \\ \\ \\ \end{matrix}.$$

第 $i$ 列　　第 $j$ 列

(2) 把 $\boldsymbol{E}$ 的第 $i$ 行(或第 $i$ 列)元素乘以不等于零的数 $k$,得

$$\boldsymbol{E}[i(k)]=\begin{pmatrix}1 & & & & & \\ & \ddots & & & & \\ & & 1 & & & \\ & & & k & & & \\ & & & & 1 & & \\ & & & & & \ddots & \\ & & & & & & 1\end{pmatrix}\begin{matrix}\\ \\ \\ 第\,i\,行 \\ \\ \\ \\ \end{matrix}.$$

第 $i$ 列

(3) 把 $\boldsymbol{E}$ 的第 $j$ 行元素的 $l$ 倍加到第 $i$ 行的对应元素上(或第 $i$ 列元素的 $l$ 倍加到第 $j$ 列的对应元素上),得

$$
E[i,j(l)]=\begin{pmatrix}
1 & & & & & & & \\
 & \ddots & & & & & & \\
 & & 1 & \cdots & \cdots & l & & \\
 & & & \ddots & & \vdots & & \\
 & & & & \ddots & \vdots & & \\
 & & & & & 1 & & \\
 & & & & & & \ddots & \\
 & & & & & & & 1
\end{pmatrix}
\begin{matrix} \\ \\ \text{第}\,i\,\text{行} \\ \\ \\ \text{第}\,j\,\text{行} \\ \\ \\ \end{matrix}.
$$

第 $i$ 列　　　第 $j$ 列

初等矩阵具有下述性质：

(1) 初等矩阵的转置矩阵仍为初等矩阵；

(2) 初等矩阵都是可逆矩阵，且其逆矩阵仍为初等矩阵，并且有

$$E(i,j)^{-1}=E(i,j),$$

$$E[i(k)]^{-1}=E\left[i\left(\frac{1}{k}\right)\right],$$

$$E[i,j(l)]^{-1}=E[i,j(-l)].$$

**定理 2.3** 设 $A=(a_{ij})_{m\times n}$，则

(1) 对矩阵 $A$ 施以一次初等行变换所得到的矩阵等于用同种的 $m$ 阶初等矩阵左乘 $A$；

(2) 对矩阵 $A$ 施以一次初等列变换所得到的矩阵等于用同种的 $n$ 阶初等矩阵右乘 $A$.

**证明** 就初等行变换的情况做证明. 设

$$
A=\begin{pmatrix}
a_{11} & a_{12} & \cdots & a_{1n} \\
a_{21} & a_{22} & \cdots & a_{2n} \\
\vdots & \vdots & & \vdots \\
a_{m1} & a_{m2} & \cdots & a_{mn}
\end{pmatrix},
$$

① 互换 $A$ 中的第 $i$ 行与第 $j$ 行元素，

$$
E(i,j)A=\begin{pmatrix}
1 & & & & & & & & \\
 & \ddots & & & & & & & \\
 & & 0 & \cdots & \cdots & \cdots & 1 & & \\
 & & \vdots & 1 & & & \vdots & & \\
 & & \vdots & & \ddots & & \vdots & & \\
 & & \vdots & & & 1 & \vdots & & \\
 & & 1 & \cdots & \cdots & \cdots & 0 & & \\
 & & & & & & & \ddots & \\
 & & & & & & & & 1
\end{pmatrix}
\begin{pmatrix}
a_{11} & a_{12} & \cdots & a_{1n} \\
\vdots & \vdots & & \vdots \\
a_{i1} & a_{i2} & \cdots & a_{in} \\
\vdots & \vdots & & \vdots \\
a_{j1} & a_{j2} & \cdots & a_{jn} \\
\vdots & \vdots & & \vdots \\
a_{m1} & a_{m2} & \cdots & a_{mn}
\end{pmatrix}
$$

$$
=\begin{pmatrix} a_{11} & a_{12} & \cdots & a_{1n} \\ \vdots & \vdots & & \vdots \\ a_{j1} & a_{j2} & \cdots & a_{jn} \\ \vdots & \vdots & & \vdots \\ a_{i1} & a_{i2} & \cdots & a_{in} \\ \vdots & \vdots & & \vdots \\ a_{m1} & a_{m2} & \cdots & a_{mn} \end{pmatrix};
$$

② 用数 $k$ 乘以 $\boldsymbol{A}$ 中的第 $i$ 行元素,

$$
\boldsymbol{E}[i(k)]\boldsymbol{A}=\begin{pmatrix} 1 & & & & & & \\ & \ddots & & & & & \\ & & 1 & & & & \\ & & & k & & & \\ & & & & 1 & & \\ & & & & & \ddots & \\ & & & & & & 1 \end{pmatrix}\begin{pmatrix} a_{11} & a_{12} & \cdots & a_{1n} \\ a_{21} & a_{22} & \cdots & a_{2n} \\ \vdots & \vdots & & \vdots \\ a_{i1} & a_{i2} & \cdots & a_{in} \\ \vdots & \vdots & & \vdots \\ a_{m1} & a_{m2} & \cdots & a_{mn} \end{pmatrix}
$$

$$
=\begin{pmatrix} a_{11} & a_{12} & \cdots & a_{1n} \\ a_{21} & a_{22} & \cdots & a_{2n} \\ \vdots & \vdots & & \vdots \\ ka_{i1} & ka_{i2} & \cdots & ka_{in} \\ \vdots & \vdots & & \vdots \\ a_{m1} & a_{m2} & \cdots & a_{mn} \end{pmatrix};
$$

③ 把 $\boldsymbol{A}$ 中的第 $j$ 行元素的 $l$ 倍加到第 $i$ 行的对应元素上,

$$
\boldsymbol{E}[i,j(l)]\boldsymbol{A}=\begin{pmatrix} 1 & & & & & & \\ & \ddots & & & & & \\ & & 1 & \cdots & \cdots & l & \\ & & & \ddots & & \vdots & \\ & & & & \ddots & \vdots & \\ & & & & & 1 & \\ & & & & & & \ddots & \\ & & & & & & & 1 \end{pmatrix}\begin{pmatrix} a_{11} & a_{12} & \cdots & a_{1n} \\ \vdots & \vdots & & \vdots \\ a_{i1} & a_{i2} & \cdots & a_{in} \\ \vdots & \vdots & & \vdots \\ a_{j1} & a_{j2} & \cdots & a_{jn} \\ \vdots & \vdots & & \vdots \\ a_{m1} & a_{m2} & \cdots & a_{mn} \end{pmatrix}
$$

$$=\begin{pmatrix} a_{11} & a_{12} & \cdots & a_{1n} \\ \vdots & \vdots & & \vdots \\ a_{i1}+la_{j1} & a_{i2}+la_{j2} & \cdots & a_{in}+la_{jn} \\ \vdots & \vdots & & \vdots \\ a_{j1} & a_{j2} & \cdots & a_{jn} \\ \vdots & \vdots & & \vdots \\ a_{m1} & a_{m2} & \cdots & a_{mn} \end{pmatrix}.$$

初等列变换的情况也可以照此证明.

**定理 2.4** **任意一个矩阵 $\boldsymbol{A}=(a_{ij})_{m\times n}$ 都可以经过有限次初等变换,化为形如**

$$\boldsymbol{D}=\begin{pmatrix} 1 & 0 & \cdots & 0 & \cdots & 0 \\ 0 & 1 & \cdots & 0 & \cdots & 0 \\ \vdots & \vdots & & \vdots & & \vdots \\ 0 & 0 & \cdots & 1 & \cdots & 0 \\ 0 & 0 & \cdots & 0 & \cdots & 0 \\ \vdots & \vdots & & \vdots & & \vdots \\ 0 & 0 & \cdots & 0 & \cdots & 0 \end{pmatrix}=\begin{pmatrix} \boldsymbol{E}_r & \boldsymbol{O} \\ \boldsymbol{O} & \boldsymbol{O} \end{pmatrix}$$

**的矩阵,称 $\boldsymbol{D}$ 为矩阵 $\boldsymbol{A}$ 的等价标准形(或最简形).**

**证明** 若 $\boldsymbol{A}=\boldsymbol{O}$,则 $\boldsymbol{A}$ 已是最简形. 若 $\boldsymbol{A}\neq\boldsymbol{O}$,则至少有一个元素不为零,不妨设 $a_{11}\neq 0$(若 $a_{11}=0$,则对 $\boldsymbol{A}$ 施以初等变换总可以把 $\boldsymbol{A}$ 化为左上角元素不为零的矩阵),用 $-\dfrac{a_{i1}}{a_{11}}$ 乘以 $\boldsymbol{A}$ 的第 1 行各元素加到第 $i$ 行各对应元素上($i=2,3,\cdots,m$),再用 $-\dfrac{a_{1j}}{a_{11}}$ 乘以 $\boldsymbol{A}$ 的第 1 列各元素加到第 $j$ 列各对应元素上($j=2,3,\cdots,n$),然后用 $\dfrac{1}{a_{11}}$ 乘以矩阵 $\boldsymbol{A}$ 的第 1 行,则矩阵 $\boldsymbol{A}$ 化为

$$\boldsymbol{A}\longrightarrow\begin{pmatrix} 1 & 0 & 0 & \cdots & 0 \\ 0 & a'_{22} & a'_{23} & \cdots & a'_{2n} \\ 0 & a'_{32} & a'_{33} & \cdots & a'_{3n} \\ \vdots & \vdots & \vdots & & \vdots \\ 0 & a'_{m2} & a'_{m3} & \cdots & a'_{mn} \end{pmatrix}=\begin{pmatrix} 1 & \boldsymbol{O} \\ \boldsymbol{O} & \boldsymbol{A}_1 \end{pmatrix},$$

其中 $\boldsymbol{A}_1$ 是一个 $(m-1)\times(n-1)$ 矩阵. 若 $\boldsymbol{A}_1=\boldsymbol{O}$,则 $\boldsymbol{A}$ 已化为最简形;若 $\boldsymbol{A}_1\neq\boldsymbol{O}$,则对 $\boldsymbol{A}_1$ 重复以上步骤,最后 $\boldsymbol{A}$ 一定可以化为 $\boldsymbol{D}$ 的形式.

**推论** 若 $\boldsymbol{A}$ 为 $n$ 阶可逆矩阵,则其等价标准形 $\boldsymbol{D}=\boldsymbol{E}$.

**例 1** 求矩阵

$$\boldsymbol{A}=\begin{pmatrix} 1 & -3 & -2 & 4 \\ -2 & 6 & 4 & -8 \\ 3 & 2 & 4 & 5 \end{pmatrix}$$

的等价标准形.

解 $$A=\begin{pmatrix}1&-3&-2&4\\-2&6&4&-8\\3&2&4&5\end{pmatrix}\longrightarrow\begin{pmatrix}1&-3&-2&4\\0&0&0&0\\0&11&10&-7\end{pmatrix}$$

$$\longrightarrow\begin{pmatrix}1&-3&-2&4\\0&11&10&-7\\0&0&0&0\end{pmatrix}\longrightarrow\begin{pmatrix}1&0&0&0\\0&11&10&-7\\0&0&0&0\end{pmatrix}$$

$$\longrightarrow\begin{pmatrix}1&0&0&0\\0&1&10&-7\\0&0&0&0\end{pmatrix}\longrightarrow\begin{pmatrix}1&0&0&0\\0&1&0&0\\0&0&0&0\end{pmatrix}.$$

**例 2** 设矩阵 $A=\begin{pmatrix}2&1&-1\\1&-1&1\\2&1&0\end{pmatrix}$,求 $A$ 的等价标准形.

解 $$A=\begin{pmatrix}2&1&-1\\1&-1&1\\2&1&0\end{pmatrix}\longrightarrow\begin{pmatrix}1&-1&1\\2&1&-1\\2&1&0\end{pmatrix}\longrightarrow\begin{pmatrix}1&-1&1\\0&3&-3\\0&3&-2\end{pmatrix}$$

$$\longrightarrow\begin{pmatrix}1&-1&1\\0&3&-3\\0&0&1\end{pmatrix}\longrightarrow\begin{pmatrix}1&-1&0\\0&3&0\\0&0&1\end{pmatrix}$$

$$\longrightarrow\begin{pmatrix}1&-1&0\\0&1&0\\0&0&1\end{pmatrix}\longrightarrow\begin{pmatrix}1&0&0\\0&1&0\\0&0&1\end{pmatrix}.$$

**定理 2.5** **$n$ 阶矩阵 $A$ 可逆的充要条件是 $A$ 可以表示为一些初等矩阵的乘积.**

**证明** **必要性** 设矩阵 $A$ 可逆,则存在初等矩阵 $P_1,P_2,\cdots,P_s$ 和 $Q_1,Q_2,\cdots,Q_t$,使得

$$P_s\cdots P_2P_1AQ_1Q_2\cdots Q_t=E.$$

于是

$$A=P_1^{-1}P_2^{-1}\cdots P_s^{-1}Q_t^{-1}\cdots Q_2^{-1}Q_1^{-1},$$

而初等矩阵的逆矩阵仍为初等矩阵,所以 $A$ 可以表示为一些初等矩阵的乘积.

**充分性** 设 $A$ 可以表示成一些初等矩阵的乘积,由于初等矩阵是可逆的,并且可逆矩阵的乘积仍可逆,因此 $A$ 可逆.

下面介绍一种求逆矩阵的方法.

如果 $A$ 可逆,则 $A^{-1}$ 也可逆,根据定理 2.5,存在初等矩阵 $G_1,G_2,\cdots,G_k$,使得

$$A^{-1}=G_k\cdots G_2G_1,$$

则有

$$A^{-1}A=G_k\cdots G_2G_1A.$$

也就是说

$$E = G_k \cdots G_2 G_1 A, \tag{2.10}$$

$$A^{-1} = G_k \cdots G_2 G_1 = G_k \cdots G_2 G_1 E. \tag{2.11}$$

式(2.10)表示对 $\boldsymbol{A}$ 施以若干次初等行变换化为 $\boldsymbol{E}$,式(2.11)表示对 $\boldsymbol{E}$ 施以同样的初等行变换化为 $\boldsymbol{A}^{-1}$,两者所施的初等行变换是完全一致的,于是可以得出一种求逆矩阵的方法.

作一个 $n\times 2n$ 分块矩阵 $(\boldsymbol{A} \mid \boldsymbol{E})$,然后对此矩阵施以仅限于行的初等变换,使子块 $\boldsymbol{A}$ 化为 $\boldsymbol{E}$,同时子块 $\boldsymbol{E}$ 就化为 $\boldsymbol{A}^{-1}$ 了.用该方法可以不去先判断 $\boldsymbol{A}$ 是否可逆,因为若 $\boldsymbol{A}$ 不可逆,则 $\boldsymbol{A}$ 就不能通过初等行变换化为单位矩阵,而化成了某行元素全为零的矩阵,此时则说明 $\boldsymbol{A}$ 不可逆,即 $\boldsymbol{A}^{-1}$ 不存在.

利用分块矩阵,通过初等行变换求逆矩阵时,可以写成

$$G_k \cdots G_2 G_1 (A \mid E) = ((G_k \cdots G_2 G_1) A \mid (G_k \cdots G_2 G_1) E) = (E \mid A^{-1}),$$

或者表示为

$$(A \mid E) \xrightarrow{\text{初等行变换}} (E \mid A^{-1}).$$

也可以用初等列变换求矩阵 $\boldsymbol{A}$ 的逆矩阵,此时

$$\begin{pmatrix} A \\ \hline E \end{pmatrix} \xrightarrow[\text{初等列变换}]{} \begin{pmatrix} E \\ \hline A^{-1} \end{pmatrix}.$$

**例 3** 求矩阵 $A = \begin{pmatrix} 2 & 3 & 1 \\ 0 & 1 & 3 \\ 1 & 2 & 5 \end{pmatrix}$ 的逆矩阵.

**解** 
$$(A \mid E) = \left(\begin{array}{ccc|ccc} 2 & 3 & 1 & 1 & 0 & 0 \\ 0 & 1 & 3 & 0 & 1 & 0 \\ 1 & 2 & 5 & 0 & 0 & 1 \end{array}\right) \longrightarrow \left(\begin{array}{ccc|ccc} 1 & 2 & 5 & 0 & 0 & 1 \\ 0 & 1 & 3 & 0 & 1 & 0 \\ 2 & 3 & 1 & 1 & 0 & 0 \end{array}\right)$$

$$\longrightarrow \left(\begin{array}{ccc|ccc} 1 & 2 & 5 & 0 & 0 & 1 \\ 0 & 1 & 3 & 0 & 1 & 0 \\ 0 & -1 & -9 & 1 & 0 & -2 \end{array}\right) \longrightarrow \left(\begin{array}{ccc|ccc} 1 & 0 & -1 & 0 & -2 & 1 \\ 0 & 1 & 3 & 0 & 1 & 0 \\ 0 & 0 & -6 & 1 & 1 & -2 \end{array}\right)$$

$$\longrightarrow \left(\begin{array}{ccc|ccc} 1 & 0 & -1 & 0 & -2 & 1 \\ 0 & 1 & 3 & 0 & 1 & 0 \\ 0 & 0 & 1 & -\frac{1}{6} & -\frac{1}{6} & \frac{1}{3} \end{array}\right)$$

$$\longrightarrow \left(\begin{array}{ccc|ccc} 1 & 0 & 0 & -\frac{1}{6} & -\frac{13}{6} & \frac{4}{3} \\ 0 & 1 & 0 & \frac{1}{2} & \frac{3}{2} & -1 \\ 0 & 0 & 1 & -\frac{1}{6} & -\frac{1}{6} & \frac{1}{3} \end{array}\right),$$

所以

$$A^{-1}=\begin{pmatrix}-\frac{1}{6} & -\frac{13}{6} & \frac{4}{3}\\ \frac{1}{2} & \frac{3}{2} & -1\\ -\frac{1}{6} & -\frac{1}{6} & \frac{1}{3}\end{pmatrix}.$$

**例 4** 求矩阵 $A=\begin{pmatrix}1 & 2\\ 5 & 2\end{pmatrix}$ 的逆矩阵.

**解** $$\begin{pmatrix}A\\ \hdashline E\end{pmatrix}=\begin{pmatrix}1 & 2\\ 5 & 2\\ \hdashline 1 & 0\\ 0 & 1\end{pmatrix}\longrightarrow\begin{pmatrix}1 & 0\\ 5 & -8\\ \hdashline 1 & -2\\ 0 & 1\end{pmatrix}\longrightarrow\begin{pmatrix}1 & 0\\ 5 & 1\\ \hdashline 1 & \frac{1}{4}\\ 0 & -\frac{1}{8}\end{pmatrix}\longrightarrow\begin{pmatrix}1 & 0\\ 0 & 1\\ \hdashline -\frac{1}{4} & \frac{1}{4}\\ \frac{5}{8} & -\frac{1}{8}\end{pmatrix},$$

所以

$$A^{-1}=\begin{pmatrix}-\frac{1}{4} & \frac{1}{4}\\ \frac{5}{8} & -\frac{1}{8}\end{pmatrix}.$$

**注**:利用矩阵的初等行(列)变换求逆矩阵时,必须始终用初等行(列)变换,中间不能做任何列(行)变换.

**例 5** 设矩阵 $A=\begin{pmatrix}1 & 0 & 1\\ 0 & -2 & 2\\ 1 & 1 & 0\end{pmatrix}$,判断 $A$ 是否可逆.

**解** $$(A\,\vdots\,E)=\left(\begin{array}{ccc:ccc}1 & 0 & 1 & 1 & 0 & 0\\ 0 & -2 & 2 & 0 & 1 & 0\\ 1 & 1 & 0 & 0 & 0 & 1\end{array}\right)\longrightarrow\left(\begin{array}{ccc:ccc}1 & 0 & 1 & 1 & 0 & 0\\ 0 & -2 & 2 & 0 & 1 & 0\\ 0 & 1 & -1 & -1 & 0 & 1\end{array}\right)$$

$$\longrightarrow\left(\begin{array}{ccc:ccc}1 & 0 & 1 & 1 & 0 & 0\\ 0 & 1 & -1 & -1 & 0 & 1\\ 0 & 0 & 0 & -2 & 1 & 2\end{array}\right),$$

由于子块 $A$ 不能经初等行变换化为 $E$,因此 $A$ 不可逆.

利用初等变换求逆矩阵的方法还可以解一些矩阵方程. 例如,在矩阵方程 $AX=B$ 中,如果 $A$ 为 $n$ 阶可逆矩阵,$B$ 为 $n\times m$ 矩阵,则在方程两边左乘 $A^{-1}$,即可求得未知矩阵 $X=A^{-1}B$.

在具体计算时,构造 $n\times(n+m)$ 矩阵 $(A\,\vdots\,B)$,对其施以初等行变换,把 $A$ 化为单位矩阵,此时 $B$ 就化为 $A^{-1}B$,即

$$(A\,\vdots\,B)\xrightarrow{\text{初等行变换}}(E\,\vdots\,A^{-1}B)=(E\,\vdots\,X).$$

**例 6**　设矩阵 $\boldsymbol{A}=\begin{pmatrix}0&1&1\\-1&1&1\\0&-1&0\end{pmatrix}$，$\boldsymbol{B}=\begin{pmatrix}1&-1\\2&1\\1&3\end{pmatrix}$，求 $\boldsymbol{X}$，使得 $\boldsymbol{AX}+\boldsymbol{B}=\boldsymbol{X}$.

**解**　由 $\boldsymbol{AX}+\boldsymbol{B}=\boldsymbol{X}$，得 $(\boldsymbol{E}-\boldsymbol{A})\boldsymbol{X}=\boldsymbol{B}$，而

$$\boldsymbol{E}-\boldsymbol{A}=\begin{pmatrix}1&-1&-1\\1&0&-1\\0&1&1\end{pmatrix},$$

且 $|\boldsymbol{E}-\boldsymbol{A}|\neq 0$，故 $\boldsymbol{E}-\boldsymbol{A}$ 可逆，所以 $\boldsymbol{X}=(\boldsymbol{E}-\boldsymbol{A})^{-1}\boldsymbol{B}$. 又

$$(\boldsymbol{E}-\boldsymbol{A}\mid\boldsymbol{B})=\left(\begin{array}{ccc:cc}1&-1&-1&1&-1\\1&0&-1&2&1\\0&1&1&1&3\end{array}\right)\longrightarrow\left(\begin{array}{ccc:cc}1&-1&-1&1&-1\\0&1&0&1&2\\0&1&1&1&3\end{array}\right)$$

$$\longrightarrow\left(\begin{array}{ccc:cc}1&-1&-1&1&-1\\0&1&0&1&2\\0&0&1&0&1\end{array}\right)\longrightarrow\left(\begin{array}{ccc:cc}1&0&0&2&2\\0&1&0&1&2\\0&0&1&0&1\end{array}\right),$$

所以

$$\boldsymbol{X}=(\boldsymbol{E}-\boldsymbol{A})^{-1}\boldsymbol{B}=\begin{pmatrix}2&2\\1&2\\0&1\end{pmatrix}.$$

## 习题 2.6

1. 用初等变换法化下列矩阵为等价标准形：

(1) $\begin{pmatrix}3&2&-4\\3&2&-4\\1&2&-1\end{pmatrix}$；　(2) $\begin{pmatrix}1&-1&2&1&0\\2&-2&4&2&0\\3&0&6&-1&1\\3&0&6&3&1\end{pmatrix}$；

(3) $\begin{pmatrix}2&3\\1&-1\\-1&2\end{pmatrix}$；　(4) $\begin{pmatrix}1&2&3\\3&1&2\\2&3&1\end{pmatrix}$.

2. 用初等变换法求下列方阵的逆矩阵：

(1) $\begin{pmatrix}1&0&1\\2&1&0\\-3&2&-5\end{pmatrix}$；　(2) $\begin{pmatrix}1&2&3\\4&5&8\\3&4&6\end{pmatrix}$；

(3) $\begin{pmatrix}1&-1&3\\2&-1&4\\-1&2&-4\end{pmatrix}$；　(4) $\begin{pmatrix}1&1&1&1\\1&1&1&0\\1&1&0&0\\1&0&0&0\end{pmatrix}$.

3. 设 $\boldsymbol{A},\boldsymbol{B}$ 均为三阶方阵,$\boldsymbol{E}$ 为三阶单位矩阵,已知 $\boldsymbol{AB}=2\boldsymbol{A}+\boldsymbol{B},\boldsymbol{B}=\begin{pmatrix}2&0&2\\0&4&0\\2&0&2\end{pmatrix}$,求 $(\boldsymbol{A}-\boldsymbol{E})^{-1}$.

4. 解下列矩阵方程:

(1) $\begin{pmatrix}1&2&3\\0&1&2\\4&5&3\end{pmatrix}\boldsymbol{X}=\begin{pmatrix}1&2\\0&1\\-1&0\end{pmatrix}$; (2) $\boldsymbol{X}\begin{pmatrix}2&1&-1\\2&1&1\\1&-1&-1\end{pmatrix}=\begin{pmatrix}2&-1&3\\1&0&2\end{pmatrix}$;

(3) $\begin{pmatrix}0&1&0\\1&0&0\\0&0&1\end{pmatrix}\boldsymbol{X}\begin{pmatrix}1&0&0\\0&0&1\\0&1&0\end{pmatrix}=\begin{pmatrix}0&-4&3\\2&0&-1\\1&-2&0\end{pmatrix}$;

(4) 已知矩阵

$$\boldsymbol{A}=\begin{pmatrix}2&1&0\\1&2&1\\0&1&2\end{pmatrix},\quad \boldsymbol{B}=\begin{pmatrix}1&2\\2&3\end{pmatrix},\quad \boldsymbol{C}=\begin{pmatrix}1&2\\3&4\\2&1\end{pmatrix},$$

求解矩阵方程 ① $\boldsymbol{AX}=\boldsymbol{X}+\boldsymbol{C}$;② $\boldsymbol{AXB}=\boldsymbol{C}$.

5. 设 $\boldsymbol{A}$ 为非奇异矩阵,$\boldsymbol{X},\boldsymbol{Y}$ 均为 $n\times 1$ 矩阵,且 $\boldsymbol{Y}^{\mathrm{T}}\boldsymbol{A}^{-1}\boldsymbol{X}\neq -1$,证明:$\boldsymbol{A}+\boldsymbol{XY}^{\mathrm{T}}$ 可逆,并且

$$(\boldsymbol{A}+\boldsymbol{XY}^{\mathrm{T}})^{-1}=\boldsymbol{A}^{-1}-\frac{\boldsymbol{A}^{-1}\boldsymbol{XY}^{\mathrm{T}}\boldsymbol{A}^{-1}}{1+\boldsymbol{Y}^{\mathrm{T}}\boldsymbol{A}^{-1}\boldsymbol{X}}.$$

6. 设 $\boldsymbol{A}$ 为 $n$ 阶方阵,满足 $\boldsymbol{A}^k=\boldsymbol{O}$,证明:$\boldsymbol{E}-\boldsymbol{A}$ 可逆,并且

$$(\boldsymbol{E}-\boldsymbol{A})^{-1}=\boldsymbol{E}+\boldsymbol{A}+\boldsymbol{A}^2+\cdots+\boldsymbol{A}^{k-1}.$$

7. 设 $\boldsymbol{A}$ 是幂等矩阵($\boldsymbol{A}^2=\boldsymbol{A}$),且 $\boldsymbol{A}\neq\boldsymbol{E}$,证明:$\boldsymbol{A}$ 不可逆.

8. 设 $\boldsymbol{A}$ 是 $n$ 阶非零方阵,证明:若对任意 $n$ 阶方阵 $\boldsymbol{B}$ 和 $\boldsymbol{C}$,由 $\boldsymbol{AB}=\boldsymbol{AC}$ 均可得 $\boldsymbol{B}=\boldsymbol{C}$,则 $\boldsymbol{A}$ 一定可逆.

9. 设 $\boldsymbol{A},\boldsymbol{B}$ 均为 $n$ 阶方阵,$\boldsymbol{C}=\boldsymbol{B}^{\mathrm{T}}(\boldsymbol{A}+\gamma\boldsymbol{E})\boldsymbol{B}$.

(1) 证明:当 $\boldsymbol{A}$ 为对称矩阵时,$\boldsymbol{C}$ 也为对称矩阵;

(2) 若 $\boldsymbol{A}$ 为反对称矩阵,问:$\gamma$ 取何值时,$\boldsymbol{C}$ 也为反对称矩阵?

# 第三章

# 线性方程组

微课视频

科学技术和经济管理中的许多问题往往归结为解一个线性方程组的问题. 一般情况下,方程组中方程个数与未知量的个数未必相等. 方程组可能无解,也可能有唯一解或无穷多解. 对于这些问题的研究在理论和应用上具有重要的意义.

在本章,我们将讨论线性方程组有解的充要条件,解的性质和求解方法. 另外,为了进一步在理论上深入讨论上述问题,引入了向量的概念,并研究向量间的线性关系及相关性质.

# 第一节 消元法

## 一、消元法实例

在中学数学学过的用消元法求解二元或三元线性方程组的方法也适用于求解包含更多未知量的方程组.

**例 1** 解线性方程组

$$\begin{cases} x_1 + 3x_2 - 2x_3 = 4, \\ 3x_1 + 2x_2 - 5x_3 = 11, \\ 2x_1 + x_2 + x_3 = 3. \end{cases} \tag{3.1}$$

**解** 将方程组(3.1)中的第1个方程的$-3$倍和$-2$倍分别加到第2个和第3个方程上,消去未知量$x_1$,得

$$\begin{cases} x_1 + 3x_2 - 2x_3 = 4, \\ -7x_2 + x_3 = -1, \\ -5x_2 + 5x_3 = -5. \end{cases}$$

将上述第3个方程两边同乘以$-\frac{1}{5}$,得

$$\begin{cases} x_1 + 3x_2 - 2x_3 = 4, \\ -7x_2 + x_3 = -1, \\ x_2 - x_3 = 1. \end{cases}$$

交换第2、第3个方程,得

$$\begin{cases} x_1 + 3x_2 - 2x_3 = 4, \\ x_2 - x_3 = 1, \\ -7x_2 + x_3 = -1. \end{cases}$$

在上述方程组中,将第2个方程的7倍加到第3个方程上,得

$$\begin{cases} x_1 + 3x_2 - 2x_3 = 4, \\ x_2 - x_3 = 1, \\ -6x_3 = 6. \end{cases} \tag{3.2}$$

称此形式的方程组为**阶梯形方程组**. 由原方程组化为阶梯形方程组的过程称为**消元过程**. 方程组(3.2)与原方程组(3.1)同解. 由方程组(3.2)可解得$x_3=-1$;将$x_3=-1$代入方程组(3.2)的第2个方程得$x_2=0$;再将$x_2=0$,$x_3=-1$代入第1个方程可得$x_1=2$. 所以原方程组(3.1)的解为$x_1=2$,$x_2=0$,$x_3=-1$. 由阶梯形方程组逐次求得各未知量的过程称为**回代过程**.

可以看到，在方程组的求解过程中，反复进行了如下 3 种变换：

(1) 交换两个方程的位置；

(2) 某一个方程的两边同乘以一个非零数；

(3) 一个方程的若干倍加到另一个方程上.

这 3 种变换称为**线性方程组的初等变换**.

在例 1 的求解过程中，我们只对未知量的系数及常数项进行了运算，故可将上述过程简化. 线性方程组(3.1) 可用下面的矩阵来表示：

$$\left(\begin{array}{ccc:c}1 & 3 & -2 & 4\\3 & 2 & -5 & 11\\2 & 1 & 1 & 3\end{array}\right). \tag{3.3}$$

该矩阵由线性方程组中未知量前面的系数和常数项所构成，称为线性方程组(3.1) 的**增广矩阵**.

对线性方程组(3.1) 施行的初等变换，相当于对线性方程组的增广矩阵施以相应的初等行变换. 利用矩阵记号，可将例 1 的消元过程表示为

$$\left(\begin{array}{ccc:c}1 & 3 & -2 & 4\\3 & 2 & -5 & 11\\2 & 1 & 1 & 3\end{array}\right)\longrightarrow\left(\begin{array}{ccc:c}1 & 3 & -2 & 4\\0 & -7 & 1 & -1\\0 & -5 & 5 & -5\end{array}\right)\longrightarrow\left(\begin{array}{ccc:c}1 & 3 & -2 & 4\\0 & -7 & 1 & -1\\0 & 1 & -1 & 1\end{array}\right)$$

$$\longrightarrow\left(\begin{array}{ccc:c}1 & 3 & -2 & 4\\0 & 1 & -1 & 1\\0 & -7 & 1 & -1\end{array}\right)\longrightarrow\left(\begin{array}{ccc:c}1 & 3 & -2 & 4\\0 & 1 & -1 & 1\\0 & 0 & -6 & 6\end{array}\right),$$

最后一个矩阵称为**阶梯形矩阵**.

利用矩阵的初等行变换，可以把回代过程表示为(接上面最后一个矩阵)

$$\longrightarrow\left(\begin{array}{ccc:c}1 & 3 & -2 & 4\\0 & 1 & -1 & 1\\0 & 0 & 1 & -1\end{array}\right)\longrightarrow\left(\begin{array}{ccc:c}1 & 3 & 0 & 2\\0 & 1 & 0 & 0\\0 & 0 & 1 & -1\end{array}\right)\longrightarrow\left(\begin{array}{ccc:c}1 & 0 & 0 & 2\\0 & 1 & 0 & 0\\0 & 0 & 1 & -1\end{array}\right),$$

由此可得方程组(3.1) 的解为

$$x_1 = 2,\quad x_2 = 0,\quad x_3 = -1.$$

在求解未知量个数和方程个数不同的方程组时也可以采用上面的矩阵初等行变换求解.

**例 2**　解线性方程组

$$\begin{cases}x_1 + 3x_2 - 2x_3 - 2x_4 = 4,\\2x_1 + x_2 - x_3 - x_4 = 2,\\x_1 - 2x_2 + x_3 + x_4 = 1.\end{cases}$$

**解**　对其增广矩阵进行初等行变换化为阶梯形矩阵：

$$\left(\begin{array}{cccc:c}1&3&-2&-2&4\\2&1&-1&-1&2\\1&-2&1&1&1\end{array}\right)\longrightarrow\left(\begin{array}{cccc:c}1&3&-2&-2&4\\0&-5&3&3&-6\\0&-5&3&3&-3\end{array}\right)$$

$$\longrightarrow\left(\begin{array}{cccc:c}1&3&-2&-2&4\\0&-5&3&3&-6\\0&0&0&0&3\end{array}\right).$$

最后的阶梯形矩阵对应的阶梯形方程组为

$$\begin{cases}x_1+3x_2-2x_3-2x_4=4,\\ -5x_2+3x_3+3x_4=-6,\\ 0=3,\end{cases}$$

最后一个方程是矛盾方程,无解.故原方程组无解.

**例 3** 解线性方程组

$$\begin{cases}2x_1-x_2+3x_3-4x_4+2x_5=8,\\ x_1+2x_2-3x_3+4x_4-x_5=-1,\\ 3x_1+x_2-x_3+2x_4-x_5=3,\\ 2x_1-x_2+4x_3-6x_4+4x_5=12.\end{cases}$$

**解** 对其增广矩阵进行初等行变换化为阶梯形矩阵:

$$\left(\begin{array}{ccccc:c}2&-1&3&-4&2&8\\1&2&-3&4&-1&-1\\3&1&-1&2&-1&3\\2&-1&4&-6&4&12\end{array}\right)\longrightarrow\left(\begin{array}{ccccc:c}1&2&-3&4&-1&-1\\2&-1&3&-4&2&8\\3&1&-1&2&-1&3\\2&-1&4&-6&4&12\end{array}\right)$$

$$\longrightarrow\left(\begin{array}{ccccc:c}1&2&-3&4&-1&-1\\0&-5&9&-12&4&10\\0&-5&8&-10&2&6\\0&-5&10&-14&6&14\end{array}\right)\longrightarrow\left(\begin{array}{ccccc:c}1&2&-3&4&-1&-1\\0&-5&9&-12&4&10\\0&0&-1&2&-2&-4\\0&0&1&-2&2&4\end{array}\right)$$

$$\longrightarrow\left(\begin{array}{ccccc:c}1&2&-3&4&-1&-1\\0&-5&9&-12&4&10\\0&0&-1&2&-2&-4\\0&0&0&0&0&0\end{array}\right).$$

最后的阶梯形矩阵对应的阶梯形方程组为

$$\begin{cases}x_1+2x_2-3x_3+4x_4-x_5=-1,\\ -5x_2+9x_3-12x_4+4x_5=10,\\ -x_3+2x_4-2x_5=-4,\end{cases}$$

原线性方程组的最后一个方程已化为“$0=0$”,说明该方程是多余方程,不再写出.这一阶梯形方程组还可以写为

$$\begin{cases} x_1+2x_2-3x_3=-1-4x_4+x_5, \\ \quad -5x_2+9x_3=10+12x_4-4x_5, \\ \qquad\quad -x_3=-4-2x_4+2x_5. \end{cases}$$

可以看出，只要确定未知量 $x_4, x_5$ 的值，便可唯一地确定 $x_1, x_2, x_3$ 的值，从而得到方程组的一组解，因此原方程组有无穷多解. 这时未知量 $x_4, x_5$ 称为**自由未知量**.

为了使未知量 $x_1, x_2, x_3$ 都仅用自由未知量 $x_4, x_5$ 表示，可对阶梯形矩阵继续回代：

$$\longrightarrow\left(\begin{array}{ccccc:c} 1 & 2 & 0 & -2 & 5 & 11 \\ 0 & -5 & 0 & 6 & -14 & -26 \\ 0 & 0 & 1 & -2 & 2 & 4 \\ 0 & 0 & 0 & 0 & 0 & 0 \end{array}\right)\longrightarrow\left(\begin{array}{ccccc:c} 1 & 2 & 0 & -2 & 5 & 11 \\ 0 & 1 & 0 & -\frac{6}{5} & \frac{14}{5} & \frac{26}{5} \\ 0 & 0 & 1 & -2 & 2 & 4 \\ 0 & 0 & 0 & 0 & 0 & 0 \end{array}\right)$$

$$\longrightarrow\left(\begin{array}{ccccc:c} 1 & 0 & 0 & \frac{2}{5} & -\frac{3}{5} & \frac{3}{5} \\ 0 & 1 & 0 & -\frac{6}{5} & \frac{14}{5} & \frac{26}{5} \\ 0 & 0 & 1 & -2 & 2 & 4 \\ 0 & 0 & 0 & 0 & 0 & 0 \end{array}\right).$$

由最后的阶梯形矩阵可得

$$\begin{cases} x_1=\frac{3}{5}-\frac{2}{5}x_4+\frac{3}{5}x_5, \\ x_2=\frac{26}{5}+\frac{6}{5}x_4-\frac{14}{5}x_5, \\ x_3=4+2x_4-2x_5, \end{cases}$$

取 $x_4=c_1, x_5=c_2$，其中 $c_1, c_2$ 为任意常数，得原方程组的解为

$$\begin{cases} x_1=\frac{3}{5}-\frac{2}{5}c_1+\frac{3}{5}c_2, \\ x_2=\frac{26}{5}+\frac{6}{5}c_1-\frac{14}{5}c_2, \\ x_3=4+2c_1-2c_2, \\ x_4=c_1, \\ x_5=c_2. \end{cases}$$

这种解的表达式称为线性方程组的**一般解**.

由例 1 至例 3 可以看出，线性方程组可能无解，也可能有解；在有解的情形下，可能有唯一解，也可能有无穷多解.

## 二、线性方程组解的情况

下面考虑一般的线性方程组

$$\begin{cases} a_{11}x_1 + a_{12}x_2 + \cdots + a_{1n}x_n = b_1, \\ a_{21}x_1 + a_{22}x_2 + \cdots + a_{2n}x_n = b_2, \\ \quad\cdots\cdots \\ a_{m1}x_1 + a_{m2}x_2 + \cdots + a_{mn}x_n = b_m, \end{cases} \tag{3.4}$$

方程组的系数构成 $m \times n$ 矩阵

$$\boldsymbol{A} = \begin{pmatrix} a_{11} & a_{12} & \cdots & a_{1n} \\ a_{21} & a_{22} & \cdots & a_{2n} \\ \vdots & \vdots & & \vdots \\ a_{m1} & a_{m2} & \cdots & a_{mn} \end{pmatrix},$$

称为方程组(3.4)的**系数矩阵**.将方程组(3.4)的常数项加在系数矩阵 $\boldsymbol{A}$ 的右边得到 $m \times (n+1)$ 矩阵

$$\overline{\boldsymbol{A}} = \left(\begin{array}{cccc:c} a_{11} & a_{12} & \cdots & a_{1n} & b_1 \\ a_{21} & a_{22} & \cdots & a_{2n} & b_2 \\ \vdots & \vdots & & \vdots & \vdots \\ a_{m1} & a_{m2} & \cdots & a_{mn} & b_m \end{array}\right),$$

称为方程组(3.4)的**增广矩阵**.

为了讨论方程组(3.4)解的情况,只需对其增广矩阵 $\overline{\boldsymbol{A}}$ 施行初等行变换.不妨设 $\overline{\boldsymbol{A}}$ 的前 $n$ 列中任意一列元素不全为零,否则,若 $\overline{\boldsymbol{A}}$ 的第 $j$ 列的元素 $a_{ij} = 0(i = 1,2,\cdots,m;1 \leqslant j \leqslant n)$,则原方程组(3.4)中未知量 $x_j$ 可任意取值,只需求含有剩下的 $n-1$ 个未知量的方程组了.

为了方便起见,设 $\overline{\boldsymbol{A}}$ 的第1列中的 $a_{11} \neq 0$.把 $\overline{\boldsymbol{A}}$ 的第1行的 $-\dfrac{a_{i1}}{a_{11}}$ 倍加到它的第 $i$ 行上$(i = 2,3,\cdots,m)$,可把 $\overline{\boldsymbol{A}}$ 化为

$$\left(\begin{array}{cccc:c} a_{11} & a_{12} & \cdots & a_{1n} & b_1 \\ 0 & a'_{22} & \cdots & a'_{2n} & b'_2 \\ \vdots & \vdots & & \vdots & \vdots \\ 0 & a'_{m2} & \cdots & a'_{mn} & b'_m \end{array}\right).$$

由后 $m-1$ 行,右边的 $n$ 列可以组成一个$(m-1) \times n$ 矩阵,对此矩阵重复施行上述变换(必要时可以重新排列未知量的顺序),直到把 $\overline{\boldsymbol{A}}$ 化为如下的阶梯形矩阵为止:

$$\overline{\boldsymbol{A}} \longrightarrow \cdots \longrightarrow \left(\begin{array}{ccccccc:c} \bar{a}_{11} & \bar{a}_{12} & \cdots & \bar{a}_{1r} & \bar{a}_{1(r+1)} & \cdots & \bar{a}_{1n} & d_1 \\ 0 & \bar{a}_{22} & \cdots & \bar{a}_{2r} & \bar{a}_{2(r+1)} & \cdots & \bar{a}_{2n} & d_2 \\ \vdots & \vdots & & \vdots & \vdots & & \vdots & \vdots \\ 0 & 0 & \cdots & \bar{a}_{rr} & \bar{a}_{r(r+1)} & \cdots & \bar{a}_{rn} & d_r \\ 0 & 0 & \cdots & 0 & 0 & \cdots & 0 & d_{r+1} \\ 0 & 0 & \cdots & 0 & 0 & \cdots & 0 & 0 \\ \vdots & \vdots & & \vdots & \vdots & & \vdots & \vdots \\ 0 & 0 & \cdots & 0 & 0 & \cdots & 0 & 0 \end{array}\right), \tag{3.5}$$

其中$\bar{a}_{ii} \neq 0 (i=1,2,\cdots,r)$，它对应的阶梯形方程组为

$$\begin{cases} \bar{a}_{11}x_1 + \bar{a}_{12}x_2 + \cdots + \bar{a}_{1r}x_r + \bar{a}_{1(r+1)}x_{r+1} + \cdots + \bar{a}_{1n}x_n = d_1, \\ \qquad \bar{a}_{22}x_2 + \cdots + \bar{a}_{2r}x_r + \bar{a}_{2(r+1)}x_{r+1} + \cdots + \bar{a}_{2n}x_n = d_2, \\ \qquad \cdots\cdots \\ \qquad \bar{a}_{rr}x_r + \bar{a}_{r(r+1)}x_{r+1} + \cdots + \bar{a}_{rn}x_n = d_r, \\ \qquad 0 = d_{r+1}, \\ \qquad 0 = 0, \\ \qquad \cdots\cdots \\ \qquad 0 = 0. \end{cases} \tag{3.6}$$

由此可见，方程组(3.6)与原方程组(3.4)为同解方程组，故只需讨论方程组(3.6)的解的情况.

由于方程组(3.4)含有 $n$ 个未知量，因此必有 $r \leqslant n$，这时可能出现下列情况：

(1) $d_{r+1} \neq 0$，于是方程组(3.6)中的第 $r+1$ 个方程“$0=d_{r+1}$”是一个矛盾方程，因此方程组(3.6)无解，所以原方程组(3.4)也无解.

(2) $d_{r+1}=0$，于是方程组(3.6)有解，后 $m-r$ 个方程“$0=0$”是原方程组(3.4)中相应多余的方程，这时出现两种情形：

① 若 $r=n$，则方程组(3.6)相当于

$$\begin{cases} \bar{a}_{11}x_1 + \bar{a}_{12}x_2 + \cdots + \bar{a}_{1n}x_n = d_1, \\ \qquad \bar{a}_{22}x_2 + \cdots + \bar{a}_{2n}x_n = d_2, \\ \qquad \cdots\cdots \\ \qquad \bar{a}_{nn}x_n = d_n. \end{cases}$$

自下而上依次可求出 $x_n, x_{n-1}, \cdots, x_1$ 的值，则方程组(3.6)有唯一解，因而原方程组(3.4)也有唯一解. 这一回代过程可以由相应的阶梯形矩阵自下而上逐次施以初等行变换，化为

$$\left(\begin{array}{cccc:c} 1 & 0 & \cdots & 0 & c_1 \\ 0 & 1 & \cdots & 0 & c_2 \\ \vdots & \vdots & & \vdots & \vdots \\ 0 & 0 & \cdots & 1 & c_n \\ 0 & 0 & \cdots & 0 & 0 \\ \vdots & \vdots & & \vdots & \vdots \\ 0 & 0 & \cdots & 0 & 0 \end{array}\right),$$

从而直接得到原方程组(3.4)的唯一解为 $x_1=c_1, x_2=c_2, \cdots, x_n=c_n$.

② 若 $r<n$，则方程组(3.6)化为

$$\begin{cases}\bar{a}_{11}x_1+\bar{a}_{12}x_2+\cdots+\bar{a}_{1r}x_r+\bar{a}_{1(r+1)}x_{r+1}+\cdots+\bar{a}_{1n}x_n=d_1,\\ \qquad \bar{a}_{22}x_2+\cdots+\bar{a}_{2r}x_r+\bar{a}_{2(r+1)}x_{r+1}+\cdots+\bar{a}_{2n}x_n=d_2,\\ \qquad\qquad \cdots\cdots\\ \qquad\qquad \bar{a}_{rr}x_r+\bar{a}_{r(r+1)}x_{r+1}+\cdots+\bar{a}_{rn}x_n=d_r,\end{cases}$$

即

$$\begin{cases}\bar{a}_{11}x_1+\bar{a}_{12}x_2+\cdots+\bar{a}_{1r}x_r=d_1-\bar{a}_{1(r+1)}x_{r+1}-\cdots-\bar{a}_{1n}x_n,\\ \qquad \bar{a}_{22}x_2+\cdots+\bar{a}_{2r}x_r=d_2-\bar{a}_{2(r+1)}x_{r+1}-\cdots-\bar{a}_{2n}x_n,\\ \qquad\qquad \cdots\cdots\\ \qquad\qquad \bar{a}_{rr}x_r=d_r-\bar{a}_{r(r+1)}x_{r+1}-\cdots-\bar{a}_{rn}x_n,\end{cases}$$

其中 $x_{r+1},x_{r+2},\cdots,x_n$ 为自由未知量.任意取定自由未知量的值,便可唯一地确定 $x_1,x_2,\cdots,x_r$ 的值,因此原方程组(3.4)有无穷多解.用矩阵的初等行变换可将阶梯形矩阵化为

$$\left(\begin{array}{ccccccc:c}1 & 0 & \cdots & 0 & a'_{1(r+1)} & \cdots & a'_{1n} & \bar{d}_1\\ 0 & 1 & \cdots & 0 & a'_{2(r+1)} & \cdots & a'_{2n} & \bar{d}_2\\ \vdots & \vdots & & \vdots & \vdots & & \vdots & \vdots\\ 0 & 0 & \cdots & 1 & a'_{r(r+1)} & \cdots & a'_{rn} & \bar{d}_r\\ 0 & 0 & \cdots & 0 & 0 & \cdots & 0 & 0\\ \vdots & \vdots & & \vdots & \vdots & & \vdots & \vdots\\ 0 & 0 & \cdots & 0 & 0 & \cdots & 0 & 0\end{array}\right).$$

令自由未知量 $x_{r+1}=c_1,x_{r+2}=c_2,\cdots,x_n=c_{n-r}$,由上面的矩阵直接解得原方程组的解为

$$\begin{cases}x_1=\bar{d}_1-a'_{1(r+1)}c_1-\cdots-a'_{1n}c_{n-r},\\ x_2=\bar{d}_2-a'_{2(r+1)}c_1-\cdots-a'_{2n}c_{n-r},\\ \qquad\cdots\cdots\\ x_r=\bar{d}_r-a'_{r(r+1)}c_1-\cdots-a'_{rn}c_{n-r},\\ x_{r+1}=c_1,\\ x_{r+2}=c_2,\\ \qquad\cdots\cdots\\ x_n=c_{n-r}\end{cases}\quad (c_1,c_2,\cdots,c_{n-r}\text{ 为任意常数}).$$

这样的解称为方程组(3.4)的**一般解**.

综上所述,有

(1) 当 $d_{r+1}\neq 0$ 时,原方程组(3.4)无解;

(2) 当 $d_{r+1}=0$ 且 $r=n$ 时,原方程组(3.4)有唯一解;

(3) 当 $d_{r+1}=0$ 且 $r<n$ 时,原方程组(3.4)有无穷多解.

把上述结论用于齐次线性方程组

$$\begin{cases} a_{11}x_1 + a_{12}x_2 + \cdots + a_{1n}x_n = 0, \\ a_{21}x_1 + a_{22}x_2 + \cdots + a_{2n}x_n = 0, \\ \cdots\cdots \\ a_{m1}x_1 + a_{m2}x_2 + \cdots + a_{mn}x_n = 0, \end{cases} \tag{3.7}$$

因其增广矩阵$\overline{\mathbf{A}}$的最后一列元素全为零，所以对$\overline{\mathbf{A}}$施以初等行变换（必要时可以重新排列未知量的顺序）一定可把$\overline{\mathbf{A}}$化为如下形式的阶梯形矩阵：

$$\left(\begin{array}{ccccccc|c} \bar{a}_{11} & \bar{a}_{12} & \cdots & \bar{a}_{1r} & \bar{a}_{1(r+1)} & \cdots & \bar{a}_{1n} & 0 \\ 0 & \bar{a}_{22} & \cdots & \bar{a}_{2r} & \bar{a}_{2(r+1)} & \cdots & \bar{a}_{2n} & 0 \\ \vdots & \vdots & & \vdots & \vdots & & \vdots & \vdots \\ 0 & 0 & \cdots & \bar{a}_{rr} & \bar{a}_{r(r+1)} & \cdots & \bar{a}_{rn} & 0 \\ 0 & 0 & \cdots & 0 & 0 & \cdots & 0 & 0 \\ 0 & 0 & \cdots & 0 & 0 & \cdots & 0 & 0 \\ \vdots & \vdots & & \vdots & \vdots & & \vdots & \vdots \\ 0 & 0 & \cdots & 0 & 0 & \cdots & 0 & 0 \end{array}\right), \tag{3.8}$$

其中$\bar{a}_{ii} \neq 0 (i = 1, 2, \cdots, r)$. 由此可得如下结论：

(1) 当 $r = n$ 时，齐次线性方程组(3.7)仅有零解；

(2) 当 $r < n$ 时，齐次线性方程组(3.7)除有零解外，还有非零解，即有无穷多解.

特别地，若齐次线性方程组(3.7)中方程的个数小于未知量的个数，即当 $m < n$ 时，在阶梯形矩阵(3.8)中必有 $r < n$，则有如下定理：

**定理 3.1**　**如果齐次线性方程组(3.7)中方程的个数小于未知量的个数，即 $m<n$，则方程组(3.7)有非零解.**

最后考察方程个数等于未知量个数的齐次线性方程组

$$\begin{cases} a_{11}x_1 + a_{12}x_2 + \cdots + a_{1n}x_n = 0, \\ a_{21}x_1 + a_{22}x_2 + \cdots + a_{2n}x_n = 0, \\ \cdots\cdots \\ a_{n1}x_1 + a_{n2}x_2 + \cdots + a_{nn}x_n = 0. \end{cases} \tag{3.9}$$

**定理 3.2**　**齐次线性方程组(3.9)有非零解的充要条件是它的系数行列式**

$$\begin{vmatrix} a_{11} & a_{12} & \cdots & a_{1n} \\ a_{21} & a_{22} & \cdots & a_{2n} \\ \vdots & \vdots & & \vdots \\ a_{n1} & a_{n2} & \cdots & a_{nn} \end{vmatrix} = 0.$$

**证明**　定理的必要性证明已在定理 1.8′ 中给出. 下面证明充分性，这只需证明与方程组同解的阶梯形方程组有非零解，我们用反证法证明这一结论.

假设用初等行变换把方程组(3.9)化为阶梯形方程组，且该阶梯形方程组仍含有 $n$ 个方程：

$$\begin{cases} a'_{11}x_1 + a'_{12}x_2 + \cdots + a'_{1n}x_n = 0, \\ \qquad\quad a'_{22}x_2 + \cdots + a'_{2n}x_n = 0, \\ \qquad\qquad \cdots\cdots \\ \qquad\qquad\qquad a'_{nn}x_n = 0, \end{cases}$$

其中 $a'_{ii} \neq 0(i=1,2,\cdots,n)$，则它的系数行列式

$$D' = \begin{vmatrix} a'_{11} & a'_{12} & \cdots & a'_{1n} \\ 0 & a'_{22} & \cdots & a'_{2n} \\ \vdots & \vdots & & \vdots \\ 0 & 0 & \cdots & a'_{nn} \end{vmatrix} = a'_{11}a'_{22}\cdots a'_{nn} \neq 0.$$

但是，$D'$ 是 $D$ 利用行列式的性质得到的，故 $D'$ 必是 $D$ 的非零常数倍，由条件 $D=0$，而 $D' \neq 0$，则产生矛盾. 所以在阶梯形方程组中去掉多余的方程后，方程个数必小于未知量的个数，从而由定理 3.1 知此阶梯形方程组必有非零解，从而原方程组(3.9)也有非零解.

**例 4** 已知线性方程组

$$\begin{cases} x_1 - 2x_2 - x_3 - x_4 = 2, \\ 2x_1 - 4x_2 + 5x_3 + 3x_4 = 0, \\ 4x_1 - 8x_2 + 17x_3 + 11x_4 = a, \\ 3x_1 - 6x_2 + 4x_3 + 3x_4 = 3, \end{cases}$$

问：当 $a$ 为何值时，方程组有解？并求出方程组的一般解.

**解** 对方程组的增广矩阵进行初等行变换化为阶梯形矩阵：

$$\overline{\mathbf{A}} = \left(\begin{array}{cccc:c} 1 & -2 & -1 & -1 & 2 \\ 2 & -4 & 5 & 3 & 0 \\ 4 & -8 & 17 & 11 & a \\ 3 & -6 & 4 & 3 & 3 \end{array}\right) \longrightarrow \left(\begin{array}{cccc:c} 1 & -2 & -1 & -1 & 2 \\ 0 & 0 & 7 & 5 & -4 \\ 0 & 0 & 21 & 15 & a-8 \\ 0 & 0 & 7 & 6 & -3 \end{array}\right)$$

$$\longrightarrow \left(\begin{array}{cccc:c} 1 & -2 & -1 & -1 & 2 \\ 0 & 0 & 7 & 5 & -4 \\ 0 & 0 & 0 & 0 & a+4 \\ 0 & 0 & 0 & 1 & 1 \end{array}\right) \longrightarrow \left(\begin{array}{cccc:c} 1 & -2 & -1 & -1 & 2 \\ 0 & 0 & 1 & \frac{5}{7} & -\frac{4}{7} \\ 0 & 0 & 0 & 1 & 1 \\ 0 & 0 & 0 & 0 & a+4 \end{array}\right).$$

当 $a \neq -4$ 时，原方程组无解；当 $a=-4$ 时，原方程组有解. 把 $a=-4$ 代入最后的阶梯形矩阵，并继续进行初等行变换：

$$\xrightarrow{\text{接上面}} \left(\begin{array}{cccc:c} 1 & -2 & -1 & 0 & 3 \\ 0 & 0 & 1 & 0 & -\frac{9}{7} \\ 0 & 0 & 0 & 1 & 1 \\ 0 & 0 & 0 & 0 & 0 \end{array}\right) \longrightarrow \left(\begin{array}{cccc:c} 1 & -2 & 0 & 0 & \frac{12}{7} \\ 0 & 0 & 1 & 0 & -\frac{9}{7} \\ 0 & 0 & 0 & 1 & 1 \\ 0 & 0 & 0 & 0 & 0 \end{array}\right).$$

由此可得

$$\begin{cases} x_1 = \dfrac{12}{7} + 2x_2, \\ x_3 = -\dfrac{9}{7}, \\ x_4 = 1. \end{cases}$$

令自由未知量 $x_2 = c$，则得方程组的一般解为

$$\begin{cases} x_1 = \dfrac{12}{7} + 2c, \\ x_2 = c, \\ x_3 = -\dfrac{9}{7}, \\ x_4 = 1 \end{cases} \quad (c \text{ 为任意常数}).$$

**例 5**　确定 $\lambda$ 的值，使齐次线性方程组

$$\begin{cases} x_1 - x_2 + x_3 = 0, \\ \lambda x_1 + 2x_2 + x_3 = 0, \\ 2x_1 + \lambda x_2 \quad = 0 \end{cases}$$

有非零解，并求方程组的解.

**解**　对方程组的增广矩阵进行初等行变换化为阶梯形矩阵：

$$\overline{\boldsymbol{A}} = \left(\begin{array}{ccc:c} 1 & -1 & 1 & 0 \\ \lambda & 2 & 1 & 0 \\ 2 & \lambda & 0 & 0 \end{array}\right) \longrightarrow \left(\begin{array}{ccc:c} 1 & -1 & 1 & 0 \\ 0 & 2+\lambda & 1-\lambda & 0 \\ 0 & 2+\lambda & -2 & 0 \end{array}\right)$$

$$\longrightarrow \left(\begin{array}{ccc:c} 1 & -1 & 1 & 0 \\ 0 & 2+\lambda & 1-\lambda & 0 \\ 0 & 0 & \lambda-3 & 0 \end{array}\right), \tag{3.10}$$

由阶梯形矩阵可看出，当 $\lambda = -2$ 或 $\lambda = 3$ 时，方程组有非零解.

当 $\lambda = -2$ 时，继续对阶梯形矩阵(3.10)进行初等行变换：

$$\longrightarrow \left(\begin{array}{ccc:c} 1 & -1 & 1 & 0 \\ 0 & 0 & 3 & 0 \\ 0 & 0 & -5 & 0 \end{array}\right) \longrightarrow \left(\begin{array}{ccc:c} 1 & -1 & 1 & 0 \\ 0 & 0 & 1 & 0 \\ 0 & 0 & 0 & 0 \end{array}\right) \longrightarrow \left(\begin{array}{ccc:c} 1 & -1 & 0 & 0 \\ 0 & 0 & 1 & 0 \\ 0 & 0 & 0 & 0 \end{array}\right),$$

由此可得

$$\begin{cases} x_1 = x_2, \\ x_3 = 0. \end{cases}$$

令自由未知量 $x_2 = c_1$，得方程组的一般解为

$$\begin{cases} x_1 = c_1, \\ x_2 = c_1, \\ x_3 = 0 \end{cases} \quad (c_1 \text{ 为任意常数}).$$

当 $\lambda = 3$ 时，继续对阶梯形矩阵(3.10)进行初等行变换：

$$\longrightarrow\left(\begin{array}{ccc|c}1 & -1 & 1 & 0\\ 0 & 5 & -2 & 0\\ 0 & 0 & 0 & 0\end{array}\right)\longrightarrow\left(\begin{array}{ccc|c}1 & 0 & \frac{3}{5} & 0\\ 0 & 1 & -\frac{2}{5} & 0\\ 0 & 0 & 0 & 0\end{array}\right),$$

由此可得

$$\begin{cases}x_1=-\dfrac{3}{5}x_3,\\ x_2=\dfrac{2}{5}x_3.\end{cases}$$

令自由未知量 $x_3=c_2$,得方程组的一般解为

$$\begin{cases}x_1=-\dfrac{3}{5}c_2,\\ x_2=\dfrac{2}{5}c_2,\\ x_3=c_2\end{cases}\quad(c_2\text{ 为任意常数}).$$

另外,因为方程个数和未知量个数相同,所以利用定理 3.2,由系数行列式

$$D=\begin{vmatrix}1 & -2 & 1\\ \lambda & 2 & 1\\ 2 & \lambda & 0\end{vmatrix}=(\lambda+2)(\lambda-3)=0,$$

可得 $\lambda=-2$ 或 $\lambda=3$ 时,方程组有非零解,然后将 $\lambda=-2$ 和 $\lambda=3$ 分别代入原方程组可求解.

## 习题 3.1

1. 用消元法解下列线性方程组:

(1) $\begin{cases}x_1+3x_2-2x_3=4,\\ 3x_1+2x_2-5x_3=11,\\ -2x_1+x_2+3x_3=-7;\end{cases}$ (2) $\begin{cases}x_1-x_2+2x_3-3x_4+x_5=2,\\ 2x_1-2x_2+7x_3-10x_4+5x_5=5,\\ 3x_1-3x_2+3x_3-5x_4=5.\end{cases}$

2. 已知线性方程组

$$\begin{cases}x_1+x_2+2x_3+3x_4=1,\\ x_1+3x_2+6x_3+x_4=3,\\ 3x_1-x_2-ax_3+15x_4=3,\\ x_1-5x_2-10x_3+12x_4=b,\end{cases}$$

当 $a,b$ 为何值时,方程组无解?有唯一解?有无穷多解?在方程组有无穷多解的情况下求其一般解.

# 第二节　n 维向量

当线性方程组有无穷多解时，这些解之间有什么关系？为了解决这一问题，我们需引入向量的概念，并研究向量间的线性关系.

## 一、n 维向量及其线性运算

**定义 3.1**　数域 $F$ 上的 $n$ 个数 $a_1,a_2,\cdots,a_n$ 所组成的有序数组 $(a_1,a_2,\cdots,a_n)$ 称为数域 $F$ 上的一个 **$n$ 维向量**，其中第 $i$ 个数 $a_i$ 称为该向量的第 $i$ 个分量.

一般用小写粗体希腊字母 $\boldsymbol{\alpha},\boldsymbol{\beta},\boldsymbol{\gamma},\cdots$ 表示向量，用小写英文字母 $a,b,c,\cdots$ 添加下标表示向量的分量. 例如，

$$\boldsymbol{\alpha}=(a_1,a_2,\cdots,a_n),\quad \boldsymbol{\beta}=\begin{pmatrix}b_1\\b_2\\\vdots\\b_n\end{pmatrix},$$

前者称为 **$n$ 维行向量**，后者称为 **$n$ 维列向量**.

**定义 3.2**　所有分量为零的向量称为**零向量**，记作 $\mathbf{0}=(0,0,\cdots,0)$.

$n$ 维向量 $\boldsymbol{\alpha}=(a_1,a_2,\cdots,a_n)$ 的各分量的相反数所组成的向量 $(-a_1,-a_2,\cdots,-a_n)$ 称为向量 $\boldsymbol{\alpha}$ 的**负向量**，记作 $-\boldsymbol{\alpha}$，即

$$-\boldsymbol{\alpha}=(-a_1,-a_2,\cdots,-a_n).$$

**定义 3.3**　如果向量 $\boldsymbol{\alpha}=(a_1,a_2,\cdots,a_n)$ 与 $\boldsymbol{\beta}=(b_1,b_2,\cdots,b_n)$ 的对应分量相等，即 $a_i=b_i(i=1,2,\cdots,n)$，则称这两个向量**相等**，记作 $\boldsymbol{\alpha}=\boldsymbol{\beta}$.

**定义 3.4（向量的加法）**　设向量 $\boldsymbol{\alpha}=(a_1,a_2,\cdots,a_n)$，$\boldsymbol{\beta}=(b_1,b_2,\cdots,b_n)$，$\boldsymbol{\alpha}$ 与 $\boldsymbol{\beta}$ 对应分量的和所构成的 $n$ 维向量称为向量 $\boldsymbol{\alpha}$ 与 $\boldsymbol{\beta}$ 的**和**，记作 $\boldsymbol{\alpha}+\boldsymbol{\beta}$，即

$$\boldsymbol{\alpha}+\boldsymbol{\beta}=(a_1+b_1,a_2+b_2,\cdots,a_n+b_n).$$

由向量的加法和负向量的定义，可以定义向量的减法，即

$$\boldsymbol{\alpha}-\boldsymbol{\beta}=(a_1-b_1,a_2-b_2,\cdots,a_n-b_n).$$

**定义 3.5（数与向量的乘法）**　设 $k$ 为数域 $F$ 中的数，数 $k$ 与向量 $\boldsymbol{\alpha}=(a_1,a_2,\cdots,a_n)$ 的各分量的乘积所构成的 $n$ 维向量称为**数 $k$ 与向量 $\boldsymbol{\alpha}$ 的乘积**，简称**数乘**，记作 $k\boldsymbol{\alpha}$，即

$$k\boldsymbol{\alpha}=(ka_1,ka_2,\cdots,ka_n).$$

向量的加法运算和数乘运算统称为**向量的线性运算**. 可以验证，向量的线性运算满足下列 8 条运算规律：

(1) $\boldsymbol{\alpha}+\boldsymbol{\beta}=\boldsymbol{\beta}+\boldsymbol{\alpha}$ (加法交换律);

(2) $\boldsymbol{\alpha}+(\boldsymbol{\beta}+\boldsymbol{\gamma})=(\boldsymbol{\alpha}+\boldsymbol{\beta})+\boldsymbol{\gamma}$ (加法结合律);

(3) $\boldsymbol{\alpha}+\mathbf{0}=\boldsymbol{\alpha}$;

(4) $\boldsymbol{\alpha}+(-\boldsymbol{\alpha})=\mathbf{0}$;

(5) $k(\boldsymbol{\alpha}+\boldsymbol{\beta})=k\boldsymbol{\alpha}+k\boldsymbol{\beta}$ (数乘分配律);

(6) $(k+l)\boldsymbol{\alpha}=k\boldsymbol{\alpha}+l\boldsymbol{\alpha}$ (数乘分配律);

(7) $(kl)\boldsymbol{\alpha}=k(l\boldsymbol{\alpha})=l(k\boldsymbol{\alpha})$ (数乘结合律);

(8) $1\cdot\boldsymbol{\alpha}=\boldsymbol{\alpha}$,

其中 $\boldsymbol{\alpha},\boldsymbol{\beta},\boldsymbol{\gamma}$ 是 $n$ 维向量,$\mathbf{0}$ 是 $n$ 维零向量,$k,l$ 是数域 $F$ 中的任意数.

**例 1** 已知 $\boldsymbol{\alpha}_1=(-5,1,-3)$,$\boldsymbol{\alpha}_2=(1,-2,0)$,$\boldsymbol{\alpha}_3=(3,1,2)$,求满足 $3(\boldsymbol{\beta}-\boldsymbol{\alpha}_3)=2(\boldsymbol{\alpha}_2-\boldsymbol{\alpha}_1)$ 的向量 $\boldsymbol{\beta}$.

**解** 因为 $3(\boldsymbol{\beta}-\boldsymbol{\alpha}_3)=2(\boldsymbol{\alpha}_2-\boldsymbol{\alpha}_1)$,所以 $3\boldsymbol{\beta}=3\boldsymbol{\alpha}_3+2\boldsymbol{\alpha}_2-2\boldsymbol{\alpha}_1$,即

$$\begin{aligned}\boldsymbol{\beta}&=\frac{1}{3}(3\boldsymbol{\alpha}_3+2\boldsymbol{\alpha}_2-2\boldsymbol{\alpha}_1)=\frac{1}{3}[3(3,1,2)+2(1,-2,0)-2(-5,1,-3)]\\&=\frac{1}{3}(21,-3,12)=(7,-1,4).\end{aligned}$$

## 二、向量间的线性关系

在以下的讨论中涉及的向量均指 $n$ 维向量.

**定义 3.6** 对于向量组 $\boldsymbol{\alpha}_1,\boldsymbol{\alpha}_2,\cdots,\boldsymbol{\alpha}_s$ 和向量 $\boldsymbol{\beta}$,如果存在 $s$ 个数 $k_1,k_2,\cdots,k_s$,使得

$$\boldsymbol{\beta}=k_1\boldsymbol{\alpha}_1+k_2\boldsymbol{\alpha}_2+\cdots+k_s\boldsymbol{\alpha}_s,$$

则称向量 $\boldsymbol{\beta}$ 可以由向量组 $\boldsymbol{\alpha}_1,\boldsymbol{\alpha}_2,\cdots,\boldsymbol{\alpha}_s$ **线性表示**,或称向量 $\boldsymbol{\beta}$ 是向量组 $\boldsymbol{\alpha}_1,\boldsymbol{\alpha}_2,\cdots,\boldsymbol{\alpha}_s$ 的**线性组合**.

**例 2** $n$ 维零向量 $\mathbf{0}=(0,0,\cdots,0)$ 是任一向量组 $\boldsymbol{\alpha}_1,\boldsymbol{\alpha}_2,\cdots,\boldsymbol{\alpha}_s$ 的线性组合. 这是因为,当 $k_1=k_2=\cdots=k_s=0$ 时,有 $\mathbf{0}=0\boldsymbol{\alpha}_1+0\boldsymbol{\alpha}_2+\cdots+0\boldsymbol{\alpha}_s$.

$n$ 维向量组 $\boldsymbol{\varepsilon}_1=(1,0,\cdots,0)$,$\boldsymbol{\varepsilon}_2=(0,1,\cdots,0)$,$\cdots$,$\boldsymbol{\varepsilon}_n=(0,0,\cdots,1)$ 称为 **$n$ 维基本单位向量组**. 任一 $n$ 维向量 $\boldsymbol{\alpha}=(a_1,a_2,\cdots,a_n)$ 都可以由 $n$ 维基本单位向量组 $\boldsymbol{\varepsilon}_1,\boldsymbol{\varepsilon}_2,\cdots,\boldsymbol{\varepsilon}_n$ 线性表示,且有

$$\boldsymbol{\alpha}=a_1\boldsymbol{\varepsilon}_1+a_2\boldsymbol{\varepsilon}_2+\cdots+a_n\boldsymbol{\varepsilon}_n.$$

**例 3** 向量组 $\boldsymbol{\alpha}_1,\boldsymbol{\alpha}_2,\cdots,\boldsymbol{\alpha}_s$ 中的任一向量 $\boldsymbol{\alpha}_i(1\leqslant i\leqslant s)$ 均可以由这个向量组线性表示. 这是因为

$$\boldsymbol{\alpha}_i=0\boldsymbol{\alpha}_1+0\boldsymbol{\alpha}_2+\cdots+0\boldsymbol{\alpha}_{i-1}+\boldsymbol{\alpha}_i+0\boldsymbol{\alpha}_{i+1}+\cdots+0\boldsymbol{\alpha}_s.$$

**例 4** 线性方程组

$$\begin{cases}a_{11}x_1+a_{12}x_2+\cdots+a_{1n}x_n=b_1,\\a_{21}x_1+a_{22}x_2+\cdots+a_{2n}x_n=b_2,\\\quad\cdots\cdots\\a_{m1}x_1+a_{m2}x_2+\cdots+a_{mn}x_n=b_m\end{cases}\tag{3.11}$$

的系数矩阵 $\boldsymbol{A}=(a_{ij})_{m\times n}$，$\boldsymbol{A}$ 的第 $j$ 列及方程组的右端常数项可以用 $m$ 维的列向量表示为

$$\boldsymbol{\alpha}_j=\begin{pmatrix}a_{1j}\\a_{2j}\\\vdots\\a_{mj}\end{pmatrix}\quad(j=1,2,\cdots,n);\quad \boldsymbol{\beta}=\begin{pmatrix}b_1\\b_2\\\vdots\\b_m\end{pmatrix},$$

其中 $\boldsymbol{\alpha}_1,\boldsymbol{\alpha}_2,\cdots,\boldsymbol{\alpha}_n$ 称为矩阵 $\boldsymbol{A}$ 的**列向量组**. 于是，线性方程组(3.11) 可以表示为

$$x_1\boldsymbol{\alpha}_1+x_2\boldsymbol{\alpha}_2+\cdots+x_n\boldsymbol{\alpha}_n=\boldsymbol{\beta},\tag{3.12}$$

称式(3.12) 为线性方程组(3.11) 的向量形式. 如果线性方程组(3.11) 有解 $x_i=k_i(i=1,2,\cdots,n)$，则有

$$k_1\boldsymbol{\alpha}_1+k_2\boldsymbol{\alpha}_2+\cdots+k_n\boldsymbol{\alpha}_n=\boldsymbol{\beta},$$

即 $\boldsymbol{\beta}$ 可以由向量组 $\boldsymbol{\alpha}_1,\boldsymbol{\alpha}_2,\cdots,\boldsymbol{\alpha}_n$ 线性表示；反之，若 $\boldsymbol{\beta}$ 可以由向量组 $\boldsymbol{\alpha}_1,\boldsymbol{\alpha}_2,\cdots,\boldsymbol{\alpha}_n$ 线性表示，即存在数 $k_1,k_2,\cdots,k_n$ 使得上式成立，则 $x_i=k_i(i=1,2,\cdots,n)$ 是方程组(3.11) 的解. 由此可得结论：向量 $\boldsymbol{\beta}$ 可以由向量组 $\boldsymbol{\alpha}_1,\boldsymbol{\alpha}_2,\cdots,\boldsymbol{\alpha}_n$ 线性表示的充要条件是线性方程组(3.11) 有解，且当它有唯一解时表示法是唯一的，当它有无穷多解时表示法是不唯一的.

**例 5**　设 $\boldsymbol{\alpha}_1=(1,1,0)$，$\boldsymbol{\alpha}_2=(1,0,1)$，$\boldsymbol{\alpha}_3=(0,1,1)$，$\boldsymbol{\beta}=(2,0,0)$，问：$\boldsymbol{\beta}$ 是否可由向量组 $\boldsymbol{\alpha}_1,\boldsymbol{\alpha}_2,\boldsymbol{\alpha}_3$ 线性表示？

**解**　设有数 $k_1,k_2,k_3$，使得

$$k_1\boldsymbol{\alpha}_1+k_2\boldsymbol{\alpha}_2+k_3\boldsymbol{\alpha}_3=\boldsymbol{\beta}.$$

由此可得线性方程组

$$\begin{cases}k_1+k_2\phantom{+k_3}=2,\\k_1\phantom{+k_2}+k_3=0,\\\phantom{k_1+}k_2+k_3=0.\end{cases}$$

对此线性方程组的增广矩阵施行初等行变换化为阶梯形矩阵：

$$\overline{\boldsymbol{A}}=\left(\begin{array}{ccc:c}1&1&0&2\\1&0&1&0\\0&1&1&0\end{array}\right)\longrightarrow\left(\begin{array}{ccc:c}1&1&0&2\\0&-1&1&-2\\0&1&1&0\end{array}\right)\longrightarrow\left(\begin{array}{ccc:c}1&1&0&2\\0&-1&1&-2\\0&0&2&-2\end{array}\right)$$

$$\longrightarrow\left(\begin{array}{ccc:c}1&1&0&2\\0&1&-1&2\\0&0&1&-1\end{array}\right)\longrightarrow\left(\begin{array}{ccc:c}1&0&0&1\\0&1&0&1\\0&0&1&-1\end{array}\right).$$

由最后的阶梯形矩阵得 $k_1=k_2=1,k_3=-1$，所以 $\boldsymbol{\beta}=\boldsymbol{\alpha}_1+\boldsymbol{\alpha}_2-\boldsymbol{\alpha}_3$，即 $\boldsymbol{\beta}$ 可由向量组 $\boldsymbol{\alpha}_1,\boldsymbol{\alpha}_2,\boldsymbol{\alpha}_3$ 线性表示.

**定义 3.7**　对于向量组 $\boldsymbol{\alpha}_1,\boldsymbol{\alpha}_2,\cdots,\boldsymbol{\alpha}_s$，若存在不全为零的数 $k_1,k_2,\cdots,k_s$，使得

$$k_1\boldsymbol{\alpha}_1+k_2\boldsymbol{\alpha}_2+\cdots+k_s\boldsymbol{\alpha}_s=\boldsymbol{0},$$

则称向量组 $\boldsymbol{\alpha}_1,\boldsymbol{\alpha}_2,\cdots,\boldsymbol{\alpha}_s$ **线性相关**；否则，即当且仅当 $k_1=k_2=\cdots=k_s=0$ 时，上式成立，则称向量组 $\boldsymbol{\alpha}_1,\boldsymbol{\alpha}_2,\cdots,\boldsymbol{\alpha}_s$ **线性无关**.

**例 6** 含有零向量的任一向量组线性相关. 这是因为,若设向量组为 $\mathbf{0},\boldsymbol{\alpha}_1,\boldsymbol{\alpha}_2,\cdots,\boldsymbol{\alpha}_s$,则对任意数 $k\neq 0$,都有

$$k\cdot\mathbf{0}+0\cdot\boldsymbol{\alpha}_1+0\cdot\boldsymbol{\alpha}_2+\cdots+0\cdot\boldsymbol{\alpha}_s=\mathbf{0},$$

所以该向量组线性相关.

**例 7** 单个非零向量线性无关. 这是因为,设向量 $\boldsymbol{\alpha}=(a_1,a_2,\cdots,a_n)\neq\mathbf{0}$,如果

$$k\boldsymbol{\alpha}=(ka_1,ka_2,\cdots,ka_n)=\mathbf{0},$$

则必有 $k=0$,所以单个非零向量线性无关.

**例 8** $n$ 维基本单位向量组 $\boldsymbol{\varepsilon}_1=(1,0,\cdots,0),\boldsymbol{\varepsilon}_2=(0,1,\cdots,0),\cdots,\boldsymbol{\varepsilon}_n=(0,0,\cdots,1)$ 线性无关.

**证明** 设有数 $k_1,k_2,\cdots,k_n$,使得

$$k_1\boldsymbol{\varepsilon}_1+k_2\boldsymbol{\varepsilon}_2+\cdots+k_n\boldsymbol{\varepsilon}_n=\mathbf{0},$$

于是得 $(k_1,k_2,\cdots,k_n)=\mathbf{0}$,从而当且仅当 $k_1=k_2=\cdots=k_n=0$ 时,$k_1\boldsymbol{\varepsilon}_1+k_2\boldsymbol{\varepsilon}_2+\cdots+k_n\boldsymbol{\varepsilon}_n=\mathbf{0}$ 才成立. 故向量组 $\boldsymbol{\varepsilon}_1,\boldsymbol{\varepsilon}_2,\cdots,\boldsymbol{\varepsilon}_n$ 线性无关.

由例题及定义 3.7 可知,向量组 $\boldsymbol{\alpha}_1,\boldsymbol{\alpha}_2,\cdots,\boldsymbol{\alpha}_s$ 线性相关(或无关)等价于齐次线性方程组 $k_1\boldsymbol{\alpha}_1+k_2\boldsymbol{\alpha}_2+\cdots+k_s\boldsymbol{\alpha}_s=\mathbf{0}$ 有非零解(或仅有零解).

**例 9** 判别向量组 $\boldsymbol{\alpha}_1=(1,1,-1,1),\boldsymbol{\alpha}_2=(1,-1,2,-1),\boldsymbol{\alpha}_3=(3,1,0,1)$ 是否线性相关.

**解** 设有数 $k_1,k_2,k_3$,使得

$$k_1\boldsymbol{\alpha}_1+k_2\boldsymbol{\alpha}_2+k_3\boldsymbol{\alpha}_3=\mathbf{0}.$$

由此可得齐次线性方程组

$$\begin{cases} k_1+k_2+3k_3=0, \\ k_1-k_2+k_3=0, \\ -k_1+2k_2=0, \\ k_1-k_2+k_3=0. \end{cases}$$

对此线性方程组的增广矩阵施行初等行变换化为阶梯形矩阵:

$$\overline{\mathbf{A}}=\left(\begin{array}{ccc:c} 1 & 1 & 3 & 0 \\ 1 & -1 & 1 & 0 \\ -1 & 2 & 0 & 0 \\ 1 & -1 & 1 & 0 \end{array}\right)\longrightarrow\left(\begin{array}{ccc:c} 1 & 1 & 3 & 0 \\ 0 & -2 & -2 & 0 \\ 0 & 3 & 3 & 0 \\ 0 & -2 & -2 & 0 \end{array}\right)$$

$$\longrightarrow\left(\begin{array}{ccc:c} 1 & 1 & 3 & 0 \\ 0 & -2 & -2 & 0 \\ 0 & 0 & 0 & 0 \\ 0 & 0 & 0 & 0 \end{array}\right)\longrightarrow\left(\begin{array}{ccc:c} 1 & 1 & 3 & 0 \\ 0 & 1 & 1 & 0 \\ 0 & 0 & 0 & 0 \\ 0 & 0 & 0 & 0 \end{array}\right)\longrightarrow\left(\begin{array}{ccc:c} 1 & 0 & 2 & 0 \\ 0 & 1 & 1 & 0 \\ 0 & 0 & 0 & 0 \\ 0 & 0 & 0 & 0 \end{array}\right),$$

由最后的阶梯形矩阵可知,上述齐次线性方程组有非零解,即向量组 $\boldsymbol{\alpha}_1,\boldsymbol{\alpha}_2,\boldsymbol{\alpha}_3$ 线性相关. 事实上,当 $k_1=-2,k_2=-1,k_3=1$ 时,有 $-2\boldsymbol{\alpha}_1-\boldsymbol{\alpha}_2+\boldsymbol{\alpha}_3=\mathbf{0}$.

**定理 3.3** 设 $r$ 维向量组 $\boldsymbol{\alpha}_i=(a_{i1},a_{i2},\cdots,a_{ir})(i=1,2,\cdots,s)$ 线性无关,则在每个

**向量上添加 $n-r$ 个分量得到的 $n$ 维向量组 $\boldsymbol{\alpha}'_i=(a_{i1},a_{i2},\cdots,a_{ir},a_{i(r+1)},\cdots,a_{in})(i=1,2,\cdots,s)$ 也线性无关.**

**证明**　设有数 $k_1,k_2,\cdots,k_s$，使得

$$k_1\boldsymbol{\alpha}'_1+k_2\boldsymbol{\alpha}'_2+\cdots+k_s\boldsymbol{\alpha}'_s=\mathbf{0},$$

即

$$\begin{cases} a_{11}k_1+a_{21}k_2+\cdots+a_{s1}k_s=0,\\ a_{12}k_1+a_{22}k_2+\cdots+a_{s2}k_s=0,\\ \cdots\cdots\\ a_{1r}k_1+a_{2r}k_2+\cdots+a_{sr}k_s=0,\\ a_{1(r+1)}k_1+a_{2(r+1)}k_2+\cdots+a_{s(r+1)}k_s=0,\\ \cdots\cdots\\ a_{1n}k_1+a_{2n}k_2+\cdots+a_{sn}k_s=0,\end{cases}$$

因为向量组 $\boldsymbol{\alpha}_1,\boldsymbol{\alpha}_2,\cdots,\boldsymbol{\alpha}_s$ 线性无关，所以方程组的前 $r$ 个方程构成的方程组仅有零解，即 $k_1=k_2=\cdots=k_s=0$. 于是上述方程组也仅有零解，因此向量组 $\boldsymbol{\alpha}'_1,\boldsymbol{\alpha}'_2,\cdots,\boldsymbol{\alpha}'_s$ 也线性无关.

**推论**　设 $n$ 维向量组 $\boldsymbol{\alpha}'_i=(a_{i1},a_{i2},\cdots,a_{ir},a_{i(r+1)},\cdots,a_{in})(i=1,2,\cdots,s)$ 线性相关，则在每个向量上减少 $n-r$ 个分量得到的 $r$ 维向量组 $\boldsymbol{\alpha}_i=(a_{i1},a_{i2},\cdots,a_{ir})(i=1,2,\cdots,s)$ 也线性相关.

**定理 3.4**　**$n$ 个 $n$ 维向量 $\boldsymbol{\alpha}_1=(a_{11},a_{12},\cdots,a_{1n}),\boldsymbol{\alpha}_2=(a_{21},a_{22},\cdots,a_{2n}),\cdots,\boldsymbol{\alpha}_n=(a_{n1},a_{n2},\cdots,a_{nn})$ 线性相关（无关）的充要条件是行列式**

$$\begin{vmatrix} a_{11} & a_{12} & \cdots & a_{1n}\\ a_{21} & a_{22} & \cdots & a_{2n}\\ \vdots & \vdots & & \vdots\\ a_{n1} & a_{n2} & \cdots & a_{nn}\end{vmatrix}=0(\neq 0).$$

**定理 3.5**　**$n+1$ 个 $n$ 维向量必线性相关.**

定理 3.4 和定理 3.5 作为习题，请读者自证.

下面我们再给出向量组线性关系的几个重要性质.

**定理 3.6**　**如果向量组中部分组线性相关，则整个向量组也线性相关.**

**证明**　不妨设向量组 $\boldsymbol{\alpha}_1,\boldsymbol{\alpha}_2,\cdots,\boldsymbol{\alpha}_s$ 中的部分组 $\boldsymbol{\alpha}_1,\boldsymbol{\alpha}_2,\cdots,\boldsymbol{\alpha}_r(r<s)$ 线性相关，则存在不全为零的数 $k_1,k_2,\cdots,k_r$，使得

$$k_1\boldsymbol{\alpha}_1+k_2\boldsymbol{\alpha}_2+\cdots+k_r\boldsymbol{\alpha}_r=\mathbf{0}.$$

取 $k_{r+1}=k_{r+2}=\cdots=k_s=0$，有

$$k_1\boldsymbol{\alpha}_1+k_2\boldsymbol{\alpha}_2+\cdots+k_r\boldsymbol{\alpha}_r+k_{r+1}\boldsymbol{\alpha}_{r+1}+k_{r+2}\boldsymbol{\alpha}_{r+2}+\cdots+k_s\boldsymbol{\alpha}_s=\mathbf{0},$$

其中 $k_1,k_2,\cdots,k_s$ 是不全为零的数，所以整个向量组 $\boldsymbol{\alpha}_1,\boldsymbol{\alpha}_2,\cdots,\boldsymbol{\alpha}_s$ 线性相关.

**推论**　如果一个向量组线性无关，则它的任意部分组也线性无关.

**定理 3.7**　**向量组 $\boldsymbol{\alpha}_1,\boldsymbol{\alpha}_2,\cdots,\boldsymbol{\alpha}_s(s\geqslant 2)$ 线性相关的充要条件是其中至少有一个向**

**量是其余 $s-1$ 个向量的线性组合.**

**证明　必要性**　若向量组 $\boldsymbol{\alpha}_1,\boldsymbol{\alpha}_2,\cdots,\boldsymbol{\alpha}_s$ 线性相关,则存在不全为零的数 $k_1,k_2,\cdots,k_s$,使得

$$k_1\boldsymbol{\alpha}_1+k_2\boldsymbol{\alpha}_2+\cdots+k_s\boldsymbol{\alpha}_s=\mathbf{0}.$$

不妨设 $k_s\neq 0$,则由上式有

$$\boldsymbol{\alpha}_s=-\frac{k_1}{k_s}\boldsymbol{\alpha}_1-\frac{k_2}{k_s}\boldsymbol{\alpha}_2-\cdots-\frac{k_{s-1}}{k_s}\boldsymbol{\alpha}_{s-1},$$

即至少有一个向量是其余 $s-1$ 个向量的线性组合.

**充分性**　不妨设 $\boldsymbol{\alpha}_s$ 是其余 $s-1$ 个向量的线性组合,所以存在数 $k_1,k_2,\cdots,k_{s-1}$,使得

$$\boldsymbol{\alpha}_s=k_1\boldsymbol{\alpha}_1+k_2\boldsymbol{\alpha}_2+\cdots+k_{s-1}\boldsymbol{\alpha}_{s-1},$$

即

$$k_1\boldsymbol{\alpha}_1+k_2\boldsymbol{\alpha}_2+\cdots+k_{s-1}\boldsymbol{\alpha}_{s-1}-\boldsymbol{\alpha}_s=\mathbf{0}.$$

而 $\boldsymbol{\alpha}_s$ 的系数 $-1$ 不等于零,所以向量组 $\boldsymbol{\alpha}_1,\boldsymbol{\alpha}_2,\cdots,\boldsymbol{\alpha}_s$ 线性相关.

**推论**　向量组 $\boldsymbol{\alpha}_1,\boldsymbol{\alpha}_2,\cdots,\boldsymbol{\alpha}_s(s\geqslant 2)$ 线性无关的充要条件是每个向量都不能用其余向量线性表示.

**定理 3.8**　**如果向量组 $\boldsymbol{\alpha}_1,\boldsymbol{\alpha}_2,\cdots,\boldsymbol{\alpha}_s$ 线性无关,但向量组 $\boldsymbol{\alpha}_1,\boldsymbol{\alpha}_2,\cdots,\boldsymbol{\alpha}_s,\boldsymbol{\beta}$ 线性相关,则向量 $\boldsymbol{\beta}$ 可以由向量组 $\boldsymbol{\alpha}_1,\boldsymbol{\alpha}_2,\cdots,\boldsymbol{\alpha}_s$ 线性表示且表达式唯一.**

**证明**　由于向量组 $\boldsymbol{\alpha}_1,\boldsymbol{\alpha}_2,\cdots,\boldsymbol{\alpha}_s,\boldsymbol{\beta}$ 线性相关,因此存在不全为零的数 $k_1,k_2,\cdots,k_s,k$,使得

$$k_1\boldsymbol{\alpha}_1+k_2\boldsymbol{\alpha}_2+\cdots+k_s\boldsymbol{\alpha}_s+k\boldsymbol{\beta}=\mathbf{0}.\tag{3.13}$$

由此式可得 $k\neq 0$. 若 $k=0$,有 $k_1\boldsymbol{\alpha}_1+k_2\boldsymbol{\alpha}_2+\cdots+k_s\boldsymbol{\alpha}_s=\mathbf{0}$,从而数 $k_1,k_2,\cdots,k_s$ 不全为零,这样 $\boldsymbol{\alpha}_1,\boldsymbol{\alpha}_2,\cdots,\boldsymbol{\alpha}_s$ 线性相关,这与已知的 $\boldsymbol{\alpha}_1,\boldsymbol{\alpha}_2,\cdots,\boldsymbol{\alpha}_s$ 线性无关相矛盾,故 $k\neq 0$. 因此,由式(3.13)可得

$$\boldsymbol{\beta}=-\frac{k_1}{k}\boldsymbol{\alpha}_1-\frac{k_2}{k}\boldsymbol{\alpha}_2-\cdots-\frac{k_s}{k}\boldsymbol{\alpha}_s.\tag{3.14}$$

如果 $\boldsymbol{\beta}$ 还可以由 $\boldsymbol{\alpha}_1,\boldsymbol{\alpha}_2,\cdots,\boldsymbol{\alpha}_s$ 线性表示为

$$\boldsymbol{\beta}=l_1\boldsymbol{\alpha}_1+l_2\boldsymbol{\alpha}_2+\cdots+l_s\boldsymbol{\alpha}_s,\tag{3.15}$$

将式(3.14)与式(3.15)相减得

$$-\left(\frac{k_1}{k}+l_1\right)\boldsymbol{\alpha}_1-\left(\frac{k_2}{k}+l_2\right)\boldsymbol{\alpha}_2-\cdots-\left(\frac{k_s}{k}+l_s\right)\boldsymbol{\alpha}_s=\mathbf{0}.$$

由于向量组 $\boldsymbol{\alpha}_1,\boldsymbol{\alpha}_2,\cdots,\boldsymbol{\alpha}_s$ 线性无关,因此

$$\frac{k_1}{k}+l_1=0,\quad \frac{k_2}{k}+l_2=0,\quad \cdots,\quad \frac{k_s}{k}+l_s=0,$$

即

$$\frac{k_1}{k}=-l_1,\quad \frac{k_2}{k}=-l_2,\quad \cdots,\quad \frac{k_s}{k}=-l_s.$$

也就是说,向量 $\boldsymbol{\beta}$ 可以由向量组 $\boldsymbol{\alpha}_1,\boldsymbol{\alpha}_2,\cdots,\boldsymbol{\alpha}_s$ 线性表示且表达式唯一.

## 习题 3.2

1. 判别向量 $\boldsymbol{\beta}$ 是否可由向量组 $\boldsymbol{\alpha}_1,\boldsymbol{\alpha}_2,\boldsymbol{\alpha}_3$ 线性表示：

(1) $\boldsymbol{\alpha}_1=(1,4,0,2),\boldsymbol{\alpha}_2=(2,7,1,3),\boldsymbol{\alpha}_3=(0,1,-1,1),\boldsymbol{\beta}=(3,10,2,4)$；

(2) $\boldsymbol{\alpha}_1=(2,-1,-4,1),\boldsymbol{\alpha}_2=(1,2,3,-4),\boldsymbol{\alpha}_3=(2,-1,2,5),\boldsymbol{\beta}=(2,-1,5,-4)$.

2. 判别下列向量组是线性相关，还是线性无关：

(1) $\boldsymbol{\alpha}_1=(1,1,-1),\boldsymbol{\alpha}_2=(1,-1,2),\boldsymbol{\alpha}_3=(3,1,0),\boldsymbol{\alpha}_4=(0,-1,1)$；

(2) $\boldsymbol{\alpha}_1=(2,1,3),\boldsymbol{\alpha}_2=(-3,1,1),\boldsymbol{\alpha}_3=(1,1,-2)$.

3. 设有向量组

$$\boldsymbol{\alpha}_1=(1+\lambda,1,1),\quad \boldsymbol{\alpha}_2=(1,1+\lambda,1),\quad \boldsymbol{\alpha}_3=(1,1,1+\lambda),\quad \boldsymbol{\beta}=(0,\lambda,\lambda^2),$$

问：当 $\lambda$ 为何值时，

(1) $\boldsymbol{\beta}$ 可由向量组 $\boldsymbol{\alpha}_1,\boldsymbol{\alpha}_2,\boldsymbol{\alpha}_3$ 线性表示，且表达式唯一？

(2) $\boldsymbol{\beta}$ 可由向量组 $\boldsymbol{\alpha}_1,\boldsymbol{\alpha}_2,\boldsymbol{\alpha}_3$ 线性表示，且表达式不唯一？

(3) $\boldsymbol{\beta}$ 不能由向量组 $\boldsymbol{\alpha}_1,\boldsymbol{\alpha}_2,\boldsymbol{\alpha}_3$ 线性表示？

4. 已知向量组 $\boldsymbol{\alpha}_1,\boldsymbol{\alpha}_2,\boldsymbol{\alpha}_3$ 线性无关，设 $\boldsymbol{\beta}_1=(m-1)\boldsymbol{\alpha}_1+3\boldsymbol{\alpha}_2+\boldsymbol{\alpha}_3,\boldsymbol{\beta}_2=\boldsymbol{\alpha}_1+(m+1)\boldsymbol{\alpha}_2+\boldsymbol{\alpha}_3,\boldsymbol{\beta}_3=-\boldsymbol{\alpha}_1-(m+1)\boldsymbol{\alpha}_2+(m-1)\boldsymbol{\alpha}_3$，试问：$m$ 为何值时，向量组 $\boldsymbol{\beta}_1,\boldsymbol{\beta}_2,\boldsymbol{\beta}_3$ 线性无关？线性相关？

5. 如果向量组 $\boldsymbol{\alpha}_1,\boldsymbol{\alpha}_2,\cdots,\boldsymbol{\alpha}_s$ 线性无关，证明：向量组 $\boldsymbol{\alpha}_1,\boldsymbol{\alpha}_1+\boldsymbol{\alpha}_2,\boldsymbol{\alpha}_1+\boldsymbol{\alpha}_2+\boldsymbol{\alpha}_3,\cdots,\boldsymbol{\alpha}_1+\boldsymbol{\alpha}_2+\cdots+\boldsymbol{\alpha}_s$ 也线性无关.

6. 证明：$n$ 个 $n$ 维向量 $\boldsymbol{\alpha}_1,\boldsymbol{\alpha}_2,\cdots,\boldsymbol{\alpha}_n$ 线性无关的充要条件是任意一个 $n$ 维向量都可由 $\boldsymbol{\alpha}_1,\boldsymbol{\alpha}_2,\cdots,\boldsymbol{\alpha}_n$ 线性表示.

# 第三节　向量组的秩

对任意给定向量组的线性无关部分组中含有向量个数多少的研究，在理论和应用上都有十分重要的意义.

**定义 3.8**　如果一个向量组的部分组 $\boldsymbol{\alpha}_{j_1},\boldsymbol{\alpha}_{j_2},\cdots,\boldsymbol{\alpha}_{j_r}$ 满足下列条件：

(1) $\boldsymbol{\alpha}_{j_1},\boldsymbol{\alpha}_{j_2},\cdots,\boldsymbol{\alpha}_{j_r}$ 线性无关；

(2) 向量组中的任意一个向量添加到 $\boldsymbol{\alpha}_{j_1},\boldsymbol{\alpha}_{j_2},\cdots,\boldsymbol{\alpha}_{j_r}$ 中得到的 $r+1$ 个向量都线性相关，

则称部分组 $\boldsymbol{\alpha}_{j_1},\boldsymbol{\alpha}_{j_2},\cdots,\boldsymbol{\alpha}_{j_r}$ 是该向量组的一个**极大线性无关组**，简称**极大无关组**.

根据定理 3.8，定义 3.8 中的条件(2) 还可以叙述为：向量组中的任意一个向量都可以由 $\boldsymbol{\alpha}_{j_1},\boldsymbol{\alpha}_{j_2},\cdots,\boldsymbol{\alpha}_{j_r}$ 线性表示.

由定义 3.8 看出,一个向量组的极大无关组是指它的线性无关的部分组中含有向量个数最多的那一个.

**例 1** 向量组 $\boldsymbol{\alpha}_1=(1,0,0)$,$\boldsymbol{\alpha}_2=(0,1,0)$,$\boldsymbol{\alpha}_3=(1,1,0)$,显然部分组 $\boldsymbol{\alpha}_1,\boldsymbol{\alpha}_2$ 是线性无关的,且 $\boldsymbol{\alpha}_1=\boldsymbol{\alpha}_1+0\cdot\boldsymbol{\alpha}_2$,$\boldsymbol{\alpha}_2=0\cdot\boldsymbol{\alpha}_1+\boldsymbol{\alpha}_2$,$\boldsymbol{\alpha}_3=\boldsymbol{\alpha}_1+\boldsymbol{\alpha}_2$,所以 $\boldsymbol{\alpha}_1,\boldsymbol{\alpha}_2$ 是该向量组的一个极大无关组. 我们还可以验证 $\boldsymbol{\alpha}_1,\boldsymbol{\alpha}_3$ 与 $\boldsymbol{\alpha}_2,\boldsymbol{\alpha}_3$ 都是该向量组的极大无关组. 因此,向量组的极大无关组可能不是唯一的.

含有非零向量的向量组一定有极大无关组;仅含有零向量的向量组不存在极大无关组;如果向量组线性无关,则极大无关组就是其自身.

**定义 3.9** 设有两个向量组

$$\boldsymbol{\alpha}_1,\boldsymbol{\alpha}_2,\cdots,\boldsymbol{\alpha}_s; \tag{Ⅰ}$$

$$\boldsymbol{\beta}_1,\boldsymbol{\beta}_2,\cdots,\boldsymbol{\beta}_t. \tag{Ⅱ}$$

(1) 如果向量组(Ⅰ)中的每个向量都可以由向量组(Ⅱ)线性表示,则称向量组(Ⅰ)可以由向量组(Ⅱ)线性表示.

(2) 如果向量组(Ⅰ)和向量组(Ⅱ)可以互相线性表示,则称向量组(Ⅰ)与向量组(Ⅱ)**等价**,记作 $\{\boldsymbol{\alpha}_1,\boldsymbol{\alpha}_2,\cdots,\boldsymbol{\alpha}_s\}\cong\{\boldsymbol{\beta}_1,\boldsymbol{\beta}_2,\cdots,\boldsymbol{\beta}_t\}$.

向量组等价具有以下性质:

(1) 反身性. 任一向量组和它自身等价,即

$$\{\boldsymbol{\alpha}_1,\boldsymbol{\alpha}_2,\cdots,\boldsymbol{\alpha}_s\}\cong\{\boldsymbol{\alpha}_1,\boldsymbol{\alpha}_2,\cdots,\boldsymbol{\alpha}_s\}.$$

(2) 对称性. 如果 $\{\boldsymbol{\alpha}_1,\boldsymbol{\alpha}_2,\cdots,\boldsymbol{\alpha}_s\}\cong\{\boldsymbol{\beta}_1,\boldsymbol{\beta}_2,\cdots,\boldsymbol{\beta}_t\}$,则

$$\{\boldsymbol{\beta}_1,\boldsymbol{\beta}_2,\cdots,\boldsymbol{\beta}_t\}\cong\{\boldsymbol{\alpha}_1,\boldsymbol{\alpha}_2,\cdots,\boldsymbol{\alpha}_s\}.$$

(3) 传递性. 如果 $\{\boldsymbol{\alpha}_1,\boldsymbol{\alpha}_2,\cdots,\boldsymbol{\alpha}_s\}\cong\{\boldsymbol{\beta}_1,\boldsymbol{\beta}_2,\cdots,\boldsymbol{\beta}_t\}$,$\{\boldsymbol{\beta}_1,\boldsymbol{\beta}_2,\cdots,\boldsymbol{\beta}_t\}\cong\{\boldsymbol{\gamma}_1,\boldsymbol{\gamma}_2,\cdots,\boldsymbol{\gamma}_p\}$,则

$$\{\boldsymbol{\alpha}_1,\boldsymbol{\alpha}_2,\cdots,\boldsymbol{\alpha}_s\}\cong\{\boldsymbol{\gamma}_1,\boldsymbol{\gamma}_2,\cdots,\boldsymbol{\gamma}_p\}.$$

由上述定义可直接得到下面的性质:

**定理 3.9** **任一向量组和它的极大无关组等价.**

**推论** 向量组的任意两个极大无关组等价.

**定理 3.10** **如果向量组 $\boldsymbol{\alpha}_1,\boldsymbol{\alpha}_2,\cdots,\boldsymbol{\alpha}_s$ 可以由向量组 $\boldsymbol{\beta}_1,\boldsymbol{\beta}_2,\cdots,\boldsymbol{\beta}_t$ 线性表示,并且 $s>t$,则向量组 $\boldsymbol{\alpha}_1,\boldsymbol{\alpha}_2,\cdots,\boldsymbol{\alpha}_s$ 线性相关.**

* **证明** 由条件(1),设 $\boldsymbol{\alpha}_i=\sum\limits_{j=1}^{t}l_{ji}\boldsymbol{\beta}_j(i=1,2,\cdots,s)$,为了证明向量组 $\boldsymbol{\alpha}_1,\boldsymbol{\alpha}_2,\cdots,\boldsymbol{\alpha}_s$ 线性相关,只要证明存在一组不全为零的数 $k_1,k_2,\cdots,k_s$,使得 $k_1\boldsymbol{\alpha}_1+k_2\boldsymbol{\alpha}_2+\cdots+k_s\boldsymbol{\alpha}_s=\mathbf{0}$.

注意

$$x_1\boldsymbol{\alpha}_1+x_2\boldsymbol{\alpha}_2+\cdots+x_s\boldsymbol{\alpha}_s=\sum_{i=1}^{s}\Big(x_i\sum_{j=1}^{t}l_{ji}\boldsymbol{\beta}_j\Big)=\sum_{i=1}^{s}\Big(\sum_{j=1}^{t}l_{ji}x_i\boldsymbol{\beta}_j\Big)=\sum_{j=1}^{t}\Big(\sum_{i=1}^{s}l_{ji}x_i\Big)\boldsymbol{\beta}_j,$$

考虑齐次线性方程组

$$\begin{cases} l_{11}x_1 + l_{12}x_2 + \cdots + l_{1s}x_s = 0, \\ l_{21}x_1 + l_{22}x_2 + \cdots + l_{2s}x_s = 0, \\ \cdots\cdots \\ l_{t1}x_1 + l_{t2}x_2 + \cdots + l_{ts}x_s = 0. \end{cases}$$

由于方程组中方程的个数 $t$ 小于未知量的个数 $s$，由定理 3.1，这个方程组有非零解，因此可以取到一个非零解 $k_1,k_2,\cdots,k_s$，使得 $k_1\boldsymbol{\alpha}_1+k_2\boldsymbol{\alpha}_2+\cdots+k_s\boldsymbol{\alpha}_s=\mathbf{0}$. 所以向量组 $\boldsymbol{\alpha}_1,\boldsymbol{\alpha}_2,\cdots,\boldsymbol{\alpha}_s$ 线性相关.

**推论 1**　如果向量组 $\boldsymbol{\alpha}_1,\boldsymbol{\alpha}_2,\cdots,\boldsymbol{\alpha}_s$ 线性无关，并且可以由向量组 $\boldsymbol{\beta}_1,\boldsymbol{\beta}_2,\cdots,\boldsymbol{\beta}_t$ 线性表示，则有 $s\leqslant t$.

**推论 2**　两个等价的线性无关的向量组所含向量个数相同.

**证明**　设向量组 $\boldsymbol{\alpha}_1,\boldsymbol{\alpha}_2,\cdots,\boldsymbol{\alpha}_s$ 和向量组 $\boldsymbol{\beta}_1,\boldsymbol{\beta}_2,\cdots,\boldsymbol{\beta}_t$ 都是线性无关的，且

$$\{\boldsymbol{\alpha}_1,\boldsymbol{\alpha}_2,\cdots,\boldsymbol{\alpha}_s\}\cong\{\boldsymbol{\beta}_1,\boldsymbol{\beta}_2,\cdots,\boldsymbol{\beta}_t\}.$$

由推论 1，有 $s\leqslant t,t\leqslant s$，从而 $s=t$，即两个等价的线性无关的向量组所含向量个数相同.

**推论 3**　向量组 $\boldsymbol{\alpha}_1,\boldsymbol{\alpha}_2,\cdots,\boldsymbol{\alpha}_s$ 的任意两个极大无关组所含向量个数相等.

**证明**　设向量组 $\boldsymbol{\alpha}_1,\boldsymbol{\alpha}_2,\cdots,\boldsymbol{\alpha}_s$ 的两个极大无关组分别为 $\boldsymbol{\alpha}_{j_1},\boldsymbol{\alpha}_{j_2},\cdots,\boldsymbol{\alpha}_{j_r}$ 与 $\boldsymbol{\alpha}_{i_1},\boldsymbol{\alpha}_{i_2},\cdots,\boldsymbol{\alpha}_{i_p}$，根据定理 3.9 的推论，有

$$\{\boldsymbol{\alpha}_{j_1},\boldsymbol{\alpha}_{j_2},\cdots,\boldsymbol{\alpha}_{j_r}\}\cong\{\boldsymbol{\alpha}_{i_1},\boldsymbol{\alpha}_{i_2},\cdots,\boldsymbol{\alpha}_{i_p}\}.$$

再由定理 3.10 的推论 2，有 $r=p$.

推论 3 说明，向量组不同的极大无关组所含向量个数总是相同的，由此引入以下定义.

**定义 3.10**　向量组 $\boldsymbol{\alpha}_1,\boldsymbol{\alpha}_2,\cdots,\boldsymbol{\alpha}_s$ 的极大无关组所含向量的个数称为向量组 $\boldsymbol{\alpha}_1,\boldsymbol{\alpha}_2,\cdots,\boldsymbol{\alpha}_s$ 的秩，记作 $\mathrm{r}(\boldsymbol{\alpha}_1,\boldsymbol{\alpha}_2,\cdots,\boldsymbol{\alpha}_s)$.

如果向量组仅含有零向量，规定它的秩为零.

如果向量组 $\boldsymbol{\alpha}_1,\boldsymbol{\alpha}_2,\cdots,\boldsymbol{\alpha}_s$ 线性无关，则 $\mathrm{r}(\boldsymbol{\alpha}_1,\boldsymbol{\alpha}_2,\cdots,\boldsymbol{\alpha}_s)=s$. 反之，如果 $\mathrm{r}(\boldsymbol{\alpha}_1,\boldsymbol{\alpha}_2,\cdots,\boldsymbol{\alpha}_s)=s$，则向量组 $\boldsymbol{\alpha}_1,\boldsymbol{\alpha}_2,\cdots,\boldsymbol{\alpha}_s$ 线性无关.

**定理 3.11**　**如果向量组 $\boldsymbol{\alpha}_1,\boldsymbol{\alpha}_2,\cdots,\boldsymbol{\alpha}_s$ 与向量组 $\boldsymbol{\beta}_1,\boldsymbol{\beta}_2,\cdots,\boldsymbol{\beta}_t$ 等价，则它们的秩相同.**

**证明**　设向量组 $\boldsymbol{\alpha}_1,\boldsymbol{\alpha}_2,\cdots,\boldsymbol{\alpha}_s$ 与向量组 $\boldsymbol{\beta}_1,\boldsymbol{\beta}_2,\cdots,\boldsymbol{\beta}_t$ 的秩分别为 $r$ 和 $p$，极大无关组分别为

$$\boldsymbol{\alpha}_{j_1},\boldsymbol{\alpha}_{j_2},\cdots,\boldsymbol{\alpha}_{j_r}\quad 与\quad \boldsymbol{\beta}_{j_1},\boldsymbol{\beta}_{j_2},\cdots,\boldsymbol{\beta}_{j_p}.$$

由定理 3.9 有

$$\{\boldsymbol{\alpha}_1,\boldsymbol{\alpha}_2,\cdots,\boldsymbol{\alpha}_s\}\cong\{\boldsymbol{\alpha}_{j_1},\boldsymbol{\alpha}_{j_2},\cdots,\boldsymbol{\alpha}_{j_r}\},$$
$$\{\boldsymbol{\beta}_1,\boldsymbol{\beta}_2,\cdots,\boldsymbol{\beta}_t\}\cong\{\boldsymbol{\beta}_{j_1},\boldsymbol{\beta}_{j_2},\cdots,\boldsymbol{\beta}_{j_p}\}.$$

因为 $\{\boldsymbol{\alpha}_1,\boldsymbol{\alpha}_2,\cdots,\boldsymbol{\alpha}_s\}\cong\{\boldsymbol{\beta}_1,\boldsymbol{\beta}_2,\cdots,\boldsymbol{\beta}_t\}$，所以有

$$\{\boldsymbol{\alpha}_{j_1},\boldsymbol{\alpha}_{j_2},\cdots,\boldsymbol{\alpha}_{j_r}\}\cong\{\boldsymbol{\beta}_{j_1},\boldsymbol{\beta}_{j_2},\cdots,\boldsymbol{\beta}_{j_p}\}.$$

根据定理 3.10 的推论 2 有 $r=p$，即等价向量组的秩相同.

## 习题 3.3

1. 判断向量组 $\boldsymbol{\alpha}_1=(2,0,-1,3)$,$\boldsymbol{\alpha}_2=(3,-2,1,-1)$ 与 $\boldsymbol{\beta}_1=(-5,6,-5,9)$,$\boldsymbol{\beta}_2=(4,-4,3,-5)$ 是否等价;如果等价,则给出线性表示式.
2. 设向量组 $\boldsymbol{\alpha}_1,\boldsymbol{\alpha}_2,\cdots,\boldsymbol{\alpha}_s$ 的秩为 $r$,证明:向量组 $\boldsymbol{\alpha}_1,\boldsymbol{\alpha}_2,\cdots,\boldsymbol{\alpha}_s$ 中任意 $r$ 个线性无关的向量都是它的一个极大无关组.

# 第四节 矩阵的秩

考虑数域 $F$ 上的 $m\times n$ 矩阵

$$\boldsymbol{A}=\begin{pmatrix} a_{11} & a_{12} & \cdots & a_{1n} \\ a_{21} & a_{22} & \cdots & a_{2n} \\ \vdots & \vdots & & \vdots \\ a_{m1} & a_{m2} & \cdots & a_{mn} \end{pmatrix},$$

把 $\boldsymbol{A}$ 的每一行看作一个 $n$ 维的行向量,记作

$$\boldsymbol{\alpha}_1=(a_{11},a_{12},\cdots,a_{1n}),\quad \boldsymbol{\alpha}_2=(a_{21},a_{22},\cdots,a_{2n}),\quad \cdots,\quad \boldsymbol{\alpha}_m=(a_{m1},a_{m2},\cdots,a_{mn}),$$

它们称为矩阵 $\boldsymbol{A}$ 的**行向量组**. 把 $\boldsymbol{A}$ 的每一列看作一个 $m$ 维的列向量,记作

$$\boldsymbol{\beta}_1=\begin{pmatrix} a_{11} \\ a_{21} \\ \vdots \\ a_{m1} \end{pmatrix},\quad \boldsymbol{\beta}_2=\begin{pmatrix} a_{12} \\ a_{22} \\ \vdots \\ a_{m2} \end{pmatrix},\quad \cdots,\quad \boldsymbol{\beta}_n=\begin{pmatrix} a_{1n} \\ a_{2n} \\ \vdots \\ a_{mn} \end{pmatrix},$$

它们称为矩阵 $\boldsymbol{A}$ 的**列向量组**.

**定义 3.11** 矩阵 $\boldsymbol{A}$ 的行向量组的秩称为矩阵 $\boldsymbol{A}$ 的**行秩**,其列向量组的秩称为矩阵 $\boldsymbol{A}$ 的**列秩**.

**例 1** 设矩阵

$$\boldsymbol{A}=\begin{pmatrix} 1 & 0 & 0 & 0 \\ 0 & 1 & 0 & 0 \\ 0 & 0 & 1 & 0 \end{pmatrix},$$

显然

$$\boldsymbol{\alpha}_1=(1,0,0,0),\quad \boldsymbol{\alpha}_2=(0,1,0,0),\quad \boldsymbol{\alpha}_3=(0,0,1,0)$$

线性无关,它是矩阵 $\boldsymbol{A}$ 的行向量组的一个极大无关组,故 $\boldsymbol{A}$ 的行秩为 3. 又 $\boldsymbol{A}$ 的列向量组

$$\boldsymbol{\beta}_1=\begin{pmatrix}1\\0\\0\end{pmatrix},\quad \boldsymbol{\beta}_2=\begin{pmatrix}0\\1\\0\end{pmatrix},\quad \boldsymbol{\beta}_3=\begin{pmatrix}0\\0\\1\end{pmatrix},\quad \boldsymbol{\beta}_4=\begin{pmatrix}0\\0\\0\end{pmatrix}$$

的一个极大无关组为 $\boldsymbol{\beta}_1,\boldsymbol{\beta}_2,\boldsymbol{\beta}_3$，因此 $\boldsymbol{A}$ 的列秩也是 3，即 $\boldsymbol{A}$ 的行秩等于 $\boldsymbol{A}$ 的列秩.

对一般的 $m\times n$ 矩阵是否有上述结论？我们首先证明如下定理.

**定理 3.12** 矩阵的初等行(列)变换不改变矩阵的行(列)秩.

**证明** 设矩阵 $\boldsymbol{A}=(a_{ij})_{m\times n}$，$\boldsymbol{A}$ 的行向量组为 $\boldsymbol{\alpha}_1,\boldsymbol{\alpha}_2,\cdots,\boldsymbol{\alpha}_m$，下面证明对矩阵 $\boldsymbol{A}$ 施以初等行变换不改变矩阵 $\boldsymbol{A}$ 的行秩.

(1) 如果交换 $\boldsymbol{A}$ 的第 $i$ 行和第 $j$ 行($i\neq j$)，这相当于在 $\boldsymbol{A}$ 的行向量组 $\boldsymbol{\alpha}_1,\boldsymbol{\alpha}_2,\cdots,\boldsymbol{\alpha}_m$ 中交换 $\boldsymbol{\alpha}_i$ 和 $\boldsymbol{\alpha}_j$ 的位置，所得的新向量组与原向量组 $\boldsymbol{\alpha}_1,\boldsymbol{\alpha}_2,\cdots,\boldsymbol{\alpha}_m$ 显然等价.

(2) 如果 $\boldsymbol{A}$ 的第 $i$ 行乘以非零数 $k$，所得新矩阵的行向量组为 $\boldsymbol{\alpha}_1,\boldsymbol{\alpha}_2,\cdots,\boldsymbol{\alpha}_{i-1},k\boldsymbol{\alpha}_i,\boldsymbol{\alpha}_{i+1},\cdots,\boldsymbol{\alpha}_m$，这个向量组和 $\boldsymbol{A}$ 的行向量组 $\boldsymbol{\alpha}_1,\boldsymbol{\alpha}_2,\cdots,\boldsymbol{\alpha}_m$ 等价.

(3) 如果 $\boldsymbol{A}$ 的第 $i$ 行的 $k$ 倍加到它的第 $j$ 行上($i\neq j$)，所得新矩阵的行向量组为 $\boldsymbol{\alpha}_1,\boldsymbol{\alpha}_2,\cdots,\boldsymbol{\alpha}_i,\cdots,\boldsymbol{\alpha}_j+k\boldsymbol{\alpha}_i,\cdots,\boldsymbol{\alpha}_m$，显然也与 $\boldsymbol{A}$ 的行向量组等价.

由定理 3.11，等价的向量组有相同的秩，故对矩阵 $\boldsymbol{A}$ 施以初等行变换，其行秩不变.

类似可证明，矩阵的初等列变换不改变其列秩.

**定理 3.13** 矩阵的初等行(列)变换不改变矩阵的列(行)秩.

此定理的证明较长，略去. 但由其证明过程可得到下面的结论：

如果对 $\boldsymbol{A}$ 施以初等行变换，化为矩阵 $\boldsymbol{A}_1$，则 $\boldsymbol{A}_1$ 的列向量与 $\boldsymbol{A}$ 的列向量间有相同的线性关系，即

(1) 如果 $\boldsymbol{A}$ 的列向量组 $\boldsymbol{\beta}_1,\boldsymbol{\beta}_2,\cdots,\boldsymbol{\beta}_n$ 中的部分组 $\boldsymbol{\beta}_{j_1},\boldsymbol{\beta}_{j_2},\cdots,\boldsymbol{\beta}_{j_s}$ 线性无关，则 $\boldsymbol{A}_1$ 的列向量组 $\boldsymbol{\beta}'_1,\boldsymbol{\beta}'_2,\cdots,\boldsymbol{\beta}'_n$ 中对应的部分组 $\boldsymbol{\beta}'_{j_1},\boldsymbol{\beta}'_{j_2},\cdots,\boldsymbol{\beta}'_{j_s}$ 也线性无关. 反之亦然.

(2) 如果 $\boldsymbol{A}$ 的列向量组 $\boldsymbol{\beta}_1,\boldsymbol{\beta}_2,\cdots,\boldsymbol{\beta}_n$ 中某个向量 $\boldsymbol{\beta}_j$ 可由其中向量 $\boldsymbol{\beta}_{j_1},\boldsymbol{\beta}_{j_2},\cdots,\boldsymbol{\beta}_{j_s}$ 线性表示为

$$\boldsymbol{\beta}_j=k_1\boldsymbol{\beta}_{j_1}+k_2\boldsymbol{\beta}_{j_2}+\cdots+k_s\boldsymbol{\beta}_{j_s},$$

则 $\boldsymbol{A}_1$ 的列向量组 $\boldsymbol{\beta}'_1,\boldsymbol{\beta}'_2,\cdots,\boldsymbol{\beta}'_n$ 中的对应向量 $\boldsymbol{\beta}'_j$ 可对应的由 $\boldsymbol{\beta}'_{j_1},\boldsymbol{\beta}'_{j_2},\cdots,\boldsymbol{\beta}'_{j_s}$ 线性表示为

$$\boldsymbol{\beta}'_j=k_1\boldsymbol{\beta}'_{j_1}+k_2\boldsymbol{\beta}'_{j_2}+\cdots+k_s\boldsymbol{\beta}'_{j_s}.$$

反之亦然.

类似地，如果对 $\boldsymbol{A}$ 施以初等列变换，化为矩阵 $\boldsymbol{A}_2$，则 $\boldsymbol{A}_2$ 的行向量与 $\boldsymbol{A}$ 的行向量间有相同的线性关系.

简言之，矩阵的初等行(列)变换不改变矩阵列(行)向量间的线性关系.

**定理 3.14** 矩阵的行秩与列秩相等.

**证明** 由第二章第六节的定理 2.4 可知，任意一个矩阵 $\boldsymbol{A}=(a_{ij})_{m\times n}$ 都可以经过有限次初等变换，化为其等价标准形

$$\boldsymbol{D}=\begin{pmatrix}1&0&\cdots&0&0&\cdots&0\\0&1&\cdots&0&0&\cdots&0\\\vdots&\vdots&&\vdots&\vdots&&\vdots\\0&0&\cdots&1&0&\cdots&0\\0&0&\cdots&0&0&\cdots&0\\\vdots&\vdots&&\vdots&\vdots&&\vdots\\0&0&\cdots&0&0&\cdots&0\end{pmatrix}\begin{matrix}\\\\\\r\text{ 行}\\\\\\\\\end{matrix}. \quad (3.16)$$

$$r\text{ 列}$$

矩阵 $\boldsymbol{A}$ 和矩阵 $\boldsymbol{D}$ 有相等的行秩和列秩，显然 $\boldsymbol{D}$ 的行秩和列秩都是 $r$，因此矩阵 $\boldsymbol{A}$ 的行秩和列秩相等.

**定义 3.12** 矩阵 $\boldsymbol{A}$ 的行秩和列秩统称为矩阵 $\boldsymbol{A}$ 的**秩**，记作 $\mathrm{r}(\boldsymbol{A})$.

由定义 3.12 知，$0 \leqslant \mathrm{r}(\boldsymbol{A}) \leqslant \min\{m,n\}$.

特别地，如果 $\mathrm{r}(\boldsymbol{A})=m$，则称矩阵 $\boldsymbol{A}$ 为**行满秩矩阵**；如果 $\mathrm{r}(\boldsymbol{A})=n$，则称矩阵 $\boldsymbol{A}$ 为**列满秩矩阵**. 把行满秩矩阵与列满秩矩阵统称为**满秩矩阵**.

**例 2** 化矩阵 $\boldsymbol{A}$ 为等价标准形，并求 $\mathrm{r}(\boldsymbol{A})$，其中

$$\boldsymbol{A}=\begin{pmatrix}1&1&1&1&1\\0&1&2&2&6\\3&2&1&1&-3\\5&4&3&3&-1\end{pmatrix}.$$

**解** 
$$\boldsymbol{A}=\begin{pmatrix}1&1&1&1&1\\0&1&2&2&6\\3&2&1&1&-3\\5&4&3&3&-1\end{pmatrix}\longrightarrow\begin{pmatrix}1&1&1&1&1\\0&1&2&2&6\\0&-1&-2&-2&-6\\0&-1&-2&-2&-6\end{pmatrix}$$

$$\longrightarrow\begin{pmatrix}1&0&0&0&0\\0&1&2&2&6\\0&-1&-2&-2&-6\\0&-1&-2&-2&-6\end{pmatrix}\longrightarrow\begin{pmatrix}1&0&0&0&0\\0&1&2&2&6\\0&0&0&0&0\\0&0&0&0&0\end{pmatrix}$$

$$\longrightarrow\begin{pmatrix}1&0&0&0&0\\0&1&0&0&0\\0&0&0&0&0\\0&0&0&0&0\end{pmatrix},$$

由最后 $\boldsymbol{A}$ 的等价标准形可知 $\mathrm{r}(\boldsymbol{A})=2$.

为了建立矩阵和行列式的关系，进一步引入如下定义.

**定义 3.13** 在矩阵 $\boldsymbol{A}=(a_{ij})_{m\times n}$ 中任取 $k$ 行、$k$ 列($k \leqslant \min\{m,n\}$)，由这 $k$ 行、$k$ 列的交叉元素按原来顺序构成的 $k$ 阶行列式，称为矩阵 $\boldsymbol{A}$ 的 **$k$ 阶子行列式**，简称 **$k$ 阶子式**.

例如,矩阵 $\mathbf{A}=\begin{pmatrix}1 & -1 & 3 & -3\\0 & 0 & 1 & -1\\2 & -1 & 0 & 0\end{pmatrix}$,取定 $\mathbf{A}$ 的第 2,第 3 行和第 3,第 4 列,由它们交叉元素构成 $\mathbf{A}$ 的一个二阶子式为

$$\begin{vmatrix}1 & -1\\0 & 0\end{vmatrix}=0.$$

如果取定 $\mathbf{A}$ 的第 1,第 2,第 3 行和第 1,第 2,第 3 列,由它们交叉元素构成 $\mathbf{A}$ 的一个三阶子式为

$$\begin{vmatrix}1 & -1 & 3\\0 & 0 & 1\\2 & -1 & 0\end{vmatrix}=-1.$$

**定理 3.15**　**如果矩阵 $\mathbf{A}=(a_{ij})_{m\times n}$ 中有一个 $r$ 阶子式不等于零,则 $\mathrm{r}(\mathbf{A})\geqslant r$.**

**证明**　不妨设矩阵 $\mathbf{A}$ 的前 $r$ 行、前 $r$ 列交叉元素构成的 $r$ 阶子式不等于零,即

$$\begin{vmatrix}a_{11} & a_{12} & \cdots & a_{1r}\\a_{21} & a_{22} & \cdots & a_{2r}\\\vdots & \vdots & & \vdots\\a_{r1} & a_{r2} & \cdots & a_{rr}\end{vmatrix}\neq 0.$$

由定理 3.4 知,$r$ 维向量组 $\boldsymbol{\alpha}_i=(a_{i1},a_{i2},\cdots,a_{ir})(i=1,2,\cdots,r)$ 必线性无关,给这个向量组中的每个向量添加 $n-r$ 个分量后得到的新向量组 $\boldsymbol{\alpha}_i'=(a_{i1},a_{i2},\cdots,a_{ir},a_{i(r+1)},\cdots,a_{in})$ $(i=1,2,\cdots,r)$ 也线性无关,即 $\mathbf{A}$ 的行向量组中有含有 $r$ 个向量的线性无关的部分组,从而有 $\mathrm{r}(\mathbf{A})\geqslant r$.

**定理 3.16**　**矩阵 $\mathbf{A}=(a_{ij})_{m\times n}$ 的秩等于 $r$ 的充要条件是矩阵 $\mathbf{A}$ 中至少有一个 $r$ 阶子式不等于零,而所有的 $r+1$ 阶子式都等于零($r<\min\{m,n\}$).**

**证明**　**必要性**　设 $\mathrm{r}(\mathbf{A})=r$,则 $\mathbf{A}$ 的行向量组中有 $r$ 个向量是线性无关的. 不妨设前 $r$ 个向量线性无关,由这 $r$ 个向量构成的 $r\times n$ 矩阵

$$\overline{\mathbf{A}}=\begin{pmatrix}a_{11} & a_{12} & \cdots & a_{1n}\\a_{21} & a_{22} & \cdots & a_{2n}\\\vdots & \vdots & & \vdots\\a_{r1} & a_{r2} & \cdots & a_{rn}\end{pmatrix},$$

于是 $\mathrm{r}(\overline{\mathbf{A}})=r$,从而 $\overline{\mathbf{A}}$ 的列向量组的秩也为 $r$. 所以 $\overline{\mathbf{A}}$ 的列向量组中必有 $r$ 个向量是线性无关的. 不妨设它的前 $r$ 列向量线性无关,由定理 3.4 可知

$$\begin{vmatrix}a_{11} & a_{12} & \cdots & a_{1r}\\a_{21} & a_{22} & \cdots & a_{2r}\\\vdots & \vdots & & \vdots\\a_{r1} & a_{r2} & \cdots & a_{rr}\end{vmatrix}\neq 0,$$

即 $\mathbf{A}$ 中至少有一个 $r$ 阶子式不等于零. 下面证 $\mathbf{A}$ 的任意 $r+1$ 阶子式均等于零.

假设 $\mathbf{A}$ 有一个 $r+1$ 阶子式不等于零，则由定理 3.15 有 $\mathrm{r}(\mathbf{A}) \geqslant r+1 > r$，这与 $\mathrm{r}(\mathbf{A}) = r$ 矛盾. 故 $\mathbf{A}$ 的所有 $r+1$ 阶子式均等于零.

**充分性** 如果 $\mathbf{A}$ 中有一个 $r$ 阶子式不等于零，由定理 3.15 有 $\mathrm{r}(\mathbf{A}) \geqslant r$. 因为 $\mathbf{A}$ 的任意 $r+1$ 阶子式均等于零，由行列式展开定理知，$\mathbf{A}$ 的任意 $r+2$ 阶子式也等于零，从而所有阶数大于 $r$ 的子式均等于零. 如果 $\mathrm{r}(\mathbf{A}) = r_1 > r$，由必要性知 $\mathbf{A}$ 中至少有一个大于 $r$ 的 $r_1$ 阶子式不等于零，这与 $\mathbf{A}$ 的所有阶数大于 $r$ 的子式均等于零矛盾. 所以 $\mathrm{r}(\mathbf{A}) = r$.

**例 3** 求矩阵

$$\mathbf{A} = \begin{pmatrix} 1 & 2 & 3 & 3 & 7 \\ 3 & 2 & 1 & 1 & -3 \\ 0 & 1 & 2 & 2 & 6 \end{pmatrix}$$

的秩.

**解** 对矩阵 $\mathbf{A}$ 仅施以初等行变换化为阶梯型矩阵：

$$\mathbf{A} \longrightarrow \begin{pmatrix} 1 & 2 & 3 & 3 & 7 \\ 0 & -4 & -8 & -8 & -24 \\ 0 & 1 & 2 & 2 & 6 \end{pmatrix} \longrightarrow \begin{pmatrix} 1 & 2 & 3 & 3 & 7 \\ 0 & -4 & -8 & -8 & -24 \\ 0 & 0 & 0 & 0 & 0 \end{pmatrix},$$

由最后阶梯形矩阵可知，有一个二阶子式

$$\begin{vmatrix} 1 & 2 \\ 0 & -4 \end{vmatrix} = -4 \neq 0,$$

所有的三阶子式均等于零，所以 $\mathrm{r}(\mathbf{A}) = 2$.

利用本节的定理和结论还可以求向量组的秩和极大无关组.

**例 4** 求向量组

$$\boldsymbol{\alpha}_1 = (3,1,2,5), \quad \boldsymbol{\alpha}_2 = (1,1,1,2), \quad \boldsymbol{\alpha}_3 = (2,0,1,3),$$
$$\boldsymbol{\alpha}_4 = (1,-1,0,1), \quad \boldsymbol{\alpha}_5 = (4,2,3,7)$$

的秩和一个极大无关组，并把其余向量用该极大无关组线性表示.

**解法一** 把向量组 $\boldsymbol{\alpha}_1, \boldsymbol{\alpha}_2, \boldsymbol{\alpha}_3, \boldsymbol{\alpha}_4, \boldsymbol{\alpha}_5$ 看作矩阵 $\mathbf{A}$ 的行向量，对矩阵 $\mathbf{A}$ 施以初等行变换化为阶梯形矩阵：

$$\mathbf{A} = \begin{pmatrix} 3 & 1 & 2 & 5 \\ 1 & 1 & 1 & 2 \\ 2 & 0 & 1 & 3 \\ 1 & -1 & 0 & 1 \\ 4 & 2 & 3 & 7 \end{pmatrix} \begin{matrix} \boldsymbol{\alpha}_1 \\ \boldsymbol{\alpha}_2 \\ \boldsymbol{\alpha}_3 \\ \boldsymbol{\alpha}_4 \\ \boldsymbol{\alpha}_5 \end{matrix} \longrightarrow \begin{pmatrix} 1 & 1 & 1 & 2 \\ 3 & 1 & 2 & 5 \\ 2 & 0 & 1 & 3 \\ 1 & -1 & 0 & 1 \\ 4 & 2 & 3 & 7 \end{pmatrix} \begin{matrix} \boldsymbol{\alpha}_2 \\ \boldsymbol{\alpha}_1 \\ \boldsymbol{\alpha}_3 \\ \boldsymbol{\alpha}_4 \\ \boldsymbol{\alpha}_5 \end{matrix} \longrightarrow \begin{pmatrix} 1 & 1 & 1 & 2 \\ 0 & -2 & -1 & -1 \\ 0 & -2 & -1 & -1 \\ 0 & -2 & -1 & -1 \\ 0 & -2 & -1 & -1 \end{pmatrix} \begin{matrix} \boldsymbol{\alpha}_2 \\ \boldsymbol{\alpha}_1 - 3\boldsymbol{\alpha}_2 \\ \boldsymbol{\alpha}_3 - 2\boldsymbol{\alpha}_2 \\ \boldsymbol{\alpha}_4 - \boldsymbol{\alpha}_2 \\ \boldsymbol{\alpha}_5 - 4\boldsymbol{\alpha}_2 \end{matrix}$$

$$\longrightarrow \begin{pmatrix} 1 & 1 & 1 & 2 \\ 0 & -2 & -1 & -1 \\ 0 & 0 & 0 & 0 \\ 0 & 0 & 0 & 0 \\ 0 & 0 & 0 & 0 \end{pmatrix} \begin{matrix} \boldsymbol{\alpha}_2 \\ \boldsymbol{\alpha}_1 - 3\boldsymbol{\alpha}_2 \\ \boldsymbol{\alpha}_3 + \boldsymbol{\alpha}_2 - \boldsymbol{\alpha}_1 \\ \boldsymbol{\alpha}_4 + 2\boldsymbol{\alpha}_2 - \boldsymbol{\alpha}_1 \\ \boldsymbol{\alpha}_5 - \boldsymbol{\alpha}_2 - \boldsymbol{\alpha}_1 \end{matrix},$$

由最后的阶梯形矩阵可知 $\mathrm{r}(\mathbf{A}) = 2$，所以 $\mathrm{r}(\boldsymbol{\alpha}_1, \boldsymbol{\alpha}_2, \boldsymbol{\alpha}_3, \boldsymbol{\alpha}_4, \boldsymbol{\alpha}_5) = 2$. 又由 $\boldsymbol{\alpha}_3 + \boldsymbol{\alpha}_2 - \boldsymbol{\alpha}_1 = \mathbf{0}$，

$\boldsymbol{\alpha}_4+2\boldsymbol{\alpha}_2-\boldsymbol{\alpha}_1=\mathbf{0}$ 和 $\boldsymbol{\alpha}_5-\boldsymbol{\alpha}_2-\boldsymbol{\alpha}_1=\mathbf{0}$，可得 $\boldsymbol{\alpha}_3=\boldsymbol{\alpha}_1-\boldsymbol{\alpha}_2,\boldsymbol{\alpha}_4=\boldsymbol{\alpha}_1-2\boldsymbol{\alpha}_2,\boldsymbol{\alpha}_5=\boldsymbol{\alpha}_1+\boldsymbol{\alpha}_2$，所以 $\{\boldsymbol{\alpha}_1,\boldsymbol{\alpha}_2,\boldsymbol{\alpha}_3,\boldsymbol{\alpha}_4,\boldsymbol{\alpha}_5\}\cong\{\boldsymbol{\alpha}_1,\boldsymbol{\alpha}_2\}$，从而 $\mathrm{r}(\boldsymbol{\alpha}_1,\boldsymbol{\alpha}_2)=2$. 所以 $\boldsymbol{\alpha}_1,\boldsymbol{\alpha}_2$ 为向量组 $\boldsymbol{\alpha}_1,\boldsymbol{\alpha}_2,\boldsymbol{\alpha}_3,\boldsymbol{\alpha}_4,\boldsymbol{\alpha}_5$ 的一个极大无关组，且有 $\boldsymbol{\alpha}_3=\boldsymbol{\alpha}_1-\boldsymbol{\alpha}_2,\boldsymbol{\alpha}_4=\boldsymbol{\alpha}_1-2\boldsymbol{\alpha}_2,\boldsymbol{\alpha}_5=\boldsymbol{\alpha}_1+\boldsymbol{\alpha}_2$.

**解法二**　把向量组 $\boldsymbol{\alpha}_1,\boldsymbol{\alpha}_2,\boldsymbol{\alpha}_3,\boldsymbol{\alpha}_4,\boldsymbol{\alpha}_5$ 看作矩阵 $\boldsymbol{A}$ 的列向量，对矩阵 $\boldsymbol{A}$ 施以初等行变换化为阶梯形矩阵：

$$\boldsymbol{A}=\begin{pmatrix}3&1&2&1&4\\1&1&0&-1&2\\2&1&1&0&3\\5&2&3&1&7\end{pmatrix}\longrightarrow\begin{pmatrix}1&1&0&-1&2\\0&-2&2&4&-2\\0&-1&1&2&-1\\0&-3&3&6&-3\end{pmatrix}$$

$$\longrightarrow\begin{pmatrix}1&1&0&-1&2\\0&-2&2&4&-2\\0&0&0&0&0\\0&0&0&0&0\end{pmatrix}\longrightarrow\begin{pmatrix}1&0&1&1&1\\0&1&-1&-2&1\\0&0&0&0&0\\0&0&0&0&0\end{pmatrix}.$$

仅对矩阵 $\boldsymbol{A}$ 施以初等行变换不改变矩阵列向量间的线性关系，由最后的阶梯形矩阵知 $\boldsymbol{\alpha}_1,\boldsymbol{\alpha}_2$ 为向量组 $\boldsymbol{\alpha}_1,\boldsymbol{\alpha}_2,\boldsymbol{\alpha}_3,\boldsymbol{\alpha}_4,\boldsymbol{\alpha}_5$ 的一个极大无关组，且有 $\boldsymbol{\alpha}_3=\boldsymbol{\alpha}_1-\boldsymbol{\alpha}_2,\boldsymbol{\alpha}_4=\boldsymbol{\alpha}_1-2\boldsymbol{\alpha}_2$，$\boldsymbol{\alpha}_5=\boldsymbol{\alpha}_1+\boldsymbol{\alpha}_2$.

## 习题 3.4

1. 求下列矩阵的秩：

(1) $\begin{pmatrix}1&2&3\\3&1&2\\2&3&1\end{pmatrix}$；　　(2) $\begin{pmatrix}2&3\\1&-1\\-1&2\end{pmatrix}$；

(3) $\begin{pmatrix}1&-1&2&1&0\\2&0&6&0&1\\-1&5&2&-5&2\end{pmatrix}$；　　(4) $\begin{pmatrix}2&1&2&3\\6&1&4&7\\4&0&2&4\end{pmatrix}$.

2. 求下列向量组的一个极大无关组，并把其余向量用此极大无关组线性表示：

(1) $\boldsymbol{\alpha}_1=(1,-1,0,4),\boldsymbol{\alpha}_2=(2,1,5,6),\boldsymbol{\alpha}_3=(1,-1,-2,0),\boldsymbol{\alpha}_4=(3,0,7,14)$；

(2) $\boldsymbol{\alpha}_1=(2,1,3,-1),\boldsymbol{\alpha}_2=(3,-1,2,0),\boldsymbol{\alpha}_3=(1,3,4,-2),\boldsymbol{\alpha}_4=(4,-3,1,1)$.

3. 判断下列命题是否正确：

(1) 如果 $\mathrm{r}(\boldsymbol{\alpha}_1,\boldsymbol{\alpha}_2,\cdots,\boldsymbol{\alpha}_s)=s$，则 $\boldsymbol{\alpha}_1,\boldsymbol{\alpha}_2,\cdots,\boldsymbol{\alpha}_s$ 中任一部分组都线性无关.

(2) 若 $\mathrm{r}(\boldsymbol{A})=r$，则 $\boldsymbol{A}$ 中所有 $r-1$ 阶子式一定不等于零.

(3) 若矩阵 $\boldsymbol{A}$ 中存在 $r$ 阶子式不等于零，则 $\mathrm{r}(\boldsymbol{A})\geqslant r$.

(4) 如果 $\mathrm{r}(\boldsymbol{\alpha}_1,\boldsymbol{\alpha}_2,\cdots,\boldsymbol{\alpha}_s)=r$，则 $\boldsymbol{\alpha}_1,\boldsymbol{\alpha}_2,\cdots,\boldsymbol{\alpha}_s$ 中任意 $r$ 个向量都线性无关.

(5) 如果 $\mathrm{r}(\boldsymbol{\alpha}_1,\boldsymbol{\alpha}_2,\cdots,\boldsymbol{\alpha}_s)=r$，则 $\boldsymbol{\alpha}_1,\boldsymbol{\alpha}_2,\cdots,\boldsymbol{\alpha}_s$ 中任意 $r+1$ 个向量都线性相关.

# 第五节 线性方程组解的一般理论

## 一、线性方程组有解的判定定理

下面考虑一般的线性方程组

$$\begin{cases} a_{11}x_1 + a_{12}x_2 + \cdots + a_{1n}x_n = b_1, \\ a_{21}x_1 + a_{22}x_2 + \cdots + a_{2n}x_n = b_2, \\ \cdots\cdots \\ a_{m1}x_1 + a_{m2}x_2 + \cdots + a_{mn}x_n = b_m, \end{cases} \tag{3.17}$$

方程组的系数矩阵和增广矩阵分别为

$$\boldsymbol{A} = \begin{pmatrix} a_{11} & a_{12} & \cdots & a_{1n} \\ a_{21} & a_{22} & \cdots & a_{2n} \\ \vdots & \vdots & & \vdots \\ a_{m1} & a_{m2} & \cdots & a_{mn} \end{pmatrix}, \quad \overline{\boldsymbol{A}} = \left(\begin{array}{cccc:c} a_{11} & a_{12} & \cdots & a_{1n} & b_1 \\ a_{21} & a_{22} & \cdots & a_{2n} & b_2 \\ \vdots & \vdots & & \vdots & \vdots \\ a_{m1} & a_{m2} & \cdots & a_{mn} & b_m \end{array}\right).$$

如果记

$$\boldsymbol{\alpha}_1 = \begin{pmatrix} a_{11} \\ a_{21} \\ \vdots \\ a_{m1} \end{pmatrix}, \quad \boldsymbol{\alpha}_2 = \begin{pmatrix} a_{12} \\ a_{22} \\ \vdots \\ a_{m2} \end{pmatrix}, \quad \cdots, \quad \boldsymbol{\alpha}_n = \begin{pmatrix} a_{1n} \\ a_{2n} \\ \vdots \\ a_{mn} \end{pmatrix}, \quad \boldsymbol{\beta} = \begin{pmatrix} b_1 \\ b_2 \\ \vdots \\ b_m \end{pmatrix},$$

则线性方程组(3.17)可以表示为

$$x_1\boldsymbol{\alpha}_1 + x_2\boldsymbol{\alpha}_2 + \cdots + x_n\boldsymbol{\alpha}_n = \boldsymbol{\beta}.$$

**定理 3.17** **线性方程组(3.17)有解的充要条件是其系数矩阵的秩和增广矩阵的秩相等,即 $\mathrm{r}(\boldsymbol{A}) = \mathrm{r}(\overline{\boldsymbol{A}})$.**

**证明** **必要性** 如果线性方程组(3.17)有解,由方程组的向量形式知向量 $\boldsymbol{\beta}$ 可以由向量组 $\boldsymbol{\alpha}_1, \boldsymbol{\alpha}_2, \cdots, \boldsymbol{\alpha}_n$ 线性表示. 因此

$$\{\boldsymbol{\alpha}_1, \boldsymbol{\alpha}_2, \cdots, \boldsymbol{\alpha}_n\} \cong \{\boldsymbol{\alpha}_1, \boldsymbol{\alpha}_2, \cdots, \boldsymbol{\alpha}_n, \boldsymbol{\beta}\},$$

由等价向量组的秩相等,所以 $\mathrm{r}(\boldsymbol{A}) = \mathrm{r}(\overline{\boldsymbol{A}})$.

**充分性** 如果 $\mathrm{r}(\boldsymbol{A}) = \mathrm{r}(\overline{\boldsymbol{A}}) = r$,则 $\boldsymbol{A}$ 和 $\overline{\boldsymbol{A}}$ 的列向量组有相同的秩. 不妨设矩阵 $\boldsymbol{A}$ 的列向量组的一个极大无关组是 $\boldsymbol{\alpha}_1, \boldsymbol{\alpha}_2, \cdots, \boldsymbol{\alpha}_r$,则 $\boldsymbol{\alpha}_1, \boldsymbol{\alpha}_2, \cdots, \boldsymbol{\alpha}_r$ 也是 $\boldsymbol{\alpha}_1, \boldsymbol{\alpha}_2, \cdots, \boldsymbol{\alpha}_n, \boldsymbol{\beta}$ 的一个极大无关组. 因此向量 $\boldsymbol{\beta}$ 可以由向量组 $\boldsymbol{\alpha}_1, \boldsymbol{\alpha}_2, \cdots, \boldsymbol{\alpha}_r$ 线性表示,又 $\{\boldsymbol{\alpha}_1, \boldsymbol{\alpha}_2, \cdots, \boldsymbol{\alpha}_r\} \cong \{\boldsymbol{\alpha}_1, \boldsymbol{\alpha}_2, \cdots, \boldsymbol{\alpha}_r, \boldsymbol{\alpha}_{r+1}, \cdots, \boldsymbol{\alpha}_n\}$,所以向量 $\boldsymbol{\beta}$ 可以由向量组 $\boldsymbol{\alpha}_1, \boldsymbol{\alpha}_2, \cdots, \boldsymbol{\alpha}_n$ 线性表示,即方程组(3.17)有解.

在本章第一节中我们已经知道，方程组(3.17)的增广矩阵经过一系列的初等行变换可以化为阶梯形矩阵.适当地排列未知量的顺序，所得阶梯形矩阵可以写成下述形式：

$$\begin{pmatrix} \bar{a}_{11} & \bar{a}_{12} & \cdots & \bar{a}_{1r} & \bar{a}_{1(r+1)} & \cdots & \bar{a}_{1n} & d_1 \\ 0 & \bar{a}_{22} & \cdots & \bar{a}_{2r} & \bar{a}_{2(r+1)} & \cdots & \bar{a}_{2n} & d_2 \\ \vdots & \vdots & & \vdots & \vdots & & \vdots & \vdots \\ 0 & 0 & \cdots & \bar{a}_{rr} & \bar{a}_{r(r+1)} & \cdots & \bar{a}_{rn} & d_r \\ 0 & 0 & \cdots & 0 & 0 & \cdots & 0 & d_{r+1} \\ 0 & 0 & \cdots & 0 & 0 & \cdots & 0 & 0 \\ \vdots & \vdots & & \vdots & \vdots & & \vdots & \vdots \\ 0 & 0 & \cdots & 0 & 0 & \cdots & 0 & 0 \end{pmatrix},$$

其中$\bar{a}_{ii} \neq 0(i=1,2,\cdots,r)$.显然，当$d_{r+1} \neq 0$时，方程组(3.17)无解；当$d_{r+1}=0$时，方程组(3.17)有解.对照第一节中的有关结论，可以得到

**推论 1**　线性方程组(3.17)有唯一解的充要条件是

$$\mathrm{r}(\boldsymbol{A}) = \mathrm{r}(\overline{\boldsymbol{A}}) = n.$$

**推论 2**　线性方程组(3.17)有无穷多解的充要条件是

$$\mathrm{r}(\boldsymbol{A}) = \mathrm{r}(\overline{\boldsymbol{A}}) < n.$$

把上述结论用于齐次线性方程组

$$\begin{cases} a_{11}x_1 + a_{12}x_2 + \cdots + a_{1n}x_n = 0, \\ a_{21}x_1 + a_{22}x_2 + \cdots + a_{2n}x_n = 0, \\ \cdots\cdots \\ a_{m1}x_1 + a_{m2}x_2 + \cdots + a_{mn}x_n = 0, \end{cases} \tag{3.18}$$

则总有$\mathrm{r}(\boldsymbol{A}) = \mathrm{r}(\overline{\boldsymbol{A}})$，因此齐次线性方程组(3.18)总是有解的，并有以下推论.

**推论 3**　齐次线性方程组(3.18)仅有零解的充要条件是$\mathrm{r}(\boldsymbol{A}) = n$.

**推论 4**　齐次线性方程组(3.18)有非零解的充要条件是$\mathrm{r}(\boldsymbol{A}) < n$.

特别地，在齐次线性方程组(3.18)中，当方程个数小于未知量个数($m<n$)时，必有$\mathrm{r}(\boldsymbol{A}) < n$.因此，此时齐次线性方程组(3.18)一定有非零解.

## 二、齐次线性方程组解的结构

齐次线性方程组(3.18)总是有解的(至少有零解).下面将讨论齐次线性方程组有非零解时解的结构特点，为此我们先讨论齐次线性方程组解的性质.

**性质 1**　如果$\boldsymbol{\eta}_1,\boldsymbol{\eta}_2$是齐次线性方程组(3.18)的解，则$\boldsymbol{\eta}_1+\boldsymbol{\eta}_2$也是齐次线性方程组(3.18)的解.

**证明**　因为$\boldsymbol{A}\boldsymbol{\eta}_1=\boldsymbol{0},\boldsymbol{A}\boldsymbol{\eta}_2=\boldsymbol{0}$，所以$\boldsymbol{A}(\boldsymbol{\eta}_1+\boldsymbol{\eta}_2)=\boldsymbol{A}\boldsymbol{\eta}_1+\boldsymbol{A}\boldsymbol{\eta}_2=\boldsymbol{0}$，即$\boldsymbol{\eta}_1+\boldsymbol{\eta}_2$也是齐次线性方程组(3.18)的解.

类似地可以证明：

**性质 2**　如果$\boldsymbol{\eta}$是齐次线性方程组(3.18)的解，则对任意的常数$c$，$c\boldsymbol{\eta}$也是齐次线性

方程组(3.18)的解.

由性质1和性质2进一步可得到如下性质:

**性质3** 如果 $\boldsymbol{\eta}_1,\boldsymbol{\eta}_2,\cdots,\boldsymbol{\eta}_s$ 是齐次线性方程组(3.18)的解,则它们的任意线性组合 $c_1\boldsymbol{\eta}_1+c_2\boldsymbol{\eta}_2+\cdots+c_s\boldsymbol{\eta}_s$($c_1,c_2,\cdots,c_s$ 是任意常数)也是齐次线性方程组(3.18)的解.

当齐次线性方程组(3.18)有无穷多解时,是否可以找到它的有限个解 $\boldsymbol{\eta}_1,\boldsymbol{\eta}_2,\cdots,\boldsymbol{\eta}_s$,使得方程组的任意解都可以用 $\boldsymbol{\eta}_1,\boldsymbol{\eta}_2,\cdots,\boldsymbol{\eta}_s$ 线性表示.首先引入以下定义.

**定义3.14** 如果 $\boldsymbol{\eta}_1,\boldsymbol{\eta}_2,\cdots,\boldsymbol{\eta}_s$ 是齐次线性方程组(3.18)的解向量组的一个极大无关组,则称 $\boldsymbol{\eta}_1,\boldsymbol{\eta}_2,\cdots,\boldsymbol{\eta}_s$ 是齐次线性方程组(3.18)的一个**基础解系**.

由定义3.14可知,齐次线性方程组(3.18)的基础解系一定是线性无关的,并且齐次线性方程组(3.18)的任意解都可以由其基础解系 $\boldsymbol{\eta}_1,\boldsymbol{\eta}_2,\cdots,\boldsymbol{\eta}_s$ 线性表示.

当齐次线性方程组(3.18)的系数矩阵的秩 $\mathrm{r}(\mathbf{A})=n$ 时,齐次线性方程组(3.18)仅有零解,此时不存在基础解系;而当齐次线性方程组(3.18)的系数矩阵的秩 $\mathrm{r}(\mathbf{A})<n$ 时,有如下定理:

**定理3.18** **如果齐次线性方程组(3.18)的系数矩阵的秩 $\mathrm{r}(\mathbf{A})=r<n$,则齐次线性方程组(3.18)有基础解系,并且它的任一基础解系中解向量的个数为 $n-r$.**

**证明** 因为 $\mathrm{r}(\mathbf{A})=r<n$,所以对齐次线性方程组(3.18)的增广矩阵施行初等行变换(必要时,重新排列未知量的次序)可得

$$\overline{\mathbf{A}}\longrightarrow\cdots\longrightarrow\left(\begin{array}{cccccccc|c}1&0&\cdots&0&a'_{1(r+1)}&\cdots&a'_{1n}&0\\0&1&\cdots&0&a'_{2(r+1)}&\cdots&a'_{2n}&0\\\vdots&\vdots&&\vdots&\vdots&&\vdots&\vdots\\0&0&\cdots&1&a'_{r(r+1)}&\cdots&a'_{rn}&0\\0&0&\cdots&0&0&\cdots&0&0\\\vdots&\vdots&&\vdots&\vdots&&\vdots&\vdots\\0&0&\cdots&0&0&\cdots&0&0\end{array}\right).$$

对应的齐次线性方程组

$$\begin{cases}x_1+a'_{1(r+1)}x_{r+1}+\cdots+a'_{1n}x_n=0,\\x_2+a'_{2(r+1)}x_{r+1}+\cdots+a'_{2n}x_n=0,\\\qquad\cdots\cdots\\x_r+a'_{r(r+1)}x_{r+1}+\cdots+a'_{rn}x_n=0\end{cases}\tag{3.19}$$

与原方程组同解,其中 $x_{r+1},x_{r+2},\cdots,x_n$ 为自由未知量.分别取

$$\begin{pmatrix}x_{r+1}\\x_{r+2}\\\vdots\\x_n\end{pmatrix}=\begin{pmatrix}1\\0\\\vdots\\0\end{pmatrix},\begin{pmatrix}0\\1\\\vdots\\0\end{pmatrix},\cdots,\begin{pmatrix}0\\0\\\vdots\\1\end{pmatrix}\quad(共\ n-r\ 个),$$

由方程组(3.19)就可以解得齐次线性方程组(3.18)的 $n-r$ 个解:

$$\boldsymbol{\eta}_1=\begin{pmatrix}-a'_{1(r+1)}\\-a'_{2(r+1)}\\\vdots\\-a'_{r(r+1)}\\1\\0\\\vdots\\0\end{pmatrix},\quad \boldsymbol{\eta}_2=\begin{pmatrix}-a'_{1(r+2)}\\-a'_{2(r+2)}\\\vdots\\-a'_{r(r+2)}\\0\\1\\\vdots\\0\end{pmatrix},\quad \cdots,\quad \boldsymbol{\eta}_{n-r}=\begin{pmatrix}-a'_{1n}\\-a'_{2n}\\\vdots\\-a'_{rn}\\0\\0\\\vdots\\1\end{pmatrix}.$$

下面证明 $\boldsymbol{\eta}_1,\boldsymbol{\eta}_2,\cdots,\boldsymbol{\eta}_{n-r}$ 是方程组(3.18)的基础解系.

注意到这 $n-r$ 个解的后 $n-r$ 个分量构成的 $n-r$ 维向量是线性无关的,根据定理3.3知 $\boldsymbol{\eta}_1,\boldsymbol{\eta}_2,\cdots,\boldsymbol{\eta}_{n-r}$ 也是线性无关的. 下面再证明齐次线性方程组(3.18)的任意解都可以由 $\boldsymbol{\eta}_1,\boldsymbol{\eta}_2,\cdots,\boldsymbol{\eta}_{n-r}$ 线性表示,即 $\boldsymbol{\eta}_1,\boldsymbol{\eta}_2,\cdots,\boldsymbol{\eta}_{n-r}$ 是齐次线性方程组(3.18)的基础解系. 设

$$\boldsymbol{\eta}=\begin{pmatrix}k_1\\k_2\\\vdots\\k_n\end{pmatrix}$$

是齐次线性方程组(3.18)的任一解,则它也是方程组(3.19)的解,因此有

$$\begin{cases}k_1=-a'_{1(r+1)}k_{r+1}-\cdots-a'_{1n}k_n,\\k_2=-a'_{2(r+1)}k_{r+1}-\cdots-a'_{2n}k_n,\\\qquad\cdots\cdots\\k_r=-a'_{r(r+1)}k_{r+1}-\cdots-a'_{rn}k_n,\\k_{r+1}=k_{r+1},\\k_{r+2}=k_{r+2},\\\qquad\cdots\cdots\\k_n=k_n.\end{cases}$$

上式用向量形式表示为

$$\begin{pmatrix}k_1\\k_2\\\vdots\\k_r\\k_{r+1}\\k_{r+2}\\\vdots\\k_n\end{pmatrix}=k_{r+1}\begin{pmatrix}-a'_{1(r+1)}\\-a'_{2(r+1)}\\\vdots\\-a'_{r(r+1)}\\1\\0\\\vdots\\0\end{pmatrix}+k_{r+2}\begin{pmatrix}-a'_{1(r+2)}\\-a'_{2(r+2)}\\\vdots\\-a'_{r(r+2)}\\0\\1\\\vdots\\0\end{pmatrix}+\cdots+k_n\begin{pmatrix}-a'_{1n}\\-a'_{2n}\\\vdots\\-a'_{rn}\\0\\0\\\vdots\\1\end{pmatrix},$$

即 $\boldsymbol{\eta}=k_{r+1}\boldsymbol{\eta}_1+k_{r+2}\boldsymbol{\eta}_2+\cdots+k_n\boldsymbol{\eta}_{n-r}$,因此齐次线性方程组(3.18)的任一解都可以由 $\boldsymbol{\eta}_1$,$\boldsymbol{\eta}_2,\cdots,\boldsymbol{\eta}_{n-r}$ 线性表示,从而 $\boldsymbol{\eta}_1,\boldsymbol{\eta}_2,\cdots,\boldsymbol{\eta}_{n-r}$ 是齐次线性方程组(3.18)的一个基础解系,且

基础解系含有 $n-r$ 个向量. 证毕.

定理 3.18 的证明过程也给出了齐次线性方程组基础解系的求法. 求出基础解系 $\boldsymbol{\eta}_1$, $\boldsymbol{\eta}_2,\cdots,\boldsymbol{\eta}_{n-r}$ 后, 齐次线性方程组(3.18)的全部解就可以表示为

$$\boldsymbol{\eta}=c_1\boldsymbol{\eta}_1+c_2\boldsymbol{\eta}_2+\cdots+c_{n-r}\boldsymbol{\eta}_{n-r},$$

其中 $c_1,c_2,\cdots,c_{n-r}$ 为任意常数.

**例 1** 求齐次线性方程组

$$\begin{cases} x_1-2x_2-x_3-x_4=0, \\ 2x_1-4x_2+5x_3+3x_4=0, \\ 4x_1-8x_2+17x_3+11x_4=0 \end{cases}$$

的一个基础解系, 并求方程组的一般解.

**解** 对方程组的增广矩阵施以初等行变换化为阶梯形矩阵:

$$\overline{\mathbf{A}}=\left(\begin{array}{cccc:c} 1 & -2 & -1 & -1 & 0 \\ 2 & -4 & 5 & 3 & 0 \\ 4 & -8 & 17 & 11 & 0 \end{array}\right)\longrightarrow\left(\begin{array}{cccc:c} 1 & -2 & -1 & -1 & 0 \\ 0 & 0 & 7 & 5 & 0 \\ 0 & 0 & 21 & 15 & 0 \end{array}\right)$$

$$\longrightarrow\left(\begin{array}{cccc:c} 1 & -2 & -1 & -1 & 0 \\ 0 & 0 & 7 & 5 & 0 \\ 0 & 0 & 0 & 0 & 0 \end{array}\right)\longrightarrow\left(\begin{array}{cccc:c} 1 & -2 & -1 & -1 & 0 \\ 0 & 0 & 1 & \frac{5}{7} & 0 \\ 0 & 0 & 0 & 0 & 0 \end{array}\right)$$

$$\longrightarrow\left(\begin{array}{cccc:c} 1 & -2 & 0 & -\frac{2}{7} & 0 \\ 0 & 0 & 1 & \frac{5}{7} & 0 \\ 0 & 0 & 0 & 0 & 0 \end{array}\right).$$

由最后的矩阵知 $\mathrm{r}(\mathbf{A})=2$, 所以方程组的基础解系含有 2 个向量, 同时有

$$\begin{cases} x_1=2x_2+\dfrac{2}{7}x_4, \\ x_3=-\dfrac{5}{7}x_4. \end{cases}$$

自由未知量为 $x_2,x_4$, 令

$$\begin{pmatrix} x_2 \\ x_4 \end{pmatrix}=\begin{pmatrix} 1 \\ 0 \end{pmatrix},\begin{pmatrix} 0 \\ 1 \end{pmatrix},$$

可得方程组的一个基础解系为

$$\boldsymbol{\eta}_1=\begin{pmatrix} 2 \\ 1 \\ 0 \\ 0 \end{pmatrix},\quad \boldsymbol{\eta}_2=\begin{pmatrix} \frac{2}{7} \\ 0 \\ -\frac{5}{7} \\ 1 \end{pmatrix},$$

所以方程组的一般解为 $\boldsymbol{\eta} = c_1\boldsymbol{\eta}_1 + c_2\boldsymbol{\eta}_2$，其中 $c_1, c_2$ 为任意常数.

## 三、非齐次线性方程组解的结构

在非齐次线性方程组

$$\begin{cases} a_{11}x_1 + a_{12}x_2 + \cdots + a_{1n}x_n = b_1, \\ a_{21}x_1 + a_{22}x_2 + \cdots + a_{2n}x_n = b_2, \\ \cdots\cdots \\ a_{m1}x_1 + a_{m2}x_2 + \cdots + a_{mn}x_n = b_m \end{cases} \tag{3.20}$$

中，把常数项全部替换为零，就得到齐次线性方程组(3.18)，齐次线性方程组(3.18)称为方程组(3.20)的**导出组**. 非齐次线性方程组(3.20)的解与其导出组(3.18)的解具有以下性质：

**性质 4**　如果 $\boldsymbol{\gamma}$ 是方程组(3.20)的一个解，而 $\boldsymbol{\eta}$ 是其导出组(3.18)的解，则 $\boldsymbol{\gamma}+\boldsymbol{\eta}$ 是方程组(3.20)的解.

**证明**　因为 $\boldsymbol{A\gamma} = \boldsymbol{b}, \boldsymbol{A\eta} = \boldsymbol{0}$，所以 $\boldsymbol{A}(\boldsymbol{\gamma}+\boldsymbol{\eta}) = \boldsymbol{A\gamma} + \boldsymbol{A\eta} = \boldsymbol{b} + \boldsymbol{0} = \boldsymbol{b}$，即 $\boldsymbol{\gamma}+\boldsymbol{\eta}$ 是方程组(3.20)的解.

**性质 5**　如果 $\boldsymbol{\gamma}_1, \boldsymbol{\gamma}_2$ 是方程组(3.20)的两个解，则 $\boldsymbol{\gamma}_1 - \boldsymbol{\gamma}_2$ 是其导出组(3.18)的解.

**证明**　因为 $\boldsymbol{A\gamma}_1 = \boldsymbol{b}, \boldsymbol{A\gamma}_2 = \boldsymbol{b}$，所以 $\boldsymbol{A}(\boldsymbol{\gamma}_1 - \boldsymbol{\gamma}_2) = \boldsymbol{A\gamma}_1 - \boldsymbol{A\gamma}_2 = \boldsymbol{b} - \boldsymbol{b} = \boldsymbol{0}$，即 $\boldsymbol{\gamma}_1 - \boldsymbol{\gamma}_2$ 是方程组(3.20)的导出组(3.18)的解.

由性质 4 和性质 5 可得到如下结论：

**定理 3.19**　**如果 $\boldsymbol{\gamma}_0$ 是非齐次线性方程组(3.20)的一个解，$\boldsymbol{\eta}$ 是其导出组(3.18)的全部解，即**

$$\boldsymbol{\eta} = c_1\boldsymbol{\eta}_1 + c_2\boldsymbol{\eta}_2 + \cdots + c_{n-r}\boldsymbol{\eta}_{n-r},$$

**其中 $\boldsymbol{\eta}_1, \boldsymbol{\eta}_2, \cdots, \boldsymbol{\eta}_{n-r}$ 是其导出组(3.18)的一个基础解系，则方程组(3.20)的全部解（或一般解）可以表示为**

$$\boldsymbol{\gamma} = \boldsymbol{\gamma}_0 + c_1\boldsymbol{\eta}_1 + c_2\boldsymbol{\eta}_2 + \cdots + c_{n-r}\boldsymbol{\eta}_{n-r}, \tag{3.21}$$

**其中 $c_1, c_2, \cdots, c_{n-r}$ 为任意常数，$\boldsymbol{\gamma}_0$ 称为方程组(3.20)的特解.**

**证明**　由性质 4 知 $\boldsymbol{\gamma} = \boldsymbol{\gamma}_0 + \boldsymbol{\eta}$ 一定是方程组(3.20)的解，下面证明方程组(3.20)的任意一个解都可以表示为式(3.21)的形式.

由性质 5 知 $\boldsymbol{\gamma} - \boldsymbol{\gamma}_0$ 一定是其导出组(3.18)的解，因而必可以由齐次线性方程组(3.18)的基础解系 $\boldsymbol{\eta}_1, \boldsymbol{\eta}_2, \cdots, \boldsymbol{\eta}_{n-r}$ 线性表示，即存在 $n-r$ 个数 $c_1, c_2, \cdots, c_{n-r}$，使得

$$\boldsymbol{\gamma} - \boldsymbol{\gamma}_0 = c_1\boldsymbol{\eta}_1 + c_2\boldsymbol{\eta}_2 + \cdots + c_{n-r}\boldsymbol{\eta}_{n-r},$$

即

$$\boldsymbol{\gamma} = \boldsymbol{\gamma}_0 + c_1\boldsymbol{\eta}_1 + c_2\boldsymbol{\eta}_2 + \cdots + c_{n-r}\boldsymbol{\eta}_{n-r}.$$

由定理 3.19 知，当方程组(3.20)有解时，它有唯一解的充要条件是其导出组(3.18)仅有零解；它有无穷多解的充要条件是其导出组(3.18)有无穷多解，即有非零解.

**例 2** 求非齐次线性方程组

$$\begin{cases} x_1+3x_2+3x_3-2x_4+x_5=3, \\ 2x_1+6x_2+x_3-3x_4=2, \\ x_1+3x_2-2x_3-x_4-x_5=-1, \\ 3x_1+9x_2+4x_3-5x_4+x_5=5 \end{cases}$$

的导出组的一个基础解系,并求该方程组的一般解.

**解** 对方程组的增广矩阵施以初等行变换将其化为阶梯形矩阵:

$$\overline{\mathbf{A}}=\left(\begin{array}{ccccc:c} 1 & 3 & 3 & -2 & 1 & 3 \\ 2 & 6 & 1 & -3 & 0 & 2 \\ 1 & 3 & -2 & -1 & -1 & -1 \\ 3 & 9 & 4 & -5 & 1 & 5 \end{array}\right)$$

$$\longrightarrow\left(\begin{array}{ccccc:c} 1 & 3 & 3 & -2 & 1 & 3 \\ 0 & 0 & -5 & 1 & -2 & -4 \\ 0 & 0 & -5 & 1 & -2 & -4 \\ 0 & 0 & -5 & 1 & -2 & -4 \end{array}\right)\longrightarrow\left(\begin{array}{ccccc:c} 1 & 3 & 3 & -2 & 1 & 3 \\ 0 & 0 & -5 & 1 & -2 & -4 \\ 0 & 0 & 0 & 0 & 0 & 0 \\ 0 & 0 & 0 & 0 & 0 & 0 \end{array}\right)$$

$$\longrightarrow\left(\begin{array}{ccccc:c} 1 & 3 & 3 & -2 & 1 & 3 \\ 0 & 0 & 1 & -\frac{1}{5} & \frac{2}{5} & \frac{4}{5} \\ 0 & 0 & 0 & 0 & 0 & 0 \\ 0 & 0 & 0 & 0 & 0 & 0 \end{array}\right)\longrightarrow\left(\begin{array}{ccccc:c} 1 & 3 & 0 & -\frac{7}{5} & -\frac{1}{5} & \frac{3}{5} \\ 0 & 0 & 1 & -\frac{1}{5} & \frac{2}{5} & \frac{4}{5} \\ 0 & 0 & 0 & 0 & 0 & 0 \\ 0 & 0 & 0 & 0 & 0 & 0 \end{array}\right).$$

由最后的矩阵知 $\mathrm{r}(\mathbf{A})=\mathrm{r}(\overline{\mathbf{A}})=2$,所以方程组有解且其导出组的基础解系含有 3 个向量,同时有

$$\begin{cases} x_1=\frac{3}{5}-3x_2+\frac{7}{5}x_4+\frac{1}{5}x_5, \\ x_3=\frac{4}{5}+\frac{1}{5}x_4-\frac{2}{5}x_5 \end{cases}$$

与原方程组是同解方程组.令自由未知量 $x_2=x_4=x_5=0$,得方程组的一个特解为

$$\boldsymbol{\gamma}_0=\begin{pmatrix} \frac{3}{5} \\ 0 \\ \frac{4}{5} \\ 0 \\ 0 \end{pmatrix}.$$

原方程组的导出组与

$$\begin{cases} x_1 = -3x_2 + \frac{7}{5}x_4 + \frac{1}{5}x_5, \\ x_3 = \frac{1}{5}x_4 - \frac{2}{5}x_5 \end{cases}$$

同解，令自由未知量

$$\begin{pmatrix} x_2 \\ x_4 \\ x_5 \end{pmatrix} = \begin{pmatrix} 1 \\ 0 \\ 0 \end{pmatrix},\quad \begin{pmatrix} 0 \\ 1 \\ 0 \end{pmatrix},\quad \begin{pmatrix} 0 \\ 0 \\ 1 \end{pmatrix},$$

可得其导出组的一个基础解系为

$$\boldsymbol{\eta}_1 = \begin{pmatrix} -3 \\ 1 \\ 0 \\ 0 \\ 0 \end{pmatrix},\quad \boldsymbol{\eta}_2 = \begin{pmatrix} \frac{7}{5} \\ 0 \\ \frac{1}{5} \\ 1 \\ 0 \end{pmatrix},\quad \boldsymbol{\eta}_3 = \begin{pmatrix} \frac{1}{5} \\ 0 \\ -\frac{2}{5} \\ 0 \\ 1 \end{pmatrix}.$$

所以原方程组的一般解为

$$\boldsymbol{\gamma} = \boldsymbol{\gamma}_0 + c_1\boldsymbol{\eta}_1 + c_2\boldsymbol{\eta}_2 + c_3\boldsymbol{\eta}_3,$$

其中 $c_1, c_2, c_3$ 为任意常数，即

$$\boldsymbol{\gamma} = \begin{pmatrix} \frac{3}{5} \\ 0 \\ \frac{4}{5} \\ 0 \\ 0 \end{pmatrix} + c_1\begin{pmatrix} -3 \\ 1 \\ 0 \\ 0 \\ 0 \end{pmatrix} + c_2\begin{pmatrix} \frac{7}{5} \\ 0 \\ \frac{1}{5} \\ 1 \\ 0 \end{pmatrix} + c_3\begin{pmatrix} \frac{1}{5} \\ 0 \\ -\frac{2}{5} \\ 0 \\ 1 \end{pmatrix}.$$

## 习题 3.5

1. 求齐次线性方程组

$$\begin{cases} x_1 + x_2 + x_3 + x_4 + x_5 = 0, \\ 3x_1 + 2x_2 + x_3 - 3x_5 = 0, \\ x_2 + 2x_3 + 3x_4 + 6x_5 = 0, \\ 5x_1 + 4x_2 + 3x_3 + 2x_4 + 6x_5 = 0 \end{cases}$$

的一个基础解系，并用此基础解系表示全部解.

2. 求非齐次线性方程组

$$\begin{cases} x_1 + x_2 + x_3 + x_4 + x_5 = -1, \\ 3x_1 + 2x_2 + x_3 + x_4 - 3x_5 = -5, \\ x_2 + 2x_3 + 2x_4 + 6x_5 = 2, \\ 5x_1 + 4x_2 + 3x_3 + 3x_4 - x_5 = -7 \end{cases}$$

的全部解(用其导出组的基础解系表示全部解).

3. 求一个齐次线性方程组,使它的一个基础解系为 $\boldsymbol{\eta}_1 = (0,1,2,3)^{\mathrm{T}}, \boldsymbol{\eta}_2 = (3,2,1,0)^{\mathrm{T}}$.

4. 设四元非齐次线性方程组的系数矩阵的秩为 3,已知 $\boldsymbol{\eta}_1, \boldsymbol{\eta}_2, \boldsymbol{\eta}_3$ 是它的 3 个解向量,且 $\boldsymbol{\eta}_1 = (2,3,4,5)^{\mathrm{T}}, \boldsymbol{\eta}_2 + \boldsymbol{\eta}_3 = (1,2,3,4)^{\mathrm{T}}$,求该方程组的一般解.

5. 齐次线性方程组

$$\begin{cases} a_{11}x_1 + a_{12}x_2 + \cdots + a_{1n}x_n = 0, \\ a_{21}x_1 + a_{22}x_2 + \cdots + a_{2n}x_n = 0, \\ \cdots\cdots \\ a_{n1}x_1 + a_{n2}x_2 + \cdots + a_{nn}x_n = 0 \end{cases}$$

的系数矩阵的秩为 $n-1$,证明:此线性方程组的一般解为

$$\boldsymbol{\eta} = c \begin{pmatrix} A_{i1} \\ A_{i2} \\ \vdots \\ A_{in} \end{pmatrix} \quad (c \text{ 为任意常数}),$$

其中 $A_{ij}\,(1 \leqslant j \leqslant n)$ 是 $a_{ij}$ 的代数余子式,且至少有一个 $A_{ij} \neq 0$.

6. 证明:线性方程组

$$\begin{cases} x_1 - x_2 = a_1, \\ x_2 - x_3 = a_2, \\ x_3 - x_4 = a_3, \\ x_4 - x_5 = a_4, \\ -x_1 + x_5 = a_5 \end{cases}$$

有解的充要条件是 $\sum_{i=1}^{5} a_i = 0$.

7. 设有齐次线性方程组

$$\begin{cases} ax_1 + bx_2 + bx_3 + \cdots + bx_n = 0, \\ bx_1 + ax_2 + bx_3 + \cdots + bx_n = 0, \\ \cdots\cdots \\ bx_1 + bx_2 + bx_3 + \cdots + ax_n = 0, \end{cases}$$

其中 $a \neq 0, b \neq 0, n \geqslant 2$,试讨论 $a, b$ 为何值时,方程组仅有零解;有无穷多解.在有无穷多解时,求出全部解,并用基础解系表示全部解.

8. 设有线性方程组

$$\begin{cases} x_1 + a_1x_2 + a_1^2x_3 = a_1^3, \\ x_1 + a_2x_2 + a_2^2x_3 = a_2^3, \\ x_1 + a_3x_2 + a_3^2x_3 = a_3^3, \\ x_1 + a_4x_2 + a_4^2x_3 = a_4^3, \end{cases}$$

(1) 证明:若 $a_1, a_2, a_3, a_4$ 两两不相等,则此方程组无解.

(2) 设 $a_1 = a_3 = k, a_2 = a_4 = -k \neq 0$,且已知 $\boldsymbol{\eta}_1 = \begin{pmatrix} -1 \\ 1 \\ 1 \end{pmatrix}, \boldsymbol{\eta}_2 = \begin{pmatrix} 1 \\ 1 \\ -1 \end{pmatrix}$是该方程组的两个解,求此方程组的全部解.

# 第四章

# 向量空间

微课视频

在第三章我们引入了数域 $F$ 上的向量的概念、向量的线性运算和向量的线性关系等. 它们在研究线性方程组解的结构时具有重要意义. 向量的概念和有关性质在科学技术、经济管理等许多领域也有着广泛的应用，因此有必要在理论上加以抽象和概括，使其应用更加广泛.

# 第一节 向量空间的基本概念

**定义 4.1** 设$V$为一非空集合，$V$中的元素用小写粗体希腊字母$\boldsymbol{\alpha},\boldsymbol{\beta},\boldsymbol{\gamma}$等表示，对$V$中的任意两个元素$\boldsymbol{\alpha},\boldsymbol{\beta}$及数域$F$中的数$k$，定义了加法运算(记为$\boldsymbol{\alpha}+\boldsymbol{\beta}$)及数乘运算(记为$k\boldsymbol{\alpha}$)，且$\boldsymbol{\alpha}+\boldsymbol{\beta}\in V,k\boldsymbol{\alpha}\in V$. 如果加法运算和数乘运算(统称为**线性运算**)满足下述8条运算律：

(1) $\boldsymbol{\alpha}+\boldsymbol{\beta}=\boldsymbol{\beta}+\boldsymbol{\alpha}$;

(2) $(\boldsymbol{\alpha}+\boldsymbol{\beta})+\boldsymbol{\gamma}=\boldsymbol{\alpha}+(\boldsymbol{\beta}+\boldsymbol{\gamma})$;

(3) $\mathbf{0}+\boldsymbol{\alpha}=\boldsymbol{\alpha}$;

(4) $\boldsymbol{\alpha}+(-\boldsymbol{\alpha})=\mathbf{0}$;

(5) $1\cdot\boldsymbol{\alpha}=\boldsymbol{\alpha}$;

(6) $k(l\boldsymbol{\alpha})=(kl)\boldsymbol{\alpha}$;

(7) $(k+l)\boldsymbol{\alpha}=k\boldsymbol{\alpha}+l\boldsymbol{\alpha}$;

(8) $k(\boldsymbol{\alpha}+\boldsymbol{\beta})=k\boldsymbol{\alpha}+k\boldsymbol{\beta}$,

其中$\boldsymbol{\alpha},\boldsymbol{\beta},\boldsymbol{\gamma}$为$V$中的任意元素，$k,l$为数域$F$中的任意数，则称$V$为数域$F$上的一个**线性空间**.

**例 1** 实数域$\mathbf{R}$上的全体$n$维向量的集合$\mathbf{R}^n$，按照向量的加法与数乘运算是一个线性空间，该线性空间俗称为**向量空间**.

**例 2** 实数域$\mathbf{R}$上的$m\times n$矩阵的全体组成的集合$\mathbf{R}^{m\times n}$，按照矩阵的加法与数乘运算是一个线性空间.

**例 3** 定义在闭区间$[a,b]$上的全体连续函数的集合$C[a,b]$，按照函数的加法与乘法是一个线性空间.

**例 4** 单个零元素组成的集合$V=\{\mathbf{0}\}$是一个线性空间，称为**零维空间**(这里定义$\mathbf{0}+\mathbf{0}=\mathbf{0},k\cdot\mathbf{0}=\mathbf{0}$，$k$为数域$F$中的数).

由上面的例子可以看出，线性空间的概念比向量空间的概念更具有普遍性. 但我们将线性空间中的元素也称为向量(广义的)，则线性空间也称为向量空间.

**定义 4.2** 设$V$是一个向量空间. 如果$V$中的$r$个向量$\boldsymbol{\alpha}_1,\boldsymbol{\alpha}_2,\cdots,\boldsymbol{\alpha}_r$满足条件：

(1) $\boldsymbol{\alpha}_1,\boldsymbol{\alpha}_2,\cdots,\boldsymbol{\alpha}_r$线性无关；

(2) $V$中任一向量都可由$\boldsymbol{\alpha}_1,\boldsymbol{\alpha}_2,\cdots,\boldsymbol{\alpha}_r$线性表示，

则称向量组$\boldsymbol{\alpha}_1,\boldsymbol{\alpha}_2,\cdots,\boldsymbol{\alpha}_r$为向量空间$V$的一组**基底**，简称**基**. 数$r$称为向量空间$V$的维数，

记为 $\dim V$,即 $\dim V = r$,并称 $V$ 为 $r$ **维向量空间**.

例如,在向量空间 $\mathbf{R}^n$ 中,由于 $\boldsymbol{\varepsilon}_1,\boldsymbol{\varepsilon}_2,\cdots,\boldsymbol{\varepsilon}_n$ 线性无关,且任意向量 $\boldsymbol{\alpha}$ 都可由 $\boldsymbol{\varepsilon}_1,\boldsymbol{\varepsilon}_2,\cdots,\boldsymbol{\varepsilon}_n$ 线性表示,因此 $\dim\mathbf{R}^n = n$.

**注**:(1) 若把向量空间 $V$ 看作一个向量组,则该向量组的一个极大无关组就是向量空间 $V$ 的一组基.这个极大无关组所含向量的个数就是向量空间 $V$ 的维数.

(2) 零维向量空间没有基.本书只讨论实数域 $\mathbf{R}$ 上的 $n$ 维向量空间 $\mathbf{R}^n$.

**定义 4.3** 设 $\boldsymbol{\xi}_1,\boldsymbol{\xi}_2,\cdots,\boldsymbol{\xi}_n$ 为 $\mathbf{R}^n$ 的一组基.如果 $\mathbf{R}^n$ 中的向量 $\boldsymbol{\alpha}$ 由基 $\boldsymbol{\xi}_1,\boldsymbol{\xi}_2,\cdots,\boldsymbol{\xi}_n$ 线性表示为

$$\boldsymbol{\alpha} = a_1\boldsymbol{\xi}_1 + a_2\boldsymbol{\xi}_2 + \cdots + a_n\boldsymbol{\xi}_n,$$

则称系数 $a_1,a_2,\cdots,a_n$ 为向量 $\boldsymbol{\alpha}$ 在基 $\boldsymbol{\xi}_1,\boldsymbol{\xi}_2,\cdots,\boldsymbol{\xi}_n$ 下的**坐标**,记为$(a_1,a_2,\cdots,a_n)$.

**例 5** 基本单位向量组 $\boldsymbol{\varepsilon}_1,\boldsymbol{\varepsilon}_2,\cdots,\boldsymbol{\varepsilon}_n$ 为 $\mathbf{R}^n$ 的一组基,显然向量 $\boldsymbol{\alpha} = (a_1,a_2,\cdots,a_n)^{\mathrm{T}}$ 在该组基下的坐标为$(a_1,a_2,\cdots,a_n)$.

**定理 4.1** **设 $\boldsymbol{\xi}_1,\boldsymbol{\xi}_2,\cdots,\boldsymbol{\xi}_n$ 是 $\mathbf{R}^n$ 的一组基,$\boldsymbol{\alpha},\boldsymbol{\beta}$ 是 $\mathbf{R}^n$ 中的两个向量,它们在基 $\boldsymbol{\xi}_1,\boldsymbol{\xi}_2,\cdots,\boldsymbol{\xi}_n$ 下的坐标分别为$(x_1,x_2,\cdots,x_n)$和$(y_1,y_2,\cdots,y_n)$,则 $\boldsymbol{\alpha}+\boldsymbol{\beta}$ 在这组基下的坐标为$(x_1+y_1,x_2+y_2,\cdots,x_n+y_n)$,$k\boldsymbol{\alpha}(k\in\mathbf{R})$ 在这组基下的坐标为$(kx_1,kx_2,\cdots,kx_n)$.**

由向量的坐标定义及向量的运算易得上述结论.

**例 6** 在 $\mathbf{R}^3$ 中,求向量 $\boldsymbol{\alpha} = (8,7,2)^{\mathrm{T}}$ 在基 $\boldsymbol{\alpha}_1 = (1,0,0)^{\mathrm{T}},\boldsymbol{\alpha}_2 = (1,1,0)^{\mathrm{T}},\boldsymbol{\alpha}_3 = (1,1,1)^{\mathrm{T}}$ 下的坐标.

**解** 设 $\boldsymbol{\alpha} = x_1\boldsymbol{\alpha}_1 + x_2\boldsymbol{\alpha}_2 + x_3\boldsymbol{\alpha}_3$,则有

$$\begin{cases} x_1 + x_2 + x_3 = 8, \\ \qquad x_2 + x_3 = 7, \\ \qquad\qquad x_3 = 2, \end{cases}$$

解得 $x_1 = 1,x_2 = 5,x_3 = 2$.故 $\boldsymbol{\alpha}$ 在基 $\boldsymbol{\alpha}_1,\boldsymbol{\alpha}_2,\boldsymbol{\alpha}_3$ 下的坐标为$(1,5,2)$.

## 习题 4.1

1. 设向量组 $\boldsymbol{\alpha}_1,\boldsymbol{\alpha}_2,\boldsymbol{\alpha}_3$ 是 $\mathbf{R}^3$ 的一组基.如果 $\boldsymbol{\alpha} = k_1\boldsymbol{\alpha}_1 + k_2\boldsymbol{\alpha}_2 + k_3\boldsymbol{\alpha}_3$,则 $\boldsymbol{\alpha}$ 在基 $\boldsymbol{\alpha}_3,-\boldsymbol{\alpha}_2,\frac{1}{2}\boldsymbol{\alpha}_1$ 下的坐标为__________.

2. 在向量空间 $\mathbf{R}^3$ 中,求向量 $\boldsymbol{\alpha} = (1,2,1)^{\mathrm{T}}$ 在基 $\boldsymbol{\xi}_1 = (1,1,1)^{\mathrm{T}},\boldsymbol{\xi}_2 = (1,1,-1)^{\mathrm{T}},\boldsymbol{\xi}_3 = (1,-1,-1)^{\mathrm{T}}$ 下的坐标.

3. 证明:向量组 $\boldsymbol{\alpha}_1 = (0,0,\cdots,0,0,1)^{\mathrm{T}},\boldsymbol{\alpha}_2 = (0,0,\cdots,0,1,1)^{\mathrm{T}},\cdots,\boldsymbol{\alpha}_n = (1,1,\cdots,1,1,1)^{\mathrm{T}}$ 为 $\mathbf{R}^n$ 的一组基,并求 $\boldsymbol{\alpha} = (a_1,a_2,\cdots,a_n)^{\mathrm{T}}$ 在此基下的坐标.

## 第二节　基变换与坐标变换

**定义 4.4**　设 $\xi_1,\xi_2,\cdots,\xi_n$ 和 $\boldsymbol{\eta}_1,\boldsymbol{\eta}_2,\cdots,\boldsymbol{\eta}_n$ 为 $\mathbf{R}^n$ 的两组基，它们之间的线性关系为

$$\begin{cases}\boldsymbol{\eta}_1 = a_{11}\xi_1 + a_{21}\xi_2 + \cdots + a_{n1}\xi_n, \\ \boldsymbol{\eta}_2 = a_{12}\xi_1 + a_{22}\xi_2 + \cdots + a_{n2}\xi_n, \\ \quad\cdots\cdots \\ \boldsymbol{\eta}_n = a_{1n}\xi_1 + a_{2n}\xi_2 + \cdots + a_{nn}\xi_n,\end{cases}$$

即

$$(\boldsymbol{\eta}_1,\boldsymbol{\eta}_2,\cdots,\boldsymbol{\eta}_n) = (\xi_1,\xi_2,\cdots,\xi_n)\begin{pmatrix} a_{11} & a_{12} & \cdots & a_{1n} \\ a_{21} & a_{22} & \cdots & a_{2n} \\ \vdots & \vdots & & \vdots \\ a_{n1} & a_{n2} & \cdots & a_{nn}\end{pmatrix}, \tag{4.1}$$

则矩阵

$$\boldsymbol{A} = \begin{pmatrix} a_{11} & a_{12} & \cdots & a_{1n} \\ a_{21} & a_{22} & \cdots & a_{2n} \\ \vdots & \vdots & & \vdots \\ a_{n1} & a_{n2} & \cdots & a_{nn}\end{pmatrix}$$

称为由基 $\xi_1,\xi_2,\cdots,\xi_n$ 到基 $\boldsymbol{\eta}_1,\boldsymbol{\eta}_2,\cdots,\boldsymbol{\eta}_n$ 的**过渡矩阵**. 式(4.1)可简记为

$$(\boldsymbol{\eta}_1,\boldsymbol{\eta}_2,\cdots,\boldsymbol{\eta}_n) = (\xi_1,\xi_2,\cdots,\xi_n)\boldsymbol{A},$$

并称为由基 $\xi_1,\xi_2,\cdots,\xi_n$ 到基 $\boldsymbol{\eta}_1,\boldsymbol{\eta}_2,\cdots,\boldsymbol{\eta}_n$ 的**基变换**.

**定理 4.2**　**设 $\boldsymbol{\alpha}_1,\boldsymbol{\alpha}_2,\cdots,\boldsymbol{\alpha}_n;\boldsymbol{\beta}_1,\boldsymbol{\beta}_2,\cdots,\boldsymbol{\beta}_n$ 以及 $\boldsymbol{\gamma}_1,\boldsymbol{\gamma}_2,\cdots,\boldsymbol{\gamma}_n$ 都是 $\mathbf{R}^n$ 的基，$\boldsymbol{A},\boldsymbol{B}$ 为 $n$ 阶方阵，并且**

$$(\boldsymbol{\beta}_1,\boldsymbol{\beta}_2,\cdots,\boldsymbol{\beta}_n) = (\boldsymbol{\alpha}_1,\boldsymbol{\alpha}_2,\cdots,\boldsymbol{\alpha}_n)\boldsymbol{A},$$
$$(\boldsymbol{\gamma}_1,\boldsymbol{\gamma}_2,\cdots,\boldsymbol{\gamma}_n) = (\boldsymbol{\beta}_1,\boldsymbol{\beta}_2,\cdots,\boldsymbol{\beta}_n)\boldsymbol{B},$$

**则**

$$(\boldsymbol{\gamma}_1,\boldsymbol{\gamma}_2,\cdots,\boldsymbol{\gamma}_n) = (\boldsymbol{\alpha}_1,\boldsymbol{\alpha}_2,\cdots,\boldsymbol{\alpha}_n)\boldsymbol{AB}.$$

定理的结论是显然的.

过渡矩阵具有以下性质：

**定理 4.3**　**设 $\boldsymbol{\alpha}_1,\boldsymbol{\alpha}_2,\cdots,\boldsymbol{\alpha}_n$ 和 $\boldsymbol{\beta}_1,\boldsymbol{\beta}_2,\cdots,\boldsymbol{\beta}_n$ 均为 $\mathbf{R}^n$ 中的基，且 $(\boldsymbol{\beta}_1,\boldsymbol{\beta}_2,\cdots,\boldsymbol{\beta}_n) = (\boldsymbol{\alpha}_1,\boldsymbol{\alpha}_2,\cdots,\boldsymbol{\alpha}_n)\boldsymbol{A}$，则过渡矩阵 $\boldsymbol{A}$ 可逆，且**

$$(\boldsymbol{\alpha}_1,\boldsymbol{\alpha}_2,\cdots,\boldsymbol{\alpha}_n) = (\boldsymbol{\beta}_1,\boldsymbol{\beta}_2,\cdots,\boldsymbol{\beta}_n)\boldsymbol{A}^{-1}.$$

**反过来，任意一个 $n$ 阶可逆矩阵 $\boldsymbol{A}$ 都可以作为 $\mathbf{R}^n$ 中由一组基到另一组基的过渡矩阵.**

**证明** 由假设有

$$(\boldsymbol{\beta}_1,\boldsymbol{\beta}_2,\cdots,\boldsymbol{\beta}_n)=(\boldsymbol{\alpha}_1,\boldsymbol{\alpha}_2,\cdots,\boldsymbol{\alpha}_n)\boldsymbol{A},$$

另设基 $\boldsymbol{\beta}_1,\boldsymbol{\beta}_2,\cdots,\boldsymbol{\beta}_n$ 到基 $\boldsymbol{\alpha}_1,\boldsymbol{\alpha}_2,\cdots,\boldsymbol{\alpha}_n$ 的过渡矩阵为 $\boldsymbol{B}$,则有

$$(\boldsymbol{\alpha}_1,\boldsymbol{\alpha}_2,\cdots,\boldsymbol{\alpha}_n)=(\boldsymbol{\beta}_1,\boldsymbol{\beta}_2,\cdots,\boldsymbol{\beta}_n)\boldsymbol{B},$$

所以有

$$(\boldsymbol{\beta}_1,\boldsymbol{\beta}_2,\cdots,\boldsymbol{\beta}_n)=(\boldsymbol{\beta}_1,\boldsymbol{\beta}_2,\cdots,\boldsymbol{\beta}_n)\boldsymbol{BA},$$

$$(\boldsymbol{\alpha}_1,\boldsymbol{\alpha}_2,\cdots,\boldsymbol{\alpha}_n)=(\boldsymbol{\alpha}_1,\boldsymbol{\alpha}_2,\cdots,\boldsymbol{\alpha}_n)\boldsymbol{AB}.$$

由于 $\boldsymbol{\alpha}_1,\boldsymbol{\alpha}_2,\cdots,\boldsymbol{\alpha}_n$ 和 $\boldsymbol{\beta}_1,\boldsymbol{\beta}_2,\cdots,\boldsymbol{\beta}_n$ 都是 $\mathbf{R}^n$ 中的基,因此 $\boldsymbol{AB}=\boldsymbol{E}=\boldsymbol{BA}$,从而 $\boldsymbol{A}$ 可逆,且 $\boldsymbol{B}=\boldsymbol{A}^{-1}$.

反过来,若 $\boldsymbol{A}=(a_{ij})_{n\times n}$ 是任一 $n$ 阶可逆矩阵,$\boldsymbol{\alpha}_1,\boldsymbol{\alpha}_2,\cdots,\boldsymbol{\alpha}_n$ 为 $\mathbf{R}^n$ 中的一组基,取

$$\boldsymbol{\beta}_1=a_{11}\boldsymbol{\alpha}_1+a_{21}\boldsymbol{\alpha}_2+\cdots+a_{n1}\boldsymbol{\alpha}_n,$$

$$\boldsymbol{\beta}_2=a_{12}\boldsymbol{\alpha}_1+a_{22}\boldsymbol{\alpha}_2+\cdots+a_{n2}\boldsymbol{\alpha}_n,$$

$$\cdots\cdots$$

$$\boldsymbol{\beta}_n=a_{1n}\boldsymbol{\alpha}_1+a_{2n}\boldsymbol{\alpha}_2+\cdots+a_{nn}\boldsymbol{\alpha}_n,$$

于是有

$$(\boldsymbol{\beta}_1,\boldsymbol{\beta}_2,\cdots,\boldsymbol{\beta}_n)=(\boldsymbol{\alpha}_1,\boldsymbol{\alpha}_2,\cdots,\boldsymbol{\alpha}_n)\boldsymbol{A}.$$

因 $\boldsymbol{A}$ 可逆,从而有

$$(\boldsymbol{\alpha}_1,\boldsymbol{\alpha}_2,\cdots,\boldsymbol{\alpha}_n)=(\boldsymbol{\beta}_1,\boldsymbol{\beta}_2,\cdots,\boldsymbol{\beta}_n)\boldsymbol{A}^{-1}.$$

这表明,向量组 $\boldsymbol{\alpha}_1,\boldsymbol{\alpha}_2,\cdots,\boldsymbol{\alpha}_n$ 可由向量组 $\boldsymbol{\beta}_1,\boldsymbol{\beta}_2,\cdots,\boldsymbol{\beta}_n$ 线性表示. 再由假设 $\boldsymbol{\alpha}_1,\boldsymbol{\alpha}_2,\cdots,\boldsymbol{\alpha}_n$ 线性无关知 $\boldsymbol{\beta}_1,\boldsymbol{\beta}_2,\cdots,\boldsymbol{\beta}_n$ 也线性无关,因而也是 $\mathbf{R}^n$ 的一组基,并且 $\boldsymbol{A}$ 就是由基 $\boldsymbol{\alpha}_1,\boldsymbol{\alpha}_2,\cdots,\boldsymbol{\alpha}_n$ 到基 $\boldsymbol{\beta}_1,\boldsymbol{\beta}_2,\cdots,\boldsymbol{\beta}_n$ 的过渡矩阵.

下面讨论同一向量关于不同基的坐标的关系.

**定理 4.4** **设 $\boldsymbol{\alpha}_1,\boldsymbol{\alpha}_2,\cdots,\boldsymbol{\alpha}_n$ 和 $\boldsymbol{\beta}_1,\boldsymbol{\beta}_2,\cdots,\boldsymbol{\beta}_n$ 为 $\mathbf{R}^n$ 中的两组基,且它们之间的基变换公式为 $(\boldsymbol{\beta}_1,\boldsymbol{\beta}_2,\cdots,\boldsymbol{\beta}_n)=(\boldsymbol{\alpha}_1,\boldsymbol{\alpha}_2,\cdots,\boldsymbol{\alpha}_n)\boldsymbol{A}$,$\mathbf{R}^n$ 中的向量 $\boldsymbol{\alpha}$ 在基 $\boldsymbol{\alpha}_1,\boldsymbol{\alpha}_2,\cdots,\boldsymbol{\alpha}_n$ 和基 $\boldsymbol{\beta}_1,\boldsymbol{\beta}_2,\cdots,\boldsymbol{\beta}_n$ 下的坐标分别为 $(x_1,x_2,\cdots,x_n)$ 和 $(y_1,y_2,\cdots,y_n)$,则有**

$$(x_1,x_2,\cdots,x_n)=(y_1,y_2,\cdots,y_n)\boldsymbol{A}^{\mathrm{T}}. \tag{4.2}$$

**证明** 因为 $(\boldsymbol{\beta}_1,\boldsymbol{\beta}_2,\cdots,\boldsymbol{\beta}_n)=(\boldsymbol{\alpha}_1,\boldsymbol{\alpha}_2,\cdots,\boldsymbol{\alpha}_n)\boldsymbol{A}$,又

$$\boldsymbol{\alpha}=x_1\boldsymbol{\alpha}_1+x_2\boldsymbol{\alpha}_2+\cdots+x_n\boldsymbol{\alpha}_n=(\boldsymbol{\alpha}_1,\boldsymbol{\alpha}_2,\cdots,\boldsymbol{\alpha}_n)\begin{pmatrix}x_1\\x_2\\\vdots\\x_n\end{pmatrix},$$

$$\boldsymbol{\alpha}=y_1\boldsymbol{\beta}_1+y_2\boldsymbol{\beta}_2+\cdots+y_n\boldsymbol{\beta}_n=(\boldsymbol{\beta}_1,\boldsymbol{\beta}_2,\cdots,\boldsymbol{\beta}_n)\begin{pmatrix}y_1\\y_2\\\vdots\\y_n\end{pmatrix}$$

$$= (\boldsymbol{\alpha}_1, \boldsymbol{\alpha}_2, \cdots, \boldsymbol{\alpha}_n)\boldsymbol{A}\begin{pmatrix} y_1 \\ y_2 \\ \vdots \\ y_n \end{pmatrix},$$

所以

$$(\boldsymbol{\alpha}_1, \boldsymbol{\alpha}_2, \cdots, \boldsymbol{\alpha}_n)\begin{pmatrix} x_1 \\ x_2 \\ \vdots \\ x_n \end{pmatrix} = (\boldsymbol{\alpha}_1, \boldsymbol{\alpha}_2, \cdots, \boldsymbol{\alpha}_n)\boldsymbol{A}\begin{pmatrix} y_1 \\ y_2 \\ \vdots \\ y_n \end{pmatrix},$$

从而

$$\begin{pmatrix} x_1 \\ x_2 \\ \vdots \\ x_n \end{pmatrix} = \boldsymbol{A}\begin{pmatrix} y_1 \\ y_2 \\ \vdots \\ y_n \end{pmatrix}, \quad 即 \quad (x_1, x_2, \cdots, x_n) = (y_1, y_2, \cdots, y_n)\boldsymbol{A}^{\mathrm{T}}.$$

式(4.2)称为**坐标变换公式**.

**例 1** 已知两组向量

$$\begin{cases} \boldsymbol{\alpha}_1 = (1,1,0)^{\mathrm{T}}, \\ \boldsymbol{\alpha}_2 = (0,-1,1)^{\mathrm{T}}, \\ \boldsymbol{\alpha}_3 = (1,0,2)^{\mathrm{T}}; \end{cases} \qquad \begin{cases} \boldsymbol{\beta}_1 = (3,1,0)^{\mathrm{T}}, \\ \boldsymbol{\beta}_2 = (0,1,1)^{\mathrm{T}}, \\ \boldsymbol{\beta}_3 = (1,0,4)^{\mathrm{T}} \end{cases}$$

都是 $\mathbf{R}^3$ 的基.

(1) 求从基 $\boldsymbol{\alpha}_1, \boldsymbol{\alpha}_2, \boldsymbol{\alpha}_3$ 到基 $\boldsymbol{\beta}_1, \boldsymbol{\beta}_2, \boldsymbol{\beta}_3$ 的过渡矩阵;

(2) 求坐标变换公式;

(3) 设 $\boldsymbol{\alpha} = (2,1,2)^{\mathrm{T}}$,求 $\boldsymbol{\alpha}$ 在这两组基下的坐标.

**解** (1) 设$(\boldsymbol{\beta}_1, \boldsymbol{\beta}_2, \boldsymbol{\beta}_3) = (\boldsymbol{\alpha}_1, \boldsymbol{\alpha}_2, \boldsymbol{\alpha}_3)\boldsymbol{C}$,及

$$\boldsymbol{B} = (\boldsymbol{\beta}_1, \boldsymbol{\beta}_2, \boldsymbol{\beta}_3) = \begin{pmatrix} 3 & 0 & 1 \\ 1 & 1 & 0 \\ 0 & 1 & 4 \end{pmatrix}, \quad \boldsymbol{A} = (\boldsymbol{\alpha}_1, \boldsymbol{\alpha}_2, \boldsymbol{\alpha}_3) = \begin{pmatrix} 1 & 0 & 1 \\ 1 & -1 & 0 \\ 0 & 1 & 2 \end{pmatrix},$$

则有 $\boldsymbol{C} = \boldsymbol{A}^{-1}\boldsymbol{B}$.下面利用初等变换法求 $\boldsymbol{A}^{-1}\boldsymbol{B}$.

$$(\boldsymbol{A} \mid \boldsymbol{B}) = \left(\begin{array}{ccc|ccc} 1 & 0 & 1 & 3 & 0 & 1 \\ 1 & -1 & 0 & 1 & 1 & 0 \\ 0 & 1 & 2 & 0 & 1 & 4 \end{array}\right) \longrightarrow \left(\begin{array}{ccc|ccc} 1 & 0 & 1 & 3 & 0 & 1 \\ 0 & -1 & -1 & -2 & 1 & -1 \\ 0 & 1 & 2 & 0 & 1 & 4 \end{array}\right)$$

$$\longrightarrow \left(\begin{array}{ccc|ccc} 1 & 0 & 1 & 3 & 0 & 1 \\ 0 & -1 & -1 & -2 & 1 & -1 \\ 0 & 0 & 1 & -2 & 2 & 3 \end{array}\right) \longrightarrow \left(\begin{array}{ccc|ccc} 1 & 0 & 0 & 5 & -2 & -2 \\ 0 & -1 & 0 & -4 & 3 & 2 \\ 0 & 0 & 1 & -2 & 2 & 3 \end{array}\right)$$

$$\longrightarrow \left(\begin{array}{ccc|ccc} 1 & 0 & 0 & 5 & -2 & -2 \\ 0 & 1 & 0 & 4 & -3 & -2 \\ 0 & 0 & 1 & -2 & 2 & 3 \end{array}\right),$$

故

$$C=A^{-1}B=\begin{pmatrix}5&-2&-2\\4&-3&-2\\-2&2&3\end{pmatrix}.$$

(2) 坐标变换公式为

$$(x_1,x_2,x_3)=(y_1,y_2,y_3)C^{\mathrm T},$$

即

$$(x_1,x_2,x_3)=(y_1,y_2,y_3)\begin{pmatrix}5&4&-2\\-2&-3&2\\-2&-2&3\end{pmatrix},$$

其中$(x_1,x_2,x_3)$和$(y_1,y_2,y_3)$分别为向量$\boldsymbol\alpha$在基$\boldsymbol\alpha_1,\boldsymbol\alpha_2,\boldsymbol\alpha_3$和基$\boldsymbol\beta_1,\boldsymbol\beta_2,\boldsymbol\beta_3$下的坐标.

(3) 先求$\boldsymbol\alpha$在基$\boldsymbol\beta_1,\boldsymbol\beta_2,\boldsymbol\beta_3$下的坐标,设

$$\boldsymbol\alpha=y_1\boldsymbol\beta_1+y_2\boldsymbol\beta_2+y_3\boldsymbol\beta_3=(\boldsymbol\beta_1,\boldsymbol\beta_2,\boldsymbol\beta_3)\begin{pmatrix}y_1\\y_2\\y_3\end{pmatrix}=B\begin{pmatrix}y_1\\y_2\\y_3\end{pmatrix},$$

则有$\begin{pmatrix}y_1\\y_2\\y_3\end{pmatrix}=B^{-1}\boldsymbol\alpha$. 由于

$$(B\,\vdots\,\boldsymbol\alpha)=\left(\begin{array}{ccc:c}3&0&1&2\\1&1&0&1\\0&1&4&2\end{array}\right)\longrightarrow\left(\begin{array}{ccc:c}1&1&0&1\\3&0&1&2\\0&1&4&2\end{array}\right)\longrightarrow\left(\begin{array}{ccc:c}1&1&0&1\\0&-3&1&-1\\0&1&4&2\end{array}\right)$$

$$\longrightarrow\left(\begin{array}{ccc:c}1&1&0&1\\0&1&4&2\\0&-3&1&-1\end{array}\right)\longrightarrow\left(\begin{array}{ccc:c}1&1&0&1\\0&1&4&2\\0&0&13&5\end{array}\right)\longrightarrow\left(\begin{array}{ccc:c}1&1&0&1\\0&1&4&2\\0&0&1&\frac{5}{13}\end{array}\right)$$

$$\longrightarrow\left(\begin{array}{ccc:c}1&1&0&1\\0&1&0&\frac{6}{13}\\0&0&1&\frac{5}{13}\end{array}\right)\longrightarrow\left(\begin{array}{ccc:c}1&0&0&\frac{7}{13}\\0&1&0&\frac{6}{13}\\0&0&1&\frac{5}{13}\end{array}\right),$$

因此$\boldsymbol\alpha$在基$\boldsymbol\beta_1,\boldsymbol\beta_2,\boldsymbol\beta_3$下的坐标为$\left(\frac{7}{13},\frac{6}{13},\frac{5}{13}\right)$. 由(2)知$\boldsymbol\alpha$在基$\boldsymbol\alpha_1,\boldsymbol\alpha_2,\boldsymbol\alpha_3$下的坐标为

$$(x_1,x_2,x_3)=(y_1,y_2,y_3)C^{\mathrm T}=\left(\frac{7}{13},\frac{6}{13},\frac{5}{13}\right)\begin{pmatrix}5&4&-2\\-2&-3&2\\-2&-2&3\end{pmatrix}=(1,0,1).$$

## 习题 4.2

1. 设 $\xi_1,\xi_2,\xi_3,\xi_4$ 为 $\mathbf{R}^4$ 的一组基，则由基 $\xi_1,\xi_2,\xi_3,\xi_4$ 到基 $\xi_4,\xi_3,\xi_2,\xi_1$ 的过渡矩阵为________.
2. 设 $\boldsymbol{\alpha}_1,\boldsymbol{\alpha}_2,\cdots,\boldsymbol{\alpha}_n$ 是 $\mathbf{R}^n$ 的一组基.

   (1) 求由这组基到基 $\boldsymbol{\alpha}_2,\boldsymbol{\alpha}_3,\cdots,\boldsymbol{\alpha}_n,\boldsymbol{\alpha}_1$ 的过渡矩阵；

   (2) 若 $\boldsymbol{\alpha}$ 在基 $\boldsymbol{\alpha}_2,\boldsymbol{\alpha}_3,\cdots,\boldsymbol{\alpha}_n,\boldsymbol{\alpha}_1$ 下的坐标为 $(a_1,a_2,\cdots,a_n)$，求 $\boldsymbol{\alpha}$ 在基 $\boldsymbol{\alpha}_1,\boldsymbol{\alpha}_2,\cdots,\boldsymbol{\alpha}_n$ 下的坐标.
3. 在 $\mathbf{R}^4$ 中，求由基 $\xi_1,\xi_2,\xi_3,\xi_4$ 到基 $\boldsymbol{\eta}_1,\boldsymbol{\eta}_2,\boldsymbol{\eta}_3,\boldsymbol{\eta}_4$ 的过渡矩阵，其中

$$\begin{cases}\xi_1=(1,2,-1,0)^{\mathrm{T}},\\ \xi_2=(1,-1,1,1)^{\mathrm{T}},\\ \xi_3=(-1,2,1,1)^{\mathrm{T}},\\ \xi_4=(-1,-1,0,1)^{\mathrm{T}};\end{cases}\quad \begin{cases}\boldsymbol{\eta}_1=(2,1,0,1)^{\mathrm{T}},\\ \boldsymbol{\eta}_2=(0,1,2,2)^{\mathrm{T}},\\ \boldsymbol{\eta}_3=(-2,1,1,2)^{\mathrm{T}},\\ \boldsymbol{\eta}_4=(1,3,1,2)^{\mathrm{T}},\end{cases}$$

   并求 $\boldsymbol{\alpha}=(1,0,0,0)^{\mathrm{T}}$ 在基 $\xi_1,\xi_2,\xi_3,\xi_4$ 下的坐标.
4. 求非零向量 $\boldsymbol{\alpha}$，使其在下列两组基下的坐标相同：

$$\begin{cases}\boldsymbol{\varepsilon}_1=(1,0,0,0)^{\mathrm{T}},\\ \boldsymbol{\varepsilon}_2=(0,1,0,0)^{\mathrm{T}},\\ \boldsymbol{\varepsilon}_3=(0,0,1,0)^{\mathrm{T}},\\ \boldsymbol{\varepsilon}_4=(0,0,0,1)^{\mathrm{T}};\end{cases}\quad \begin{cases}\boldsymbol{\eta}_1=(2,1,-1,1)^{\mathrm{T}},\\ \boldsymbol{\eta}_2=(0,3,1,0)^{\mathrm{T}},\\ \boldsymbol{\eta}_3=(5,3,2,1)^{\mathrm{T}},\\ \boldsymbol{\eta}_4=(6,6,1,3)^{\mathrm{T}}.\end{cases}$$

# 第三节 子空间及其维数

设 $W$ 是 $\mathbf{R}^n$ 的一个非空子集. 若 $W$ 中的任意两个向量 $\boldsymbol{\alpha}$ 与 $\boldsymbol{\beta}$ 的和 $\boldsymbol{\alpha}+\boldsymbol{\beta}$ 仍在 $W$ 内，则称 $W$ 对于 $\mathbf{R}^n$ 的加法是封闭的；同样，如果 $W$ 中任意向量 $\boldsymbol{\alpha}$ 与任意实数 $k$ 的乘积 $k\boldsymbol{\alpha}$ 仍在 $W$ 内，则称 $W$ 对于数乘是封闭的.

**定理 4.5** **设 $L$ 是 $\mathbf{R}^n$ 的一个非空子集. 如果 $L$ 对于 $\mathbf{R}^n$ 的加法及数乘是封闭的，则 $L$ 本身也是实数域 $\mathbf{R}$ 上的一个向量空间.**

**证明** 因为 $\mathbf{R}^n$ 是向量空间，$L$ 是 $\mathbf{R}^n$ 的一个非空子集，所以 $L$ 中的向量加法和数乘运算满足向量空间定义中的(1)，(2) 和(5) 至(8) 这 6 条规律. 需要证明的只是 $L$ 中的向量也满足(3)(即 $L$ 中存在零向量) 和(4)(即 $L$ 中向量的负向量仍在 $L$ 中).

因 $L$ 非空，在 $L$ 中必有一个向量 $\boldsymbol{\alpha}$，则根据 $L$ 对数乘运算的封闭性有：由 $0\in\mathbf{R}$，得 $0\boldsymbol{\alpha}=\mathbf{0}\in L$；由 $-1\in\mathbf{R}$，得 $(-1)\boldsymbol{\alpha}=-\boldsymbol{\alpha}\in L$. 因此定理成立.

**定义 4.5** 设 $L$ 是 $\mathbf{R}^n$ 的一个非空子集. 如果 $L$ 对于 $\mathbf{R}^n$ 的加法及数乘运算是封闭的, 则称 $L$ 为 $\mathbf{R}^n$ 的一个**子空间**.

显然, $\mathbf{R}^n$ 是其自身的子空间. 由于子空间 $L$ 是 $\mathbf{R}^n$ 的一个子集, 因此 $L$ 中线性无关向量的个数不超过 $n$. 故

$$\dim L \leqslant \dim \mathbf{R}^n.$$

**例 1** 由 $\mathbf{R}^n$ 的单个零向量构成的子集 $L = \{\mathbf{0}\}$ 满足定义 4.5 的条件, 所以它是 $\mathbf{R}^n$ 的一个子空间, 称为**零子空间**. 特别地, 我们规定零子空间的维数为零.

**例 2** $\mathbf{R}^n$ 中的向量 $\boldsymbol{\alpha}_1, \boldsymbol{\alpha}_2, \cdots, \boldsymbol{\alpha}_s$ 的一切线性组合构成的集合是 $\mathbf{R}^n$ 的一个子空间, 并称为由向量组 $\boldsymbol{\alpha}_1, \boldsymbol{\alpha}_2, \cdots, \boldsymbol{\alpha}_s$ 生成的子空间, 且其维数为 $\mathrm{r}(\boldsymbol{\alpha}_1, \boldsymbol{\alpha}_2, \cdots, \boldsymbol{\alpha}_s)$. 该子空间记作 $L(\boldsymbol{\alpha}_1, \boldsymbol{\alpha}_2, \cdots, \boldsymbol{\alpha}_s)$, 即 $L(\boldsymbol{\alpha}_1, \boldsymbol{\alpha}_2, \cdots, \boldsymbol{\alpha}_s) = \{a_1\boldsymbol{\alpha}_1 + a_2\boldsymbol{\alpha}_2 + \cdots + a_s\boldsymbol{\alpha}_s \mid a_i \in \mathbf{R}, i = 1, 2, \cdots, s\}$. 如果向量组 $\boldsymbol{\alpha}_1, \boldsymbol{\alpha}_2, \cdots, \boldsymbol{\alpha}_s$ 的秩为 $r$, 其极大无关组为 $\boldsymbol{\alpha}_{j_1}, \boldsymbol{\alpha}_{j_2}, \cdots, \boldsymbol{\alpha}_{j_r}$, 显然 $\boldsymbol{\alpha}_{j_i} \in L(\boldsymbol{\alpha}_1, \boldsymbol{\alpha}_2, \cdots, \boldsymbol{\alpha}_s)(i = 1, 2, \cdots, r)$. 因为 $\boldsymbol{\alpha}_1, \boldsymbol{\alpha}_2, \cdots, \boldsymbol{\alpha}_s$ 与 $\boldsymbol{\alpha}_{j_1}, \boldsymbol{\alpha}_{j_2}, \cdots, \boldsymbol{\alpha}_{j_r}$ 等价, 所以 $L(\boldsymbol{\alpha}_1, \boldsymbol{\alpha}_2, \cdots, \boldsymbol{\alpha}_s)$ 中的每个向量也可以由 $\boldsymbol{\alpha}_{j_1}, \boldsymbol{\alpha}_{j_2}, \cdots, \boldsymbol{\alpha}_{j_r}$ 线性表示. 因此 $\dim L(\boldsymbol{\alpha}_1, \boldsymbol{\alpha}_2, \cdots, \boldsymbol{\alpha}_s) = r$, 而 $\boldsymbol{\alpha}_{j_1}, \boldsymbol{\alpha}_{j_2}, \cdots, \boldsymbol{\alpha}_{j_r}$ 就是子空间 $L(\boldsymbol{\alpha}_1, \boldsymbol{\alpha}_2, \cdots, \boldsymbol{\alpha}_s)$ 的一组基.

实际上, 向量组 $\boldsymbol{\alpha}_1, \boldsymbol{\alpha}_2, \cdots, \boldsymbol{\alpha}_s$ 的任一极大无关组都是 $L(\boldsymbol{\alpha}_1, \boldsymbol{\alpha}_2, \cdots, \boldsymbol{\alpha}_s)$ 的一组基.

**例 3** 设 $\mathbf{A} = (a_{ij})_{m\times n}$, 实数域上的齐次线性方程组 $\mathbf{AX} = \mathbf{0}$ 的解向量构成的集合记为 $L$. 根据定义 4.5, 可以验证 $L$ 是 $\mathbf{R}^n$ 的一个子空间, 称为齐次线性方程组的**解空间**. 实际上, 零向量一定是方程组的解, 所以 $L \neq \varnothing$. 如果 $\boldsymbol{\alpha}, \boldsymbol{\beta} \in L$, 则 $\mathbf{A}\boldsymbol{\alpha} = \mathbf{0}, \mathbf{A}\boldsymbol{\beta} = \mathbf{0}$, 所以 $\mathbf{A}(\boldsymbol{\alpha} + \boldsymbol{\beta}) = \mathbf{A}\boldsymbol{\alpha} + \mathbf{A}\boldsymbol{\beta} = \mathbf{0}$, 即 $\boldsymbol{\alpha} + \boldsymbol{\beta} \in L$. 对于任意的 $\boldsymbol{\alpha} \in L$ 和实数 $k$, 有 $\mathbf{A}(k\boldsymbol{\alpha}) = k\mathbf{A}\boldsymbol{\alpha} = k \cdot \mathbf{0} = \mathbf{0}$, 即 $k\boldsymbol{\alpha} \in L$. 所以 $L$ 是 $\mathbf{R}^n$ 的一个子空间.

如果方程组 $\mathbf{AX} = \mathbf{0}$ 只有零解, 则 $L = \{\mathbf{0}\}, \dim L = 0$.

如果方程组 $\mathbf{AX} = \mathbf{0}$ 有非零解, 则 $\mathrm{r}(\mathbf{A}) = r < n$. 设方程组的一个基础解系为 $\boldsymbol{\eta}_1, \boldsymbol{\eta}_2, \cdots, \boldsymbol{\eta}_{n-r}$, 则 $L = L(\boldsymbol{\eta}_1, \boldsymbol{\eta}_2, \cdots, \boldsymbol{\eta}_{n-r})$, 即解空间是由基础解系 $\boldsymbol{\eta}_1, \boldsymbol{\eta}_2, \cdots, \boldsymbol{\eta}_{n-r}$ 生成的子空间. 显然, $\dim L(\boldsymbol{\eta}_1, \boldsymbol{\eta}_2, \cdots, \boldsymbol{\eta}_{n-r}) = n - r$.

关于子空间有下面常用的结论.

**定理 4.6** **两个向量组生成相同子空间的充要条件是这两个向量组等价.**

**证明** **必要性** 设 $\boldsymbol{\alpha}_1, \boldsymbol{\alpha}_2, \cdots, \boldsymbol{\alpha}_s$ 与 $\boldsymbol{\beta}_1, \boldsymbol{\beta}_2, \cdots, \boldsymbol{\beta}_t$ 是两个向量组. 如果 $L(\boldsymbol{\alpha}_1, \boldsymbol{\alpha}_2, \cdots, \boldsymbol{\alpha}_s) = L(\boldsymbol{\beta}_1, \boldsymbol{\beta}_2, \cdots, \boldsymbol{\beta}_t)$, 则每个向量 $\boldsymbol{\alpha}_i (i = 1, 2, \cdots, s)$ 作为 $L(\boldsymbol{\beta}_1, \boldsymbol{\beta}_2, \cdots, \boldsymbol{\beta}_t)$ 中的向量都可以由 $\boldsymbol{\beta}_1, \boldsymbol{\beta}_2, \cdots, \boldsymbol{\beta}_t$ 线性表示; 同样, 每个向量 $\boldsymbol{\beta}_j (j = 1, 2, \cdots, t)$ 作为 $L(\boldsymbol{\alpha}_1, \boldsymbol{\alpha}_2, \cdots, \boldsymbol{\alpha}_s)$ 中的向量也都可以由 $\boldsymbol{\alpha}_1, \boldsymbol{\alpha}_2, \cdots, \boldsymbol{\alpha}_s$ 线性表示. 因此 $\{\boldsymbol{\alpha}_1, \boldsymbol{\alpha}_2, \cdots, \boldsymbol{\alpha}_s\} \cong \{\boldsymbol{\beta}_1, \boldsymbol{\beta}_2, \cdots, \boldsymbol{\beta}_t\}$.

**充分性** 若 $\{\boldsymbol{\alpha}_1, \boldsymbol{\alpha}_2, \cdots, \boldsymbol{\alpha}_s\} \cong \{\boldsymbol{\beta}_1, \boldsymbol{\beta}_2, \cdots, \boldsymbol{\beta}_t\}$, 则凡是可以由 $\boldsymbol{\alpha}_1, \boldsymbol{\alpha}_2, \cdots, \boldsymbol{\alpha}_s$ 线性表示的向量都可以由 $\boldsymbol{\beta}_1, \boldsymbol{\beta}_2, \cdots, \boldsymbol{\beta}_t$ 线性表示, 反过来也一样, 从而有

$$L(\boldsymbol{\alpha}_1, \boldsymbol{\alpha}_2, \cdots, \boldsymbol{\alpha}_s) = L(\boldsymbol{\beta}_1, \boldsymbol{\beta}_2, \cdots, \boldsymbol{\beta}_t).$$

## 习题 4.3

1. 在 $\mathbf{R}^4$ 中，求向量组 $\boldsymbol{\alpha}_i(i=1,2,3,4)$ 生成的子空间的基与维数：

(1) $\begin{cases}\boldsymbol{\alpha}_1=(2,1,3,1)^{\mathrm{T}},\\ \boldsymbol{\alpha}_2=(1,2,0,1)^{\mathrm{T}},\\ \boldsymbol{\alpha}_3=(-1,1,-3,0)^{\mathrm{T}},\\ \boldsymbol{\alpha}_4=(1,1,1,1)^{\mathrm{T}};\end{cases}$ (2) $\begin{cases}\boldsymbol{\alpha}_1=(2,1,3,-1)^{\mathrm{T}},\\ \boldsymbol{\alpha}_2=(-1,1,3,1)^{\mathrm{T}},\\ \boldsymbol{\alpha}_3=(4,5,3,-1)^{\mathrm{T}},\\ \boldsymbol{\alpha}_4=(1,5,-3,1)^{\mathrm{T}}.\end{cases}$

2. 求齐次线性方程组

$$\begin{cases}3x_1+2x_2-5x_3+4x_4=0,\\ 3x_1-4x_2+11x_3-10x_4=0,\\ 3x_1+5x_2-13x_3+11x_4=0\end{cases}$$

的解空间的维数和一组基.

# 第四节 向量内积

## 一、向量内积

**定义 4.6** 给定 $\mathbf{R}^n$ 中的向量

$$\boldsymbol{\alpha}=\begin{pmatrix}a_1\\a_2\\\vdots\\a_n\end{pmatrix},\quad \boldsymbol{\beta}=\begin{pmatrix}b_1\\b_2\\\vdots\\b_n\end{pmatrix},$$

实数

$$a_1b_1+a_2b_2+\cdots+a_nb_n=\sum_{i=1}^{n}a_ib_i$$

称为向量 $\boldsymbol{\alpha}$ 与 $\boldsymbol{\beta}$ 的**内积**，记作 $\boldsymbol{\alpha}^{\mathrm{T}}\boldsymbol{\beta}$，即 $\boldsymbol{\alpha}^{\mathrm{T}}\boldsymbol{\beta}=\sum\limits_{i=1}^{n}a_ib_i$.

**例 1** 设向量 $\boldsymbol{\alpha}=(4,3,-1,2)^{\mathrm{T}},\boldsymbol{\beta}=(1,2,3,-1)^{\mathrm{T}}$，则

$$\boldsymbol{\alpha}^{\mathrm{T}}\boldsymbol{\beta}=4\times1+3\times2+(-1)\times3+2\times(-1)=5.$$

根据定义 4.6 易证内积具有下列性质：

(1) $\boldsymbol{\alpha}^{\mathrm{T}}\boldsymbol{\beta}=\boldsymbol{\beta}^{\mathrm{T}}\boldsymbol{\alpha}$;

(2) $(k\boldsymbol{\alpha})^{\mathrm{T}}\boldsymbol{\beta}=k\boldsymbol{\alpha}^{\mathrm{T}}\boldsymbol{\beta}$;

(3) $(\boldsymbol{\alpha}+\boldsymbol{\beta})^{\mathrm{T}}\boldsymbol{\gamma}=\boldsymbol{\alpha}^{\mathrm{T}}\boldsymbol{\gamma}+\boldsymbol{\beta}^{\mathrm{T}}\boldsymbol{\gamma}$;

(4) $\boldsymbol{\alpha}^{\mathrm{T}}\boldsymbol{\alpha}\geqslant0$，当且仅当 $\boldsymbol{\alpha}=\mathbf{0}$ 时，$\boldsymbol{\alpha}^{\mathrm{T}}\boldsymbol{\alpha}=0$;

(5) $\boldsymbol{\alpha}^{\mathrm{T}}(k\boldsymbol{\beta}) = k\boldsymbol{\alpha}^{\mathrm{T}}\boldsymbol{\beta}$;

(6) $\boldsymbol{\alpha}^{\mathrm{T}}(\boldsymbol{\beta}+\boldsymbol{\gamma}) = \boldsymbol{\alpha}^{\mathrm{T}}\boldsymbol{\beta}+\boldsymbol{\alpha}^{\mathrm{T}}\boldsymbol{\gamma}$,

其中 $\boldsymbol{\alpha},\boldsymbol{\beta},\boldsymbol{\gamma}$ 为 $\mathbf{R}^n$ 中的任意向量,$k$ 为 $\mathbf{R}$ 中的任意实数.

## 二、向量长度

**定义 4.7** 设 $\boldsymbol{\alpha}$ 为 $\mathbf{R}^n$ 中的任意向量,将非负实数 $\sqrt{\boldsymbol{\alpha}^{\mathrm{T}}\boldsymbol{\alpha}}$ 称为向量 $\boldsymbol{\alpha}$ 的**长度**,记作 $\|\boldsymbol{\alpha}\|$,即若 $\boldsymbol{\alpha} = (a_1,a_2,\cdots,a_n)^{\mathrm{T}}$,则有

$$\|\boldsymbol{\alpha}\| = \sqrt{a_1^2+a_2^2+\cdots+a_n^2}.$$

**例 2** 设向量 $\boldsymbol{\alpha} = (5,3)^{\mathrm{T}}$,则 $\|\boldsymbol{\alpha}\| = \sqrt{25+9} = \sqrt{34}$.

长度为 1 的向量称为**单位向量**.

向量的长度也称为**范数**,具有以下性质:

(1) $\|\boldsymbol{\alpha}\| \geqslant 0$,当且仅当 $\boldsymbol{\alpha} = \mathbf{0}$ 时,$\|\boldsymbol{\alpha}\| = 0$;

(2) 对任意向量 $\boldsymbol{\alpha}$ 和任意实数 $k$,都有

$$\|k\boldsymbol{\alpha}\| = |k|\cdot\|\boldsymbol{\alpha}\|;$$

根据此性质,可将任意非零向量单位化(或标准化). 设 $\boldsymbol{\alpha}$ 为非零向量,则向量 $\boldsymbol{\varepsilon} = \dfrac{\boldsymbol{\alpha}}{\|\boldsymbol{\alpha}\|}$ 为单位向量. 这是因为

$$\|\boldsymbol{\varepsilon}\| = \left\|\frac{\boldsymbol{\alpha}}{\|\boldsymbol{\alpha}\|}\right\| = \frac{1}{\|\boldsymbol{\alpha}\|}\|\boldsymbol{\alpha}\| = 1.$$

(3) 对于任意向量 $\boldsymbol{\alpha} = \begin{pmatrix} a_1 \\ a_2 \\ \vdots \\ a_n \end{pmatrix}$,$\boldsymbol{\beta} = \begin{pmatrix} b_1 \\ b_2 \\ \vdots \\ b_n \end{pmatrix}$,有

$$|\boldsymbol{\alpha}^{\mathrm{T}}\boldsymbol{\beta}| \leqslant \|\boldsymbol{\alpha}\|\cdot\|\boldsymbol{\beta}\|$$

或

$$\left|\sum_{i=1}^{n} a_i b_i\right| \leqslant \sqrt{\sum_{i=1}^{n} a_i^2}\cdot\sqrt{\sum_{i=1}^{n} b_i^2},$$

当且仅当 $\boldsymbol{\alpha}$ 和 $\boldsymbol{\beta}$ 线性相关时,等号成立. 上述不等式称为柯西-施瓦茨(Cauchy-Schwarz)不等式.

**证明** 情形一. 如果 $\boldsymbol{\alpha}$ 和 $\boldsymbol{\beta}$ 线性相关,当 $\boldsymbol{\alpha}$ 和 $\boldsymbol{\beta}$ 两者都为零或之一为零时,显然有 $|\boldsymbol{\alpha}^{\mathrm{T}}\boldsymbol{\beta}| = \|\boldsymbol{\alpha}\|\cdot\|\boldsymbol{\beta}\|$.

因此,设 $\boldsymbol{\alpha}$ 和 $\boldsymbol{\beta}$ 为非零向量,且 $\boldsymbol{\beta} = k\boldsymbol{\alpha}$($k$ 为实数),于是

$$|\boldsymbol{\alpha}^{\mathrm{T}}\boldsymbol{\beta}| = |\boldsymbol{\alpha}^{\mathrm{T}}(k\boldsymbol{\alpha})| = |k\boldsymbol{\alpha}^{\mathrm{T}}\boldsymbol{\alpha}| = |k|\cdot\|\boldsymbol{\alpha}\|^2.$$

由于 $\boldsymbol{\beta} = k\boldsymbol{\alpha}$,则 $\|\boldsymbol{\beta}\| = |k|\cdot\|\boldsymbol{\alpha}\|$,因此

$$|\boldsymbol{\alpha}^{\mathrm{T}}\boldsymbol{\beta}| = |k|\cdot\|\boldsymbol{\alpha}\|^2 = \|\boldsymbol{\alpha}\|\cdot\|\boldsymbol{\beta}\|.$$

情形二. 如果 $\boldsymbol{\alpha}$ 和 $\boldsymbol{\beta}$ 线性无关,则 $\boldsymbol{\alpha}$ 和 $\boldsymbol{\beta}$ 均为非零向量,且对任意实数 $k$,有 $\boldsymbol{\alpha}+k\boldsymbol{\beta} \neq$

$\mathbf{0}$. 于是

$$\begin{aligned}\|\boldsymbol{\alpha}+k\boldsymbol{\beta}\|^2&=(\boldsymbol{\alpha}+k\boldsymbol{\beta})^{\mathrm{T}}(\boldsymbol{\alpha}+k\boldsymbol{\beta})\\&=\|\boldsymbol{\alpha}\|^2+2k\boldsymbol{\alpha}^{\mathrm{T}}\boldsymbol{\beta}+k^2\|\boldsymbol{\beta}\|^2\\&=\left(\frac{\boldsymbol{\alpha}^{\mathrm{T}}\boldsymbol{\beta}}{\|\boldsymbol{\beta}\|}+k\|\boldsymbol{\beta}\|\right)^2+\|\boldsymbol{\alpha}\|^2-\left(\frac{\boldsymbol{\alpha}^{\mathrm{T}}\boldsymbol{\beta}}{\|\boldsymbol{\beta}\|}\right)^2>0.\end{aligned}\tag{4.3}$$

对任意实数 $k$,上述不等式成立.特别地,选 $k=k_0$,且 $k_0$ 满足下式

$$\frac{\boldsymbol{\alpha}^{\mathrm{T}}\boldsymbol{\beta}}{\|\boldsymbol{\beta}\|}+k_0\|\boldsymbol{\beta}\|=0,$$

由式(4.3)有 $\|\boldsymbol{\alpha}\|^2-\dfrac{(\boldsymbol{\alpha}^{\mathrm{T}}\boldsymbol{\beta})^2}{\|\boldsymbol{\beta}\|^2}>0$,即 $(\boldsymbol{\alpha}^{\mathrm{T}}\boldsymbol{\beta})^2<\|\boldsymbol{\alpha}\|^2\cdot\|\boldsymbol{\beta}\|^2$,两端开方得

$$|\boldsymbol{\alpha}^{\mathrm{T}}\boldsymbol{\beta}|<\|\boldsymbol{\alpha}\|\cdot\|\boldsymbol{\beta}\|.$$

综合上述两种情形就证明了本定理.

## 三、向量正交

**定义 4.8** 如果 $\boldsymbol{\alpha}$ 和 $\boldsymbol{\beta}$ 的内积等于零,即 $\boldsymbol{\alpha}^{\mathrm{T}}\boldsymbol{\beta}=0$,则称向量 $\boldsymbol{\alpha}$ 和 $\boldsymbol{\beta}$ 互为**正交向量**.

如果非零向量组 $\boldsymbol{\alpha}_1,\boldsymbol{\alpha}_2,\cdots,\boldsymbol{\alpha}_s$ 中的向量两两正交,即 $\boldsymbol{\alpha}_i^{\mathrm{T}}\boldsymbol{\alpha}_j=0(i\neq j;i,j=1,2,\cdots,s)$,则称该向量组为**正交向量组**.

由此定义可得如下性质:

(1) 零向量与任何向量正交;

(2) 与自身正交的向量只有零向量;

(3) 正交向量组是线性无关的;

**证明** 设向量组 $\boldsymbol{\alpha}_1,\boldsymbol{\alpha}_2,\cdots,\boldsymbol{\alpha}_s$ 是正交向量组,要证 $\boldsymbol{\alpha}_1,\boldsymbol{\alpha}_2,\cdots,\boldsymbol{\alpha}_s$ 是线性无关的.设有数 $k_1,k_2,\cdots,k_s$,使得

$$k_1\boldsymbol{\alpha}_1+k_2\boldsymbol{\alpha}_2+\cdots+k_s\boldsymbol{\alpha}_s=\mathbf{0},$$

上式两端与正交向量组中的任意向量 $\boldsymbol{\alpha}_i$ 做内积得

$$\boldsymbol{\alpha}_i^{\mathrm{T}}(k_1\boldsymbol{\alpha}_1+k_2\boldsymbol{\alpha}_2+\cdots+k_s\boldsymbol{\alpha}_s)=0,$$

于是

$$k_1\boldsymbol{\alpha}_i^{\mathrm{T}}\boldsymbol{\alpha}_1+k_2\boldsymbol{\alpha}_i^{\mathrm{T}}\boldsymbol{\alpha}_2+\cdots+k_s\boldsymbol{\alpha}_i^{\mathrm{T}}\boldsymbol{\alpha}_s=0.$$

因为 $\boldsymbol{\alpha}_i^{\mathrm{T}}\boldsymbol{\alpha}_j=0(i\neq j)$,所以有

$$k_i\boldsymbol{\alpha}_i^{\mathrm{T}}\boldsymbol{\alpha}_i=0.$$

由于 $\boldsymbol{\alpha}_i\neq\mathbf{0}$,$\boldsymbol{\alpha}_i^{\mathrm{T}}\boldsymbol{\alpha}_i>0$,因此 $k_i=0$.由 $\boldsymbol{\alpha}_i$ 的任意性,可以推出 $k_1=k_2=\cdots=k_s=0$,所以向量组 $\boldsymbol{\alpha}_1,\boldsymbol{\alpha}_2,\cdots,\boldsymbol{\alpha}_s$ 是线性无关的.

(4) 对任意向量 $\boldsymbol{\alpha}$ 和 $\boldsymbol{\beta}$ 有三角不等式

$$\|\boldsymbol{\alpha}+\boldsymbol{\beta}\|\leqslant\|\boldsymbol{\alpha}\|+\|\boldsymbol{\beta}\|,$$

当且仅当 $\boldsymbol{\alpha}$ 与 $\boldsymbol{\beta}$ 正交时,有

$$\|\boldsymbol{\alpha}+\boldsymbol{\beta}\|^2=\|\boldsymbol{\alpha}\|^2+\|\boldsymbol{\beta}\|^2.$$

**证明** 根据内积的性质得

$$\|\boldsymbol{\alpha}+\boldsymbol{\beta}\|^2=(\boldsymbol{\alpha}+\boldsymbol{\beta})^{\mathrm{T}}(\boldsymbol{\alpha}+\boldsymbol{\beta})=\|\boldsymbol{\alpha}\|^2+2\boldsymbol{\alpha}^{\mathrm{T}}\boldsymbol{\beta}+\|\boldsymbol{\beta}\|^2.$$

根据柯西-施瓦茨不等式得

$$\begin{aligned}\|\boldsymbol{\alpha}+\boldsymbol{\beta}\|^2&\leqslant\|\boldsymbol{\alpha}\|^2+2\|\boldsymbol{\alpha}\|\cdot\|\boldsymbol{\beta}\|+\|\boldsymbol{\beta}\|^2\\&=(\|\boldsymbol{\alpha}\|+\|\boldsymbol{\beta}\|)^2,\end{aligned}$$

两端开方得

$$\|\boldsymbol{\alpha}+\boldsymbol{\beta}\|\leqslant\|\boldsymbol{\alpha}\|+\|\boldsymbol{\beta}\|.$$

当且仅当 $\boldsymbol{\alpha}$ 与 $\boldsymbol{\beta}$ 正交,即 $\boldsymbol{\alpha}^{\mathrm{T}}\boldsymbol{\beta}=0$ 时,有

$$\|\boldsymbol{\alpha}+\boldsymbol{\beta}\|^2=\|\boldsymbol{\alpha}\|^2+\|\boldsymbol{\beta}\|^2.$$

## 习题 4.4

1. 填空题:

(1) 已知 $\boldsymbol{\alpha}=(1,-2,3,4)^{\mathrm{T}}$,$\boldsymbol{\beta}=(0,a,2,-1)^{\mathrm{T}}$,若 $\boldsymbol{\alpha}$ 与 $\boldsymbol{\beta}$ 正交,则 $a=$ ________.

(2) 设 $\|\boldsymbol{\alpha}\|=1$,$\|\boldsymbol{\beta}\|=2$,则 $\|2\boldsymbol{\alpha}-3\boldsymbol{\beta}\|^2+\|2\boldsymbol{\alpha}+3\boldsymbol{\beta}\|^2=$ ________.

(3) 设向量 $\boldsymbol{\alpha}$ 为与向量 $\boldsymbol{\beta}=(1,1,1)^{\mathrm{T}}$ 和 $\boldsymbol{\gamma}=(1,-1,0)^{\mathrm{T}}$ 正交的单位向量,则 $\boldsymbol{\alpha}=$ ________.

2. 证明:

(1) $\|\boldsymbol{\alpha}-\boldsymbol{\gamma}\|\leqslant\|\boldsymbol{\alpha}-\boldsymbol{\beta}\|+\|\boldsymbol{\beta}-\boldsymbol{\gamma}\|$;

(2) $|\,\|\boldsymbol{\alpha}\|-\|\boldsymbol{\beta}\|\,|\leqslant\|\boldsymbol{\alpha}+\boldsymbol{\beta}\|$;

(3) $\|\boldsymbol{\alpha}+\boldsymbol{\beta}\|^2+\|\boldsymbol{\alpha}-\boldsymbol{\beta}\|^2=2\|\boldsymbol{\alpha}\|^2+2\|\boldsymbol{\beta}\|^2$;

(4) $\boldsymbol{\alpha}^{\mathrm{T}}\boldsymbol{\beta}=\dfrac{1}{4}\|\boldsymbol{\alpha}+\boldsymbol{\beta}\|^2-\dfrac{1}{4}\|\boldsymbol{\alpha}-\boldsymbol{\beta}\|^2$.

# 第五节 正交矩阵

## 一、$\mathbf{R}^n$ 的标准正交基

**定义 4.9** 如果 $\mathbf{R}^n$ 中的 $n$ 个向量 $\boldsymbol{\eta}_1,\boldsymbol{\eta}_2,\cdots,\boldsymbol{\eta}_n$ 满足:

(1) 两两正交,即 $\boldsymbol{\eta}_i^{\mathrm{T}}\boldsymbol{\eta}_j=0(i\neq j;i,j=1,2,\cdots,n)$;

(2) 都是单位向量,即 $\|\boldsymbol{\eta}_i\|=1(i=1,2,\cdots,n)$,

则称 $\boldsymbol{\eta}_1,\boldsymbol{\eta}_2,\cdots,\boldsymbol{\eta}_n$ 为 $\mathbf{R}^n$ 的一组**标准正交基**.

$\mathbf{R}^n$ 中的基本单位向量组

$$\boldsymbol{\varepsilon}_1=\begin{pmatrix}1\\0\\\vdots\\0\end{pmatrix},\quad \boldsymbol{\varepsilon}_2=\begin{pmatrix}0\\1\\\vdots\\0\end{pmatrix},\quad \cdots,\quad \boldsymbol{\varepsilon}_n=\begin{pmatrix}0\\\vdots\\0\\1\end{pmatrix}$$

是 $\mathbf{R}^n$ 中常用的一组标准正交基.

## 二、正交矩阵及其性质

**定义 4.10** 若实数域 $\mathbf{R}$ 上的 $n$ 阶方阵 $\boldsymbol{Q}$ 满足 $\boldsymbol{Q}^{\mathrm{T}}\boldsymbol{Q}=\boldsymbol{E}$,则称 $\boldsymbol{Q}$ 为正交矩阵.

**例 1** 已知

$$\boldsymbol{Q}=\begin{pmatrix}\cos\theta & -\sin\theta\\ \sin\theta & \cos\theta\end{pmatrix},$$

可以验证 $\boldsymbol{Q}^{\mathrm{T}}\boldsymbol{Q}=\boldsymbol{E}$,所以 $\boldsymbol{Q}$ 是一个正交矩阵.

设 $\mathbf{R}^n$ 的两组标准正交基 $\boldsymbol{\xi}_1,\boldsymbol{\xi}_2,\cdots,\boldsymbol{\xi}_n$ 与 $\boldsymbol{\eta}_1,\boldsymbol{\eta}_2,\cdots,\boldsymbol{\eta}_n$ 之间的过渡矩阵为 $\boldsymbol{A}$,那么有

$$(\boldsymbol{\eta}_1,\boldsymbol{\eta}_2,\cdots,\boldsymbol{\eta}_n)=(\boldsymbol{\xi}_1,\boldsymbol{\xi}_2,\cdots,\boldsymbol{\xi}_n)\boldsymbol{A}.$$

令 $(\boldsymbol{\eta}_1,\boldsymbol{\eta}_2,\cdots,\boldsymbol{\eta}_n)=\boldsymbol{B}$,$(\boldsymbol{\xi}_1,\boldsymbol{\xi}_2,\cdots,\boldsymbol{\xi}_n)=\boldsymbol{C}$,则 $\boldsymbol{B}=\boldsymbol{C}\boldsymbol{A}$. 又

$$\boldsymbol{B}^{\mathrm{T}}=\begin{pmatrix}\boldsymbol{\eta}_1^{\mathrm{T}}\\\boldsymbol{\eta}_2^{\mathrm{T}}\\\vdots\\\boldsymbol{\eta}_n^{\mathrm{T}}\end{pmatrix},\quad \boldsymbol{C}^{\mathrm{T}}=\begin{pmatrix}\boldsymbol{\xi}_1^{\mathrm{T}}\\\boldsymbol{\xi}_2^{\mathrm{T}}\\\vdots\\\boldsymbol{\xi}_n^{\mathrm{T}}\end{pmatrix},$$

故

$$\boldsymbol{B}^{\mathrm{T}}\boldsymbol{B}=\begin{pmatrix}\boldsymbol{\eta}_1^{\mathrm{T}}\\\boldsymbol{\eta}_2^{\mathrm{T}}\\\vdots\\\boldsymbol{\eta}_n^{\mathrm{T}}\end{pmatrix}(\boldsymbol{\eta}_1,\boldsymbol{\eta}_2,\cdots,\boldsymbol{\eta}_n)=\begin{pmatrix}\boldsymbol{\eta}_1^{\mathrm{T}}\boldsymbol{\eta}_1 & \boldsymbol{\eta}_1^{\mathrm{T}}\boldsymbol{\eta}_2 & \cdots & \boldsymbol{\eta}_1^{\mathrm{T}}\boldsymbol{\eta}_n\\ \boldsymbol{\eta}_2^{\mathrm{T}}\boldsymbol{\eta}_1 & \boldsymbol{\eta}_2^{\mathrm{T}}\boldsymbol{\eta}_2 & \cdots & \boldsymbol{\eta}_2^{\mathrm{T}}\boldsymbol{\eta}_n\\ \vdots & \vdots & & \vdots\\ \boldsymbol{\eta}_n^{\mathrm{T}}\boldsymbol{\eta}_1 & \boldsymbol{\eta}_n^{\mathrm{T}}\boldsymbol{\eta}_2 & \cdots & \boldsymbol{\eta}_n^{\mathrm{T}}\boldsymbol{\eta}_n\end{pmatrix}=\boldsymbol{E}.$$

同理,$\boldsymbol{C}^{\mathrm{T}}\boldsymbol{C}=\boldsymbol{E}$,从而有 $\boldsymbol{E}=\boldsymbol{B}^{\mathrm{T}}\boldsymbol{B}=\boldsymbol{A}^{\mathrm{T}}\boldsymbol{C}^{\mathrm{T}}\boldsymbol{C}\boldsymbol{A}=\boldsymbol{A}^{\mathrm{T}}\boldsymbol{A}$,即两组标准正交基间的过渡矩阵 $\boldsymbol{A}$ 是正交矩阵.

正交矩阵具有下列性质:

(1) 若 $\boldsymbol{Q}$ 为正交矩阵,则 $|\boldsymbol{Q}|=1$ 或 $|\boldsymbol{Q}|=-1$;

(2) 若 $\boldsymbol{Q}$ 为正交矩阵,则 $\boldsymbol{Q}$ 可逆,且 $\boldsymbol{Q}^{-1}=\boldsymbol{Q}^{\mathrm{T}}$;

(3) 若 $\boldsymbol{P}$ 和 $\boldsymbol{Q}$ 都是 $n$ 阶正交矩阵,则 $\boldsymbol{PQ}$ 是 $n$ 阶正交矩阵;

(4) $n$ 阶方阵 $\boldsymbol{Q}$ 为正交矩阵的充要条件是 $\boldsymbol{Q}^{-1}=\boldsymbol{Q}^{\mathrm{T}}$.

**定理 4.7** 设 $\boldsymbol{Q}_{n\times n}=(\boldsymbol{\alpha}_1,\boldsymbol{\alpha}_2,\cdots,\boldsymbol{\alpha}_n)$,其中 $\boldsymbol{\alpha}_1,\boldsymbol{\alpha}_2,\cdots,\boldsymbol{\alpha}_n$ 为矩阵 $\boldsymbol{Q}$ 的列向量组,则 $\boldsymbol{Q}$ 为正交矩阵的充要条件是 $\boldsymbol{\alpha}_1,\boldsymbol{\alpha}_2,\cdots,\boldsymbol{\alpha}_n$ 为 $\mathbf{R}^n$ 的一组标准正交基.

**证明　必要性**　若 $Q$ 为正交矩阵,则

$$Q^TQ=\begin{pmatrix}\boldsymbol{\alpha}_1^T\boldsymbol{\alpha}_1 & \boldsymbol{\alpha}_1^T\boldsymbol{\alpha}_2 & \cdots & \boldsymbol{\alpha}_1^T\boldsymbol{\alpha}_n\\ \boldsymbol{\alpha}_2^T\boldsymbol{\alpha}_1 & \boldsymbol{\alpha}_2^T\boldsymbol{\alpha}_2 & \cdots & \boldsymbol{\alpha}_2^T\boldsymbol{\alpha}_n\\ \vdots & \vdots & & \vdots\\ \boldsymbol{\alpha}_n^T\boldsymbol{\alpha}_1 & \boldsymbol{\alpha}_n^T\boldsymbol{\alpha}_2 & \cdots & \boldsymbol{\alpha}_n^T\boldsymbol{\alpha}_n\end{pmatrix}=\boldsymbol{E},$$

所以

$$\boldsymbol{\alpha}_i^T\boldsymbol{\alpha}_j=\begin{cases}1, & i=j,\\ 0, & i\neq j\end{cases}\quad (i,j=1,2,\cdots,n),$$

即 $\boldsymbol{\alpha}_1,\boldsymbol{\alpha}_2,\cdots,\boldsymbol{\alpha}_n$ 为 $\mathbf{R}^n$ 的一组标准正交基.

**充分性**　若 $\boldsymbol{\alpha}_1,\boldsymbol{\alpha}_2,\cdots,\boldsymbol{\alpha}_n$ 为 $\mathbf{R}^n$ 的一组标准正交基,则

$$\boldsymbol{\alpha}_i^T\boldsymbol{\alpha}_j=\begin{cases}1, & i=j,\\ 0, & i\neq j\end{cases}\quad (i,j=1,2,\cdots,n),$$

故

$$Q^TQ=\begin{pmatrix}\boldsymbol{\alpha}_1^T\boldsymbol{\alpha}_1 & \boldsymbol{\alpha}_1^T\boldsymbol{\alpha}_2 & \cdots & \boldsymbol{\alpha}_1^T\boldsymbol{\alpha}_n\\ \boldsymbol{\alpha}_2^T\boldsymbol{\alpha}_1 & \boldsymbol{\alpha}_2^T\boldsymbol{\alpha}_2 & \cdots & \boldsymbol{\alpha}_2^T\boldsymbol{\alpha}_n\\ \vdots & \vdots & & \vdots\\ \boldsymbol{\alpha}_n^T\boldsymbol{\alpha}_1 & \boldsymbol{\alpha}_n^T\boldsymbol{\alpha}_2 & \cdots & \boldsymbol{\alpha}_n^T\boldsymbol{\alpha}_n\end{pmatrix}=\boldsymbol{E},$$

即 $Q$ 为正交矩阵.

综上,$Q$ 为正交矩阵的充要条件是 $\boldsymbol{\alpha}_1,\boldsymbol{\alpha}_2,\cdots,\boldsymbol{\alpha}_n$ 为 $\mathbf{R}^n$ 的一组标准正交基.

类似可得,$Q$ 为正交矩阵的充要条件是 $Q$ 的行向量组为 $\mathbf{R}^n$ 的一组标准正交基.

## 三、标准正交基的求法

给定 $\mathbf{R}^n$ 的任意一组基,将它变为标准正交基的步骤如下:

(1) 利用施密特(Schmidt)正交化方法,将这组基生成 $n$ 个向量的等价的正交向量组;

(2) 将正交向量组的每个向量单位化(标准化),这样就得到 $\mathbf{R}^n$ 的一组标准正交基.

施密特正交化方法如下:

给定线性无关的向量组 $\boldsymbol{\alpha}_1,\boldsymbol{\alpha}_2,\cdots,\boldsymbol{\alpha}_s$,由其生成等价的正交向量组 $\boldsymbol{\beta}_1,\boldsymbol{\beta}_2,\cdots,\boldsymbol{\beta}_s$ 的公式为

$$\boldsymbol{\beta}_1=\boldsymbol{\alpha}_1,$$

$$\boldsymbol{\beta}_2=\boldsymbol{\alpha}_2-\frac{\boldsymbol{\alpha}_2^T\boldsymbol{\beta}_1}{\boldsymbol{\beta}_1^T\boldsymbol{\beta}_1}\boldsymbol{\beta}_1,$$

$$\boldsymbol{\beta}_3=\boldsymbol{\alpha}_3-\frac{\boldsymbol{\alpha}_3^T\boldsymbol{\beta}_1}{\boldsymbol{\beta}_1^T\boldsymbol{\beta}_1}\boldsymbol{\beta}_1-\frac{\boldsymbol{\alpha}_3^T\boldsymbol{\beta}_2}{\boldsymbol{\beta}_2^T\boldsymbol{\beta}_2}\boldsymbol{\beta}_2,$$

……

$$\boldsymbol{\beta}_s=\boldsymbol{\alpha}_s-\frac{\boldsymbol{\alpha}_s^T\boldsymbol{\beta}_1}{\boldsymbol{\beta}_1^T\boldsymbol{\beta}_1}\boldsymbol{\beta}_1-\frac{\boldsymbol{\alpha}_s^T\boldsymbol{\beta}_2}{\boldsymbol{\beta}_2^T\boldsymbol{\beta}_2}\boldsymbol{\beta}_2-\cdots-\frac{\boldsymbol{\alpha}_s^T\boldsymbol{\beta}_{s-1}}{\boldsymbol{\beta}_{s-1}^T\boldsymbol{\beta}_{s-1}}\boldsymbol{\beta}_{s-1}.$$

**例 2** 设向量组

$$\boldsymbol{\alpha}_1=\begin{pmatrix}1\\0\\1\end{pmatrix},\quad \boldsymbol{\alpha}_2=\begin{pmatrix}1\\1\\0\end{pmatrix},\quad \boldsymbol{\alpha}_3=\begin{pmatrix}0\\1\\1\end{pmatrix}$$

为 $\mathbf{R}^3$ 的一组基，将其化为标准正交基.

**解** (1) 利用施密特正交化方法将其化为正交向量组：

$$\boldsymbol{\beta}_1=\boldsymbol{\alpha}_1=\begin{pmatrix}1\\0\\1\end{pmatrix},$$

$$\boldsymbol{\beta}_2=\boldsymbol{\alpha}_2-\frac{\boldsymbol{\alpha}_2^{\mathrm{T}}\boldsymbol{\beta}_1}{\boldsymbol{\beta}_1^{\mathrm{T}}\boldsymbol{\beta}_1}\boldsymbol{\beta}_1=\begin{pmatrix}1\\1\\0\end{pmatrix}-\frac{1}{2}\begin{pmatrix}1\\0\\1\end{pmatrix}=\begin{pmatrix}\frac{1}{2}\\1\\-\frac{1}{2}\end{pmatrix},$$

$$\boldsymbol{\beta}_3=\boldsymbol{\alpha}_3-\frac{\boldsymbol{\alpha}_3^{\mathrm{T}}\boldsymbol{\beta}_1}{\boldsymbol{\beta}_1^{\mathrm{T}}\boldsymbol{\beta}_1}\boldsymbol{\beta}_1-\frac{\boldsymbol{\alpha}_3^{\mathrm{T}}\boldsymbol{\beta}_2}{\boldsymbol{\beta}_2^{\mathrm{T}}\boldsymbol{\beta}_2}\boldsymbol{\beta}_2$$

$$=\begin{pmatrix}0\\1\\1\end{pmatrix}-\frac{1}{2}\begin{pmatrix}1\\0\\1\end{pmatrix}-\frac{\frac{1}{2}}{\frac{3}{2}}\begin{pmatrix}\frac{1}{2}\\1\\-\frac{1}{2}\end{pmatrix}=\begin{pmatrix}-\frac{2}{3}\\\frac{2}{3}\\\frac{2}{3}\end{pmatrix}.$$

(2) 将 $\boldsymbol{\beta}_1,\boldsymbol{\beta}_2,\boldsymbol{\beta}_3$ 标准化：

$$\boldsymbol{\eta}_1=\frac{\boldsymbol{\beta}_1}{\|\boldsymbol{\beta}_1\|}=\begin{pmatrix}\frac{1}{\sqrt{2}}\\0\\\frac{1}{\sqrt{2}}\end{pmatrix},\quad \boldsymbol{\eta}_2=\frac{\boldsymbol{\beta}_2}{\|\boldsymbol{\beta}_2\|}=\begin{pmatrix}\frac{1}{\sqrt{6}}\\\frac{2}{\sqrt{6}}\\-\frac{1}{\sqrt{6}}\end{pmatrix},\quad \boldsymbol{\eta}_3=\frac{\boldsymbol{\beta}_3}{\|\boldsymbol{\beta}_3\|}=\begin{pmatrix}-\frac{1}{\sqrt{3}}\\\frac{1}{\sqrt{3}}\\\frac{1}{\sqrt{3}}\end{pmatrix},$$

则 $\boldsymbol{\eta}_1,\boldsymbol{\eta}_2,\boldsymbol{\eta}_3$ 是 $\mathbf{R}^3$ 的一组标准正交基.

## 习题 4.5

1. 将下列向量单位正交化：

   (1) $\boldsymbol{\alpha}_1=(1,-2,2)^{\mathrm{T}},\boldsymbol{\alpha}_2=(-1,0,-1)^{\mathrm{T}},\boldsymbol{\alpha}_3=(5,-3,-7)^{\mathrm{T}}$；

   (2) $\boldsymbol{\alpha}_1=(1,1,1,1)^{\mathrm{T}},\boldsymbol{\alpha}_2=(3,3,-1,-1)^{\mathrm{T}},\boldsymbol{\alpha}_3=(-2,0,6,8)^{\mathrm{T}}$.

2. 设 $\boldsymbol{\alpha}$ 为 $n$ 维列向量，$\boldsymbol{A}$ 为 $n$ 阶正交矩阵，证明：$\|\boldsymbol{A}\boldsymbol{\alpha}\|=\|\boldsymbol{\alpha}\|$.

3. 证明：如果 $\boldsymbol{\eta}_1,\boldsymbol{\eta}_2,\cdots,\boldsymbol{\eta}_n$ 是 $\mathbf{R}^n$ 的一组标准正交基，$\boldsymbol{A}$ 为 $n$ 阶正交矩阵，则 $\boldsymbol{A}\boldsymbol{\eta}_1,\boldsymbol{A}\boldsymbol{\eta}_2,\cdots,\boldsymbol{A}\boldsymbol{\eta}_n$ 也是一组标准正交基.

4. 设 $\boldsymbol{\eta}_1,\boldsymbol{\eta}_2,\boldsymbol{\eta}_3$ 为 $\mathbf{R}^3$ 的一组标准正交基,证明:$\boldsymbol{\xi}_1=\frac{1}{3}(2\boldsymbol{\eta}_1+2\boldsymbol{\eta}_2-\boldsymbol{\eta}_3)$,$\boldsymbol{\xi}_2=\frac{1}{3}(2\boldsymbol{\eta}_1-\boldsymbol{\eta}_2+2\boldsymbol{\eta}_3)$,$\boldsymbol{\xi}_3=\frac{1}{3}(\boldsymbol{\eta}_1-2\boldsymbol{\eta}_2-2\boldsymbol{\eta}_3)$ 也是 $\mathbf{R}^3$ 的一组标准正交基.

5. 求齐次线性方程组

$$\begin{cases}2x_1+x_2-x_3+x_4-3x_5=0,\\ x_1+x_2-x_3\qquad\quad+x_5=0\end{cases}$$

的解空间的一组标准正交基.

# 第五章

# 矩阵的特征值与特征向量

微课视频

矩阵的特征值、特征向量和相似标准形的理论是矩阵理论的重要组成部分. 它们不仅在数学的各分支，如微分方程、差分方程中有重要应用，而且在其他科学技术领域和数量经济分析等领域也有广泛的应用.

# 第一节 矩阵的特征值与特征向量

## 一、矩阵的特征值与特征向量

**定义 5.1** 设 $\boldsymbol{A}$ 是数域 $F$ 上的 $n$ 阶方阵,如果存在数 $\lambda$ 和 $n$ 维非零列向量 $\boldsymbol{\alpha}$,使得关系式

$$\boldsymbol{A\alpha} = \lambda\boldsymbol{\alpha} \tag{5.1}$$

成立,则称数 $\lambda$ 为方阵 $\boldsymbol{A}$ 的一个**特征值**,$n$ 维非零列向量 $\boldsymbol{\alpha}$ 称为 $\boldsymbol{A}$ 的属于特征值 $\lambda$ 的**特征向量**.

**注**:(1) 特征值问题中的矩阵是方阵;(2) 特征向量是非零向量.

将式(5.1)写成

$$(\lambda\boldsymbol{E} - \boldsymbol{A})\boldsymbol{\alpha} = \boldsymbol{0}. \tag{5.2}$$

因为 $\boldsymbol{\alpha} \neq \boldsymbol{0}$,这说明 $\boldsymbol{\alpha}$ 是齐次线性方程组 $(\lambda\boldsymbol{E} - \boldsymbol{A})\boldsymbol{X} = \boldsymbol{0}$ 的非零解,即为

$$\begin{cases} (\lambda - a_{11})x_1 - a_{12}x_2 - \cdots - a_{1n}x_n = 0, \\ -a_{21}x_1 + (\lambda - a_{22})x_2 - \cdots - a_{2n}x_n = 0, \\ \cdots\cdots \\ -a_{n1}x_1 - a_{n2}x_2 - \cdots + (\lambda - a_{nn})x_n = 0 \end{cases}$$

的非零解.该齐次线性方程组有非零解的充要条件是其系数矩阵 $\lambda\boldsymbol{E} - \boldsymbol{A}$ 的行列式等于零,即

$$|\lambda\boldsymbol{E} - \boldsymbol{A}| = 0.$$

易知,方阵 $\boldsymbol{A}$ 的每个特征值都对应无穷多个特征向量.这是因为,如果 $\boldsymbol{\alpha}$ 是 $\boldsymbol{A}$ 的属于特征值 $\lambda$ 的特征向量,那么 $\boldsymbol{\alpha} \neq \boldsymbol{0}$,则对于数域 $F$ 中的任意非零数 $k$,$k\boldsymbol{\alpha} \neq \boldsymbol{0}$,且有

$$\boldsymbol{A}(k\boldsymbol{\alpha}) = k(\boldsymbol{A\alpha}) = k(\lambda\boldsymbol{\alpha}) = \lambda(k\boldsymbol{\alpha}),$$

所以 $k\boldsymbol{\alpha}$ 也是 $\boldsymbol{A}$ 的属于特征值 $\lambda$ 的特征向量.

若 $\boldsymbol{\alpha}_1,\boldsymbol{\alpha}_2$ 都是 $\boldsymbol{A}$ 的属于特征值 $\lambda$ 的特征向量,由于

$$\boldsymbol{A}(\boldsymbol{\alpha}_1 + \boldsymbol{\alpha}_2) = \boldsymbol{A\alpha}_1 + \boldsymbol{A\alpha}_2 = \lambda\boldsymbol{\alpha}_1 + \lambda\boldsymbol{\alpha}_2 = \lambda(\boldsymbol{\alpha}_1 + \boldsymbol{\alpha}_2),$$

则当 $\boldsymbol{\alpha}_1 + \boldsymbol{\alpha}_2 \neq \boldsymbol{0}$ 时,$\boldsymbol{\alpha}_1 + \boldsymbol{\alpha}_2$ 也是 $\boldsymbol{A}$ 的属于特征值 $\boldsymbol{\lambda}$ 的特征向量.

综上所述,可知 $\boldsymbol{A}$ 的属于同一特征值 $\lambda$ 的特征向量的任意非零线性组合也是属于此特征值的特征向量.

**定义 5.2** 设 $\boldsymbol{A}$ 为 $n$ 阶方阵,含有未知量 $\lambda$ 的矩阵 $\lambda\boldsymbol{E} - \boldsymbol{A}$ 称为矩阵 $\boldsymbol{A}$ 的**特征矩阵**,其行列式 $|\lambda\boldsymbol{E} - \boldsymbol{A}|$ 为 $\lambda$ 的 $n$ 次多项式,称为 $\boldsymbol{A}$ 的**特征多项式**,关于 $\lambda$ 的一元 $n$ 次方程 $|\lambda\boldsymbol{E} - \boldsymbol{A}| = 0$ 称为 $\boldsymbol{A}$ 的**特征方程**.

由代数基本定理可知，在复数域中 $\boldsymbol{A}$ 必有 $n$ 个复特征根.

若 $\lambda$ 是矩阵 $\boldsymbol{A}$ 的一个特征值，则一定是特征方程 $|\lambda\boldsymbol{E}-\boldsymbol{A}|=0$ 的根，因此又称 $\lambda$ 为 $\boldsymbol{A}$ 的特征根；若 $\lambda$ 是 $|\lambda\boldsymbol{E}-\boldsymbol{A}|=0$ 的 $n_i$ 重根，则称其为 $\boldsymbol{A}$ 的 $n_i$ 重特征值，方程 $(\lambda\boldsymbol{E}-\boldsymbol{A})\boldsymbol{X}=\boldsymbol{0}$ 的每一个非零解向量都是 $\boldsymbol{A}$ 的对应于 $\lambda$ 的特征向量.

求矩阵 $\boldsymbol{A}$ 的特征值和特征向量的步骤可以归结如下：

(1) 计算特征多项式 $|\lambda\boldsymbol{E}-\boldsymbol{A}|$；

(2) 求出特征方程 $|\lambda\boldsymbol{E}-\boldsymbol{A}|=0$ 的全部根，并记 $\boldsymbol{A}$ 的所有不同的特征值为 $\lambda_1,\lambda_2,\cdots,\lambda_m$；

(3) 对每一个特征值 $\lambda_i(i=1,2,\cdots,m)$，求出关于 $\lambda_i$ 的齐次线性方程组 $(\lambda_i\boldsymbol{E}-\boldsymbol{A})\boldsymbol{X}=\boldsymbol{0}$ 的一个基础解系 $\boldsymbol{\alpha}_1,\boldsymbol{\alpha}_2,\cdots,\boldsymbol{\alpha}_{n-r_i}$，其中 $r_i$ 为矩阵 $\lambda_i\boldsymbol{E}-\boldsymbol{A}$ 的秩，则 $\boldsymbol{A}$ 的属于 $\lambda_i$ 的全部特征向量为

$$k_1\boldsymbol{\alpha}_1+k_2\boldsymbol{\alpha}_2+\cdots+k_{n-r_i}\boldsymbol{\alpha}_{n-r_i},$$

其中 $k_1,k_2,\cdots,k_{n-r_i}(i=1,2,\cdots,m)$ 为数域 $F$ 上不全为零的任意常数.

**例 1** 设矩阵 $\boldsymbol{A}=\begin{pmatrix}3&4\\5&2\end{pmatrix}$，求矩阵 $\boldsymbol{A}$ 的特征值和特征向量.

**解** 矩阵 $\boldsymbol{A}$ 的特征多项式为

$$|\lambda\boldsymbol{E}-\boldsymbol{A}|=\begin{vmatrix}\lambda-3&-4\\-5&\lambda-2\end{vmatrix}=(\lambda-7)(\lambda+2),$$

所以 $\boldsymbol{A}$ 的全部特征值为 $\lambda_1=-2,\lambda_2=7$.

对于 $\lambda_1=-2$，解齐次线性方程组 $(-2\boldsymbol{E}-\boldsymbol{A})\boldsymbol{X}=\boldsymbol{0}$，由

$$-2\boldsymbol{E}-\boldsymbol{A}=\begin{pmatrix}-5&-4\\-5&-4\end{pmatrix}\longrightarrow\begin{pmatrix}1&\frac{4}{5}\\0&0\end{pmatrix},$$

易求得方程组的一个基础解系为

$$\boldsymbol{\alpha}_1=\begin{pmatrix}4\\-5\end{pmatrix}.$$

所以 $\boldsymbol{A}$ 的属于 $\lambda_1=-2$ 的全部特征向量为 $k_1\boldsymbol{\alpha}_1=k_1\begin{pmatrix}4\\-5\end{pmatrix}$（$k_1$ 为任意非零常数）.

对于 $\lambda_2=7$，解齐次线性方程组 $(7\boldsymbol{E}-\boldsymbol{A})\boldsymbol{X}=\boldsymbol{0}$，由

$$7\boldsymbol{E}-\boldsymbol{A}=\begin{pmatrix}4&-4\\-5&5\end{pmatrix}\longrightarrow\begin{pmatrix}1&-1\\0&0\end{pmatrix},$$

易求得方程组的一个基础解系为

$$\boldsymbol{\alpha}_2=\begin{pmatrix}1\\1\end{pmatrix}.$$

所以 $\boldsymbol{A}$ 的属于 $\lambda_2=7$ 的全部特征向量为 $k_2\boldsymbol{\alpha}_2=k_2\begin{pmatrix}1\\1\end{pmatrix}$（$k_2$ 为任意非零常数）.

**例 2** 设矩阵 $A=\begin{pmatrix}-1&2&2\\2&-1&-2\\2&-2&-1\end{pmatrix}$,求矩阵 $A$ 的特征值和特征向量.

**解** 矩阵 $A$ 的特征多项式为

$$|\lambda E-A|=\begin{vmatrix}\lambda+1&-2&-2\\-2&\lambda+1&2\\-2&2&\lambda+1\end{vmatrix}=\begin{vmatrix}\lambda-1&\lambda-1&0\\-2&\lambda+1&2\\-2&2&\lambda+1\end{vmatrix}$$

$$=\begin{vmatrix}\lambda-1&0&0\\-2&\lambda+3&2\\-2&4&\lambda+1\end{vmatrix}=(\lambda-1)^2(\lambda+5),$$

所以 $A$ 的全部特征值为 $\lambda_1=1$(二重),$\lambda_2=-5$.

对于 $\lambda_1=1$,解齐次线性方程组 $(1E-A)X=\mathbf{0}$,由

$$\begin{pmatrix}2&-2&-2\\-2&2&2\\-2&2&2\end{pmatrix}\longrightarrow\begin{pmatrix}1&-1&-1\\0&0&0\\0&0&0\end{pmatrix},$$

可知 $\lambda_1 E-A$ 的秩 $r=1$,有两个自由未知量 $x_2,x_3$,且 $x_1=x_2+x_3$,令 $\begin{pmatrix}x_2\\x_3\end{pmatrix}=\begin{pmatrix}1\\0\end{pmatrix},\begin{pmatrix}0\\1\end{pmatrix}$,求得它的一个基础解系为

$$\boldsymbol{\alpha}_1=\begin{pmatrix}1\\1\\0\end{pmatrix},\quad \boldsymbol{\alpha}_2=\begin{pmatrix}1\\0\\1\end{pmatrix}.$$

所以 $A$ 的属于 $\lambda_1=1$ 的全部特征向量为 $k_1\begin{pmatrix}1\\1\\0\end{pmatrix}+k_2\begin{pmatrix}1\\0\\1\end{pmatrix}$ ($k_1,k_2$ 是不全为零的任意常数).

对于 $\lambda_2=-5$,解齐次线性方程组 $(-5E-A)X=\mathbf{0}$,由

$$\begin{pmatrix}-4&-2&-2\\-2&-4&2\\-2&2&-4\end{pmatrix}\longrightarrow\begin{pmatrix}1&2&-1\\0&6&-6\\0&6&-6\end{pmatrix}\longrightarrow\begin{pmatrix}1&0&1\\0&1&-1\\0&0&0\end{pmatrix},$$

可知 $\lambda_2 E-A$ 的秩 $r=2$,有一个自由未知量 $x_3$,且 $x_1=-x_3$,$x_2=x_3$,令 $x_3=1$,求得它的一个基础解系为

$$\boldsymbol{\alpha}_3=\begin{pmatrix}-1\\1\\1\end{pmatrix}.$$

所以 $A$ 的属于 $\lambda_2=-5$ 的全部特征向量为 $k_3\begin{pmatrix}-1\\1\\1\end{pmatrix}$ ($k_3$ 为任意非零常数).

**例 3** 设矩阵 $A=\begin{pmatrix}-1&1&0\\-4&3&0\\1&0&2\end{pmatrix}$，求矩阵 $A$ 的特征值和特征向量.

**解** 矩阵 $A$ 的特征多项式为

$$|\lambda E-A|=\begin{vmatrix}\lambda+1&-1&0\\4&\lambda-3&0\\-1&0&\lambda-2\end{vmatrix}=(\lambda-1)^2(\lambda-2),$$

所以 $A$ 的全部特征值为 $\lambda_1=1$(二重)，$\lambda_2=2$.

对于 $\lambda_1=1$，解齐次线性方程组 $(1E-A)X=0$，由

$$1E-A=\begin{pmatrix}2&-1&0\\4&-2&0\\-1&0&-1\end{pmatrix}\longrightarrow\begin{pmatrix}2&-1&0\\0&0&0\\-1&0&-1\end{pmatrix}\longrightarrow\begin{pmatrix}1&0&1\\0&1&2\\0&0&0\end{pmatrix},$$

可知 $1E-A$ 的秩为 2，有一个自由未知量 $x_3$，且 $x_1=-x_3$，$x_2=-2x_3$，令 $x_3=-1$，求得它的一个基础解系为

$$\boldsymbol{\alpha}_1=\begin{pmatrix}1\\2\\-1\end{pmatrix}.$$

所以 $A$ 的属于 $\lambda_1=1$ 的全部特征向量为 $k_1\begin{pmatrix}1\\2\\-1\end{pmatrix}$($k_1$ 为任意非零常数).

对于 $\lambda_2=2$，解齐次线性方程组 $(2E-A)X=0$，由

$$2E-A=\begin{pmatrix}3&-1&0\\4&-1&0\\-1&0&0\end{pmatrix}\longrightarrow\begin{pmatrix}1&0&0\\0&1&0\\0&0&0\end{pmatrix},$$

可知 $2E-A$ 的秩 $r=2$，有一个自由未知量 $x_3$，且 $x_1=0x_3$，$x_2=0x_3$，令 $x_3=1$，求得它的一个基础解系为

$$\boldsymbol{\alpha}_2=\begin{pmatrix}0\\0\\1\end{pmatrix}.$$

所以 $A$ 的属于 $\lambda_2=2$ 的全部特征向量为 $k_2\begin{pmatrix}0\\0\\1\end{pmatrix}$($k_2$ 为任意非零常数).

**例 4** 设 $\lambda$ 是 $n$ 阶方阵 $A$ 的一个特征值，试证：

(1) $\lambda^2$ 是 $A^2$ 的一个特征值；

(2) 若 $A$ 可逆，则 $\dfrac{|A|}{\lambda}$ 是 $A^*$ 的一个特征值，其中 $A^*$ 是 $A$ 的伴随矩阵；

(3) 对任意数 $k$，$k-\lambda$ 是矩阵 $kE-A$ 的一个特征值；

(4) $\lambda^2-\lambda+1$ 是矩阵 $\boldsymbol{A}^2-\boldsymbol{A}+\boldsymbol{E}$ 的特征值.

**证明** 由已知条件,存在非零向量 $\boldsymbol{\alpha}$,使

$$\boldsymbol{A\alpha}=\lambda\boldsymbol{\alpha}.$$

(1) 在上式两边左乘 $\boldsymbol{A}$,得

$$\boldsymbol{A}^2\boldsymbol{\alpha}=\boldsymbol{A}(\boldsymbol{A\alpha})=\lambda(\boldsymbol{A\alpha})=\lambda^2\boldsymbol{\alpha},$$

即 $\lambda^2$ 是 $\boldsymbol{A}^2$ 的一个特征值.

(2) 在 $\boldsymbol{A\alpha}=\lambda\boldsymbol{\alpha}$ 两边左乘 $\boldsymbol{A}^*$,有

$$\boldsymbol{A}^*\boldsymbol{A\alpha}=\lambda\boldsymbol{A}^*\boldsymbol{\alpha},$$

即 $|\boldsymbol{A}|\boldsymbol{\alpha}=\lambda\boldsymbol{A}^*\boldsymbol{\alpha}(\boldsymbol{\alpha}\neq\boldsymbol{0})$. 因为 $|\boldsymbol{A}|\neq0,\boldsymbol{\alpha}\neq\boldsymbol{0}$,由上式知 $\lambda\neq0$,所以

$$\boldsymbol{A}^*\boldsymbol{\alpha}=\frac{|\boldsymbol{A}|}{\lambda}\boldsymbol{\alpha},$$

即 $\dfrac{|\boldsymbol{A}|}{\lambda}$ 是 $\boldsymbol{A}^*$ 的一个特征值.

(3) 由 $\boldsymbol{A\alpha}=\lambda\boldsymbol{\alpha}$,有 $k\boldsymbol{\alpha}-\boldsymbol{A\alpha}=k\boldsymbol{\alpha}-\lambda\boldsymbol{\alpha}$,即

$$(k\boldsymbol{E}-\boldsymbol{A})\boldsymbol{\alpha}=(k-\lambda)\boldsymbol{\alpha}\quad(\boldsymbol{\alpha}\neq\boldsymbol{0}),$$

所以 $k-\lambda$ 是 $k\boldsymbol{E}-\boldsymbol{A}$ 的一个特征值.

(4) 因为

$$(\boldsymbol{A}^2-\boldsymbol{A}+\boldsymbol{E})\boldsymbol{\alpha}=\boldsymbol{A}^2\boldsymbol{\alpha}-\boldsymbol{A\alpha}+\boldsymbol{E\alpha}=(\lambda^2-\lambda+1)\boldsymbol{\alpha},$$

所以 $\lambda^2-\lambda+1$ 是矩阵 $\boldsymbol{A}^2-\boldsymbol{A}+\boldsymbol{E}$ 的一个特征值.

**例 5** 试证 $n$ 阶方阵 $\boldsymbol{A}$ 是奇异矩阵的充要条件是 $\boldsymbol{A}$ 有一个特征值是 0.

**证明** **必要性** 设 $\boldsymbol{A}$ 是奇异矩阵,则 $|\boldsymbol{A}|=0$,于是

$$|0\boldsymbol{E}-\boldsymbol{A}|=|-\boldsymbol{A}|=(-1)^n|\boldsymbol{A}|=0,$$

即 0 是 $\boldsymbol{A}$ 的一个特征值.

**充分性** 设 $\boldsymbol{A}$ 有一个特征值为 0,对应的特征向量为 $\boldsymbol{\alpha}(\boldsymbol{\alpha}\neq\boldsymbol{0})$,则有 $\boldsymbol{A\alpha}=0\boldsymbol{\alpha}=\boldsymbol{0}$,所以齐次线性方程组 $\boldsymbol{AX}=\boldsymbol{0}$ 有非零解 $\boldsymbol{\alpha}$. 由此可知 $|\boldsymbol{A}|=0$,即 $\boldsymbol{A}$ 是奇异矩阵.

## 二、特征值与特征向量的性质

**定理 5.1** $n$ 阶方阵 $\boldsymbol{A}$ 与其转置矩阵 $\boldsymbol{A}^{\mathrm{T}}$ 有相同的特征值.

**证明** 由

$$|\lambda\boldsymbol{E}-\boldsymbol{A}^{\mathrm{T}}|=|(\lambda\boldsymbol{E}-\boldsymbol{A})^{\mathrm{T}}|=|\lambda\boldsymbol{E}-\boldsymbol{A}|,$$

得 $\boldsymbol{A}$ 与 $\boldsymbol{A}^{\mathrm{T}}$ 的特征多项式相同,所以它们的特征值相同.

**定理 5.2** 设 $\lambda_1,\lambda_2,\cdots,\lambda_m$ 是 $n$ 阶方阵 $\boldsymbol{A}$ 的 $m$ 个互不相同的特征值,$\boldsymbol{\alpha}_1,\boldsymbol{\alpha}_2,\cdots,\boldsymbol{\alpha}_m$ 是分别与之对应的特征向量,则 $\boldsymbol{\alpha}_1,\boldsymbol{\alpha}_2,\cdots,\boldsymbol{\alpha}_m$ 线性无关.

**证明** 用数学归纳法证明.

当 $m=1$ 时,由 $\boldsymbol{\alpha}_1\neq\boldsymbol{0}$ 知,$k_1\boldsymbol{\alpha}_1=\boldsymbol{0}$ 中,$k_1=0$,故定理成立.

设 $\boldsymbol{A}$ 的 $m-1$ 个互不相同的特征值 $\lambda_1,\lambda_2,\cdots,\lambda_{m-1}$ 分别对应的特征向量 $\boldsymbol{\alpha}_1,\boldsymbol{\alpha}_2,\cdots,$

$\boldsymbol{\alpha}_{m-1}$ 线性无关，证明 $m$ 个互不相同的特征值 $\lambda_1,\lambda_2,\cdots,\lambda_m$ 对应的特征向量 $\boldsymbol{\alpha}_1,\boldsymbol{\alpha}_2,\cdots,\boldsymbol{\alpha}_m$ 线性无关.

设

$$k_1\boldsymbol{\alpha}_1+k_2\boldsymbol{\alpha}_2+\cdots+k_m\boldsymbol{\alpha}_m=\mathbf{0} \tag{5.3}$$

成立，用矩阵 $\boldsymbol{A}$ 左乘式(5.3)的两端，由 $\boldsymbol{A}\boldsymbol{\alpha}_i=\lambda_i\boldsymbol{\alpha}_i$ 整理后得

$$k_1\lambda_1\boldsymbol{\alpha}_1+k_2\lambda_2\boldsymbol{\alpha}_2+\cdots+k_{m-1}\lambda_{m-1}\boldsymbol{\alpha}_{m-1}+k_m\lambda_m\boldsymbol{\alpha}_m=\mathbf{0}, \tag{5.4}$$

用数 $\lambda_m$ 乘以式(5.3)的两端，得

$$k_1\lambda_m\boldsymbol{\alpha}_1+k_2\lambda_m\boldsymbol{\alpha}_2+\cdots+k_{m-1}\lambda_m\boldsymbol{\alpha}_{m-1}+k_m\lambda_m\boldsymbol{\alpha}_m=\mathbf{0}, \tag{5.5}$$

由式(5.4)和式(5.5)消去 $\boldsymbol{\alpha}_m$，得

$$k_1(\lambda_1-\lambda_m)\boldsymbol{\alpha}_1+k_2(\lambda_2-\lambda_m)\boldsymbol{\alpha}_2+\cdots+k_{m-1}(\lambda_{m-1}-\lambda_m)\boldsymbol{\alpha}_{m-1}=\mathbf{0}.$$

由归纳假设，$\boldsymbol{\alpha}_1,\boldsymbol{\alpha}_2,\cdots,\boldsymbol{\alpha}_{m-1}$ 线性无关，于是

$$k_i(\lambda_i-\lambda_m)=0\quad(i=1,2,\cdots,m-1).$$

因为 $\lambda_i-\lambda_m\neq 0(i=1,2,\cdots,m-1)$，所以 $k_1=k_2=\cdots=k_{m-1}=0$. 于是式(5.3)化为 $k_m\boldsymbol{\alpha}_m=\mathbf{0}$. 又因为 $\boldsymbol{\alpha}_m\neq\mathbf{0}$，所以 $k_m=0$，则 $\boldsymbol{\alpha}_1,\boldsymbol{\alpha}_2,\cdots,\boldsymbol{\alpha}_m$ 线性无关.

## 三、矩阵的迹

**定义 5.3**　设 $\boldsymbol{A}=(a_{ij})$ 为 $n$ 阶方阵，则 $\boldsymbol{A}$ 的主对角线上的元素之和称为 $\boldsymbol{A}$ 的**迹**，记为 $\mathrm{tr}(\boldsymbol{A})$，即 $\mathrm{tr}(\boldsymbol{A})=a_{11}+a_{22}+\cdots+a_{nn}$.

矩阵的迹具有以下性质：

(1) $\mathrm{tr}(\boldsymbol{A}+\boldsymbol{B})=\mathrm{tr}(\boldsymbol{A})+\mathrm{tr}(\boldsymbol{B})$；

(2) $\mathrm{tr}(k\boldsymbol{A})=k\,\mathrm{tr}(\boldsymbol{A})$；

(3) $\mathrm{tr}(\boldsymbol{A}^{\mathrm{T}})=\mathrm{tr}(\boldsymbol{A})$；

(4) $\mathrm{tr}(\boldsymbol{AB})=\mathrm{tr}(\boldsymbol{BA})$；

(5) $\mathrm{tr}(\boldsymbol{ABC})=\mathrm{tr}(\boldsymbol{CAB})=\mathrm{tr}(\boldsymbol{BCA})$；

(6) 设 $\boldsymbol{A}$ 有 $n$ 个特征值为 $\lambda_1,\lambda_2,\cdots,\lambda_n$，则 $\mathrm{tr}(\boldsymbol{A})=\lambda_1+\lambda_2+\cdots+\lambda_n$.

**定理 5.3**　**设 $\lambda_1,\lambda_2,\cdots,\lambda_n$(其中可能有重根、复根)是 $n$ 阶方阵 $\boldsymbol{A}$ 的全部特征值，则**

$$\sum_{i=1}^{n}\lambda_i=\sum_{i=1}^{n}a_{ii},\quad \prod_{i=1}^{n}\lambda_i=|\boldsymbol{A}|.$$

**证明**　将 $\boldsymbol{A}$ 的特征多项式记为 $f(\lambda)$，则

$$f(\lambda)=|\lambda\boldsymbol{E}-\boldsymbol{A}|=\begin{vmatrix}\lambda-a_{11} & -a_{12} & \cdots & -a_{1n}\\ -a_{21} & \lambda-a_{22} & \cdots & -a_{2n}\\ \vdots & \vdots & & \vdots\\ -a_{n1} & -a_{n2} & \cdots & \lambda-a_{nn}\end{vmatrix}$$

$$=(\lambda-a_{11})(\lambda-a_{22})\cdots(\lambda-a_{nn})+\cdots$$

$$=\lambda^n-(a_{11}+a_{22}+\cdots+a_{nn})\lambda^{n-1}+\cdots+(-1)^n|\boldsymbol{A}|.$$

根据多项式的根与系数的关系，有

$$\lambda_1+\lambda_2+\cdots+\lambda_n=a_{11}+a_{22}+\cdots+a_{nn},\quad \lambda_1\lambda_2\cdots\lambda_n=|\boldsymbol{A}|,$$

即

$$\sum_{i=1}^{n}\lambda_i=\sum_{i=1}^{n}a_{ii},\quad \prod_{i=1}^{n}\lambda_i=|\boldsymbol{A}|.$$

**例 6** 设矩阵 $\boldsymbol{A}=\begin{pmatrix}3&2&2\\2&x&2\\2&2&3\end{pmatrix}$,已知 $\boldsymbol{A}$ 有两个特征值为 $\lambda_1=7$ 和 $\lambda_2=1$,求 $x$ 的值和另一个特征值 $\lambda_3$.

**解** 根据定理 5.3,有

$$\lambda_1+\lambda_2+\lambda_3=3+x+3,\quad \lambda_1\lambda_2\lambda_3=|\boldsymbol{A}|,\tag{5.6}$$

而

$$|\boldsymbol{A}|=\begin{vmatrix}3&2&2\\2&x&2\\2&2&3\end{vmatrix}=5x-8,$$

故式(5.6)可化简为

$$7+1+\lambda_3=x+6,\quad 7\lambda_3=5x-8,$$

解得 $x=3,\lambda_3=1$.

**例 7** 设四阶方阵 $\boldsymbol{A}$ 满足条件 $|3\boldsymbol{E}+\boldsymbol{A}|=0,\boldsymbol{A}\boldsymbol{A}^{\mathrm{T}}=2\boldsymbol{E},|\boldsymbol{A}|<0$,其中 $\boldsymbol{E}$ 是四阶单位矩阵,求方阵 $\boldsymbol{A}$ 的伴随矩阵 $\boldsymbol{A}^*$ 的一个特征值.

**解** 由 $|3\boldsymbol{E}+\boldsymbol{A}|=0$,有 $|-3\boldsymbol{E}-\boldsymbol{A}|=0$,得 $\boldsymbol{A}$ 的一个特征值为 $\lambda=-3$.又

$$|\boldsymbol{A}\boldsymbol{A}^{\mathrm{T}}|=|\boldsymbol{A}||\boldsymbol{A}^{\mathrm{T}}|=|\boldsymbol{A}^2|=|2\boldsymbol{E}|=2^4|\boldsymbol{E}|=16,$$

故 $|\boldsymbol{A}|=\pm4$.因为 $|\boldsymbol{A}|<0$,所以 $|\boldsymbol{A}|=-4$.

设 $\boldsymbol{A}$ 的属于 $\lambda=-3$ 的特征向量为 $\boldsymbol{\alpha}$,则 $\boldsymbol{A}\boldsymbol{\alpha}=-3\boldsymbol{\alpha},\boldsymbol{A}^{-1}\boldsymbol{A}\boldsymbol{\alpha}=-3\boldsymbol{A}^{-1}\boldsymbol{\alpha}$,故 $\boldsymbol{A}^{-1}\boldsymbol{\alpha}=-\frac{1}{3}\boldsymbol{\alpha}$.又 $|\boldsymbol{A}|=-4,\boldsymbol{A}^*=|\boldsymbol{A}|\boldsymbol{A}^{-1}$,所以

$$\boldsymbol{A}^*\boldsymbol{\alpha}=|\boldsymbol{A}|\boldsymbol{A}^{-1}\boldsymbol{\alpha}=-\frac{1}{3}|\boldsymbol{A}|\boldsymbol{\alpha},$$

即 $\boldsymbol{A}^*\boldsymbol{\alpha}=\frac{4}{3}\boldsymbol{\alpha}$.故可知 $\boldsymbol{A}^*$ 的一个特征值为 $\frac{4}{3}$.

这里,由 $|\boldsymbol{A}|=-4\neq0$,可知 $\boldsymbol{A}$ 可逆,则由例 4(2) 的结论也可得出结果.

## 习题 5.1

1. 求下列矩阵的特征值和特征向量:

(1) $\begin{pmatrix}2&3&2\\1&4&2\\1&-3&1\end{pmatrix}$;  (2) $\begin{pmatrix}3&-2&-4\\-2&6&-2\\-4&-2&3\end{pmatrix}$.

2. 设 $n$ 阶可逆矩阵 $\boldsymbol{A}$ 有特征值 $\lambda$,对应的特征向量为 $\boldsymbol{\alpha}$,求 $\boldsymbol{A}^{-1},\boldsymbol{A}^*,\boldsymbol{E}-\boldsymbol{A}^{-1},\boldsymbol{A}^2-\boldsymbol{A}+\boldsymbol{E}$ 的

特征值和特征向量.

3. 已知 $A_{4\times4}$ 的全部特征值为 $\lambda_1 = 2$(三重根),$\lambda_2 = 5$,求 $\mathrm{tr}(A)$ 和 $|A|$.

4. 已知矩阵 $A=\begin{pmatrix}3 & 2 & -1\\ a & -2 & 2\\ 3 & b & -1\end{pmatrix}$,如果 $A$ 的特征值 $\lambda_1$ 对应的特征向量为 $\alpha_1=(1,-2,3)^{\mathrm{T}}$,求 $a,b$ 和 $\lambda_1$ 的值.

5. 设 $A$ 和 $B$ 均是 $n$ 阶非零矩阵,且满足 $A^2 = A, B^2 = B, AB = BA = O$,证明:

(1) 0 和 1 必是 $A$ 和 $B$ 的特征值;

(2) 若 $\alpha$ 是 $A$ 的属于特征值 1 的特征向量,则 $\alpha$ 必是 $B$ 的属于特征值 0 的特征向量.

6. 设 $A$ 是 $n$ 阶方阵,$\lambda_1,\lambda_2$ 是 $A$ 的两个不同的特征值,$\xi_1,\xi_2$ 是 $A$ 的对应于 $\lambda_1$ 的线性无关的特征向量,$\eta_1,\eta_2$ 是 $A$ 的对应于 $\lambda_2$ 的线性无关的特征向量,证明:

(1) $\xi_1,\xi_2,\eta_1,\eta_2$ 线性无关;

(2) $\xi_1+\xi_2+\eta_1+\eta_2$ 不是 $A$ 的特征向量.

# 第二节　相似矩阵与矩阵可对角化的条件

## 一、相似矩阵及其性质

**定义 5.4**　设 $A,B$ 为 $n$ 阶方阵,若存在 $n$ 阶可逆矩阵 $P$,使得

$$P^{-1}AP = B$$

成立,则称矩阵 $A$ 与 $B$ **相似**,记为 $A \sim B$. 可逆矩阵 $P$ 称为把 $A$ 变为 $B$ 的**相似变换矩阵**.

例如,

$$A=\begin{pmatrix}1 & 2\\ -1 & 4\end{pmatrix},\quad B=\begin{pmatrix}2 & 0\\ 0 & 3\end{pmatrix},\quad P=\begin{pmatrix}2 & 1\\ 1 & 1\end{pmatrix},\quad P^{-1}=\begin{pmatrix}1 & -1\\ -1 & 2\end{pmatrix},$$

则

$$P^{-1}AP=\begin{pmatrix}2 & 0\\ 0 & 3\end{pmatrix}=B,$$

所以 $A \sim B$.

**例 1**　与单位矩阵 $E$ 相似的只有它自身,即 $P^{-1}EP = E$($P$ 是可逆矩阵);数量矩阵 $kE$ 也只与自身相似,因为对任一可逆矩阵 $P$,$P^{-1}kEP = kE$.

相似矩阵是矩阵间的一种关系,它具有以下性质:

(1) 反身性. 对任意方阵 $A$,有 $A \sim A$,因为 $E^{-1}AE = A$.

(2) 对称性. 若 $A \sim B$,则 $B \sim A$.

**证明** 由 $A \sim B$,则存在可逆矩阵 $P$,使 $P^{-1}AP = B$. 而 $A = PBP^{-1} = (P^{-1})^{-1}BP^{-1}$,故 $B \sim A$.

(3) 传递性. 若 $A \sim B, B \sim C$,则 $A \sim C$.

**证明** 由 $A \sim B, B \sim C$,则存在可逆矩阵 $P_1, P_2$,使

$$P_1^{-1}AP_1 = B, \quad P_2^{-1}BP_2 = C.$$

因此,有

$$C = P_2^{-1}P_1^{-1}AP_1P_2 = (P_1P_2)^{-1}A(P_1P_2),$$

即 $A \sim C$.

相似矩阵还具有以下运算性质:

(1) 若 $A \sim B$,则它们的行列式相同,即 $|A| = |B|$.

**证明** 由 $A \sim B$,知存在可逆矩阵 $P$,使 $P^{-1}AP = B$,则

$$|B| = |P^{-1}AP| = |P^{-1}||A||P| = |A|.$$

(2) 若 $A \sim B$,则其幂 $A^k \sim B^k$.

**证明** 由 $A \sim B$,知存在可逆矩阵 $P$,使 $P^{-1}AP = B$.

当 $k = 0$ 时,$A^0 = B^0 = E$,所以 $A^0 \sim B^0$;

当 $k > 0$ 时,由 $B = P^{-1}AP$,有

$$B^k = \underbrace{(P^{-1}AP)(P^{-1}AP)\cdots(P^{-1}AP)}_{k} = P^{-1}A^kP, \quad \text{即} \quad A^k \sim B^k.$$

(3) 若 $A \sim B$,则它们的特征多项式相同,即 $|\lambda E - A| = |\lambda E - B|$.

**证明** 
$$\begin{aligned}|\lambda E - B| &= |\lambda P^{-1}EP - P^{-1}AP| = |P^{-1}(\lambda E)P - P^{-1}AP| \\ &= |P^{-1}(\lambda E - A)P| = |P^{-1}||\lambda E - A||P| \\ &= |\lambda E - A|.\end{aligned}$$

(4) 若 $A \sim B$,则 $A$ 与 $B$ 的特征值相同.

(5) 相似矩阵有相同的迹.

(6) 相似矩阵有相同的秩.

(7) 相似矩阵或者都可逆或者都不可逆,且可逆时,其逆矩阵也相似.

**证明** 设 $A \sim B$,有 $|A| = |B|$,所以 $|A|$ 与 $|B|$ 同时为零或同时不为零. 因此 $A$ 与 $B$ 同时可逆或不可逆.

若 $A$ 与 $B$ 同时可逆,则由 $P^{-1}AP = B$,有

$$B^{-1} = (P^{-1}AP)^{-1} = P^{-1}A^{-1}P,$$

即 $A^{-1} \sim B^{-1}$.

## 二、$n$ 阶方阵 $A$ 与对角形矩阵相似的条件

本小节我们只考虑 $n$ 阶方阵 $A$ 与对角形矩阵相似的问题,若方阵 $A$ 可以与一个对角形矩阵相似,则称方阵 $A$ **可以对角化**.

**定理 5.4** $n$ 阶方阵 $A$ 与 $n$ 阶对角形矩阵

$$\boldsymbol{\Lambda}=\begin{pmatrix}\lambda_1&&&\\&\lambda_2&&\\&&\ddots&\\&&&\lambda_n\end{pmatrix}$$

相似的充要条件是 $\boldsymbol{A}$ 有 $n$ 个线性无关的特征向量.

**证明　必要性**　设 $\boldsymbol{A}\sim\boldsymbol{\Lambda}$,即存在可逆矩阵 $\boldsymbol{P}$,使 $\boldsymbol{P}^{-1}\boldsymbol{AP}=\boldsymbol{\Lambda}$,即 $\boldsymbol{AP}=\boldsymbol{P\Lambda}$. 记 $\boldsymbol{P}$ 的列向量组为 $\boldsymbol{\alpha}_1,\boldsymbol{\alpha}_2,\cdots,\boldsymbol{\alpha}_n$,由上式得

$$\boldsymbol{A}(\boldsymbol{\alpha}_1,\boldsymbol{\alpha}_2,\cdots,\boldsymbol{\alpha}_n)=(\boldsymbol{\alpha}_1,\boldsymbol{\alpha}_2,\cdots,\boldsymbol{\alpha}_n)\begin{pmatrix}\lambda_1&&&\\&\lambda_2&&\\&&\ddots&\\&&&\lambda_n\end{pmatrix},$$

即 $(\boldsymbol{A\alpha}_1,\boldsymbol{A\alpha}_2,\cdots,\boldsymbol{A\alpha}_n)=(\lambda_1\boldsymbol{\alpha}_1,\lambda_2\boldsymbol{\alpha}_2,\cdots,\lambda_n\boldsymbol{\alpha}_n)$,可得 $\boldsymbol{A\alpha}_i=\lambda_i\boldsymbol{\alpha}_i(i=1,2,\cdots,n)$,即 $\boldsymbol{\alpha}_i$ 是 $\boldsymbol{A}$ 的属于 $\lambda_i$ 的特征向量. 因为 $\boldsymbol{P}$ 可逆,有 $|\boldsymbol{P}|\neq 0$,又 $\boldsymbol{\alpha}_i(i=1,2,\cdots,n)$ 都是非零向量,则 $\boldsymbol{\alpha}_1,\boldsymbol{\alpha}_2,\cdots,\boldsymbol{\alpha}_n$ 线性无关,所以 $\boldsymbol{A}$ 有 $n$ 个线性无关的特征向量.

**充分性**　设 $\boldsymbol{\alpha}_1,\boldsymbol{\alpha}_2,\cdots,\boldsymbol{\alpha}_n$ 是 $\boldsymbol{A}$ 的 $n$ 个线性无关的特征向量,它们所对应的特征值依次为 $\lambda_1,\lambda_2,\cdots,\lambda_n$,则有

$$\boldsymbol{A\alpha}_i=\lambda_i\boldsymbol{\alpha}_i\quad(i=1,2,\cdots,n).$$

令 $\boldsymbol{P}=(\boldsymbol{\alpha}_1,\boldsymbol{\alpha}_2,\cdots,\boldsymbol{\alpha}_n)$,因为 $\boldsymbol{\alpha}_1,\boldsymbol{\alpha}_2,\cdots,\boldsymbol{\alpha}_n$ 线性无关,所以 $|\boldsymbol{P}|\neq 0$,$\boldsymbol{P}$ 可逆,且

$$\begin{aligned}\boldsymbol{AP}&=\boldsymbol{A}(\boldsymbol{\alpha}_1,\boldsymbol{\alpha}_2,\cdots,\boldsymbol{\alpha}_n)=(\boldsymbol{A\alpha}_1,\boldsymbol{A\alpha}_2,\cdots,\boldsymbol{A\alpha}_n)=(\lambda_1\boldsymbol{\alpha}_1,\lambda_2\boldsymbol{\alpha}_2,\cdots,\lambda_n\boldsymbol{\alpha}_n)\\&=(\boldsymbol{\alpha}_1,\boldsymbol{\alpha}_2,\cdots,\boldsymbol{\alpha}_n)\begin{pmatrix}\lambda_1&&&\\&\lambda_2&&\\&&\ddots&\\&&&\lambda_n\end{pmatrix}=\boldsymbol{P\Lambda}.\end{aligned}$$

用 $\boldsymbol{P}^{-1}$ 左乘上式两端得 $\boldsymbol{P}^{-1}\boldsymbol{AP}=\boldsymbol{\Lambda}$,即矩阵 $\boldsymbol{A}$ 与对角形矩阵 $\boldsymbol{\Lambda}$ 相似.

由该定理可知第一节的例 1,例 2 中的矩阵可以对角化,而例 3 中的矩阵不能对角化.

**定理 5.5**　若 $\boldsymbol{A}$ 与对角形矩阵

$$\boldsymbol{\Lambda}=\begin{pmatrix}\lambda_1&&&\\&\lambda_2&&\\&&\ddots&\\&&&\lambda_n\end{pmatrix}$$

相似,则 $\lambda_1,\lambda_2,\cdots,\lambda_n$ 是 $\boldsymbol{A}$ 的 $n$ 个特征值.

**定理 5.6**　设 $\lambda$ 是矩阵 $\boldsymbol{A}$ 的特征多项式的 $k$ 重根,则 $\boldsymbol{A}$ 的属于 $\lambda$ 的线性无关的特征向量的个数最多有 $k$ 个.

**定理 5.7**　设 $\lambda_1,\lambda_2,\cdots,\lambda_m$ 是 $\boldsymbol{A}$ 的 $m$ 个互不相同的特征值,$\boldsymbol{\alpha}_{i1},\boldsymbol{\alpha}_{i2},\cdots,\boldsymbol{\alpha}_{is_i}$ 是 $\boldsymbol{A}$ 的属于 $\lambda_i(i=1,2,\cdots,m)$ 的线性无关的特征向量,则向量组

$$\boldsymbol{\alpha}_{11},\boldsymbol{\alpha}_{12},\cdots,\boldsymbol{\alpha}_{1s_1};\quad \boldsymbol{\alpha}_{21},\boldsymbol{\alpha}_{22},\cdots,\boldsymbol{\alpha}_{2s_2};\quad \cdots;\quad \boldsymbol{\alpha}_{m1},\boldsymbol{\alpha}_{m2},\cdots,\boldsymbol{\alpha}_{ms_m}$$

线性无关.

**推论** 若 $n$ 阶方阵 $\boldsymbol{A}$ 有 $n$ 个互异特征值 $\lambda_1,\lambda_2,\cdots,\lambda_n$,则 $\boldsymbol{A}$ 与对角形矩阵相似.

**注**:这里 $\boldsymbol{A}$ 有 $n$ 个互异的特征值只是 $\boldsymbol{A}$ 相似于对角形矩阵的充分条件而不是必要条件.

**例 2** 设矩阵 $\boldsymbol{A}=\begin{pmatrix}-1&2&2\\2&-1&-2\\2&-2&-1\end{pmatrix}$,判断 $\boldsymbol{A}$ 是否与对角形矩阵相似;若相似,求可逆矩阵 $\boldsymbol{P}$,使 $\boldsymbol{P}^{-1}\boldsymbol{AP}$ 为对角形矩阵.

**解** 矩阵 $\boldsymbol{A}$ 的特征多项式为

$$|\lambda\boldsymbol{E}-\boldsymbol{A}|=\begin{vmatrix}\lambda+1&-2&-2\\-2&\lambda+1&2\\-2&2&\lambda+1\end{vmatrix}=\begin{vmatrix}\lambda-1&\lambda-1&0\\-2&\lambda+1&2\\-2&2&\lambda+1\end{vmatrix}$$

$$=(\lambda-1)^2(\lambda+5),$$

所以 $\boldsymbol{A}$ 的全部特征值为 $\lambda_1=1$(二重),$\lambda_2=-5$.

由第一节中的例 2 知其对应的一组特征向量为

$$\boldsymbol{\alpha}_1=\begin{pmatrix}1\\1\\0\end{pmatrix},\quad \boldsymbol{\alpha}_2=\begin{pmatrix}1\\0\\1\end{pmatrix},\quad \boldsymbol{\alpha}_3=\begin{pmatrix}-1\\1\\1\end{pmatrix},$$

令

$$\boldsymbol{P}=\begin{pmatrix}1&1&-1\\1&0&1\\0&1&1\end{pmatrix},$$

则

$$\boldsymbol{P}^{-1}\boldsymbol{AP}=\begin{pmatrix}1&0&0\\0&1&0\\0&0&-5\end{pmatrix}.$$

这里需要注意的是,$n$ 阶方阵 $\boldsymbol{A}$ 与对角矩阵相似的充要条件是对于 $\boldsymbol{A}$ 的每一个 $k_i$ 重特征值 $\lambda_i$,齐次线性方程组 $(\lambda_i\boldsymbol{E}-\boldsymbol{A})\boldsymbol{X}=\boldsymbol{0}$ 的基础解系中恰有 $k_i$ 个向量.

**例 3** 设矩阵 $\boldsymbol{A}=\begin{pmatrix}3&2&-2\\-k&-1&k\\4&2&-3\end{pmatrix}$,问:当 $k$ 为何值时,存在可逆矩阵 $\boldsymbol{P}$,使得 $\boldsymbol{P}^{-1}\boldsymbol{AP}$ 为对角形矩阵?并求出 $\boldsymbol{P}$ 和相应的对角形矩阵.

**解** 本题只需考察当 $k$ 为何值时,$\boldsymbol{A}$ 有 3 个线性无关的特征向量即可. 由

$$|\lambda\boldsymbol{E}-\boldsymbol{A}|=\begin{vmatrix}\lambda-3&-2&2\\k&\lambda+1&-k\\-4&-2&\lambda+3\end{vmatrix}=(\lambda+1)^2(\lambda-1)=0,$$

得 $\boldsymbol{A}$ 的全部特征值为 $\lambda_1=-1$(二重根),$\lambda_2=1$.

当 $\lambda=-1$ 时,

$$-\boldsymbol{E}-\boldsymbol{A}=\begin{pmatrix}-4&-2&2\\k&0&-k\\-4&-2&2\end{pmatrix}\longrightarrow\begin{pmatrix}-4&-2&2\\k&0&-k\\0&0&0\end{pmatrix},$$

所以只有当 $k=0$ 时,$\mathrm{r}(-\boldsymbol{E}-\boldsymbol{A})=1$,$\boldsymbol{A}$ 有两个线性无关的特征向量.

当 $k=0$ 时,

$$-\boldsymbol{E}-\boldsymbol{A}=\begin{pmatrix}-4&-2&2\\0&0&0\\0&0&0\end{pmatrix}\longrightarrow\begin{pmatrix}2&1&-1\\0&0&0\\0&0&0\end{pmatrix},$$

故 $x_3=2x_1+x_2$,令 $\begin{pmatrix}x_1\\x_2\end{pmatrix}=\begin{pmatrix}1\\0\end{pmatrix},\begin{pmatrix}0\\1\end{pmatrix}$,得特征向量为

$$\boldsymbol{\alpha}_1=\begin{pmatrix}1\\0\\2\end{pmatrix},\quad\boldsymbol{\alpha}_2=\begin{pmatrix}0\\1\\1\end{pmatrix}.$$

当 $\lambda=1$ 时,

$$1\boldsymbol{E}-\boldsymbol{A}=\begin{pmatrix}-2&-2&2\\0&2&0\\-4&-2&4\end{pmatrix}\longrightarrow\begin{pmatrix}-2&-2&2\\0&1&0\\0&2&0\end{pmatrix}\longrightarrow\begin{pmatrix}1&1&-1\\0&1&0\\0&0&0\end{pmatrix}\longrightarrow\begin{pmatrix}1&0&-1\\0&1&0\\0&0&0\end{pmatrix},$$

故 $\begin{cases}x_1=x_3,\\x_2=0x_3,\end{cases}$ 令 $x_3=1$,得特征向量为

$$\boldsymbol{\alpha}_3=\begin{pmatrix}1\\0\\1\end{pmatrix}.$$

令

$$\boldsymbol{P}=(\boldsymbol{\alpha}_1,\boldsymbol{\alpha}_2,\boldsymbol{\alpha}_3)=\begin{pmatrix}1&0&1\\0&1&0\\2&1&1\end{pmatrix},$$

相应的对角矩阵 $\boldsymbol{\Lambda}$ 为

$$\boldsymbol{\Lambda}=\boldsymbol{P}^{-1}\boldsymbol{A}\boldsymbol{P}=\begin{pmatrix}-1&&\\&-1&\\&&1\end{pmatrix}.$$

**例 4**　设矩阵 $\boldsymbol{A}=\begin{pmatrix}a&-1&c\\5&b&3\\1-c&0&-a\end{pmatrix}$,且 $|\boldsymbol{A}|=-1$,又设 $\boldsymbol{A}$ 的伴随矩阵 $\boldsymbol{A}^*$ 有特征值 $\lambda_0$,属于 $\lambda_0$ 的特征向量为 $\boldsymbol{\alpha}=(-1,-1,1)^{\mathrm{T}}$,求 $a,b,c$ 及 $\lambda_0$ 的值.

**解** 因为 $|\boldsymbol{A}|=-1$,由 $\boldsymbol{A}\boldsymbol{A}^*=|\boldsymbol{A}|\boldsymbol{E}=-\boldsymbol{E},\boldsymbol{A}^*\boldsymbol{\alpha}=\lambda_0\boldsymbol{\alpha}$,有 $\boldsymbol{A}\boldsymbol{A}^*\boldsymbol{\alpha}=\lambda_0\boldsymbol{A}\boldsymbol{\alpha}$,从而 $-\boldsymbol{\alpha}=\lambda_0\boldsymbol{A}\boldsymbol{\alpha}$,即

$$\lambda_0\begin{pmatrix} a & -1 & c \\ 5 & b & 3 \\ 1-c & 0 & -a \end{pmatrix}\begin{pmatrix} -1 \\ -1 \\ 1 \end{pmatrix}=-\begin{pmatrix} -1 \\ -1 \\ 1 \end{pmatrix},$$

可得

$$\begin{cases} \lambda_0(-a+1+c)=1, \\ \lambda_0(-5-b+3)=1, \\ \lambda_0(-1+c-a)=-1. \end{cases}$$

解得 $\lambda_0=1,b=-3,a=c$,将其代入 $|\boldsymbol{A}|=-1$,有

$$\begin{vmatrix} a & -1 & c \\ 5 & b & 3 \\ 1-c & 0 & -a \end{vmatrix}=a-3=-1,$$

解得 $a=2$. 故 $a=2,b=-3,c=2,\lambda_0=1$.

**例 5** 设矩阵 $\boldsymbol{A}$ 与 $\boldsymbol{B}$ 相似,其中

$$\boldsymbol{A}=\begin{pmatrix} -2 & 0 & 0 \\ 2 & x & 2 \\ 3 & 1 & 1 \end{pmatrix},\quad \boldsymbol{B}=\begin{pmatrix} -1 & 0 & 0 \\ 0 & 2 & 0 \\ 0 & 0 & y \end{pmatrix}.$$

(1) 求 $x,y$;

(2) 求可逆矩阵 $\boldsymbol{P}$,使得 $\boldsymbol{P}^{-1}\boldsymbol{A}\boldsymbol{P}=\boldsymbol{B}$.

**解** (1) 由相似矩阵的性质,因 $\boldsymbol{A}\sim\boldsymbol{B}$,则有

$$|\lambda\boldsymbol{E}-\boldsymbol{A}|=|\lambda\boldsymbol{E}-\boldsymbol{B}|,$$

即有

$$(\lambda+2)[\lambda^2-(x+1)\lambda+(x-2)]=(\lambda+1)(\lambda-2)(\lambda-y).$$

令 $\lambda=0$,得 $2(x-2)=2y$,即 $y=x-2$;令 $\lambda=-1$,得 $x=0$,从而 $y=-2$.

(2) 由(1)得

$$\boldsymbol{A}=\begin{pmatrix} -2 & 0 & 0 \\ 2 & 0 & 2 \\ 3 & 1 & 1 \end{pmatrix},\quad \boldsymbol{B}=\begin{pmatrix} -1 & 0 & 0 \\ 0 & 2 & 0 \\ 0 & 0 & -2 \end{pmatrix},$$

经简单计算可知,$\boldsymbol{A}$ 的对应于 $\boldsymbol{A}$ 与 $\boldsymbol{B}$ 共同的特征值 $-1,2,-2$ 的一组特征向量为

$$\boldsymbol{\alpha}_1=(0,2,-1)^{\mathrm{T}},\quad \boldsymbol{\alpha}_2=(0,1,1)^{\mathrm{T}},\quad \boldsymbol{\alpha}_3=(1,0,-1)^{\mathrm{T}},$$

则可逆矩阵

$$\boldsymbol{P}=\begin{pmatrix} 0 & 0 & 1 \\ 2 & 1 & 0 \\ -1 & 1 & -1 \end{pmatrix}$$

满足 $\boldsymbol{P}^{-1}\boldsymbol{A}\boldsymbol{P}=\boldsymbol{B}$.

**例 6**　(1) 设 $A$ 为 $n$ 阶正交矩阵，$|A|<0$，证明：$-1$ 是 $A$ 的一个特征值.

(2) 设实矩阵 $A$ 满足 $AA^{\mathrm{T}}=2E$，且 $|A|<0$，证明：$-\sqrt{2}$ 是 $A$ 的一个特征值.

**证明**　(1) 由正交矩阵的性质知 $|A|=\pm 1$，而 $|A|<0$，故 $|A|=-1$. 因为

$$|-E-A|=|-A^{\mathrm{T}}A-A|=|-A^{\mathrm{T}}-E|\cdot|A|=-|-E-A|,$$

所以 $2|-E-A|=0$，也就是 $|-E-A|=0$，即 $-1$ 是 $A$ 的一个特征值.

(2) 由 $AA^{\mathrm{T}}=2E$，得 $\dfrac{A}{\sqrt{2}}\dfrac{A^{\mathrm{T}}}{\sqrt{2}}=E$，所以 $\dfrac{A}{\sqrt{2}}$ 是正交矩阵. 又由 $|A|<0$，知

$$\left|\frac{A}{\sqrt{2}}\right|=\frac{|A|}{(\sqrt{2})^n}<0,$$

因此 $-1$ 是 $\dfrac{A}{\sqrt{2}}$ 的一个特征值，即 $-\sqrt{2}$ 是 $A$ 的一个特征值.

## 三、若当矩阵

形如

$$J=\begin{pmatrix}\lambda & 1 & 0 & \cdots & 0 & 0\\ 0 & \lambda & 1 & \cdots & 0 & 0\\ \vdots & \vdots & \vdots & & \vdots & \vdots\\ 0 & 0 & 0 & \cdots & \lambda & 1\\ 0 & 0 & 0 & \cdots & 0 & \lambda\end{pmatrix}_{n\times n}\quad (\lambda\text{ 是复数})$$

的 $n$ 阶矩阵称为一个 $n$ **阶若当块**，由一些若当块组成的准对角形矩阵

$$\begin{pmatrix}J_1 & & & \\ & J_2 & & \\ & & \ddots & \\ & & & J_s\end{pmatrix}$$

称为一个**若当形矩阵**，其中 $J_1,J_2,\cdots,J_s$ 都是若当块.

可以证明，任意一个矩阵 $A$ 都与一个若当形矩阵相似，而与 $A$ 相似的若当形矩阵的主对角线上的元素恰好是 $A$ 的特征值.

例如，矩阵 $A=\begin{pmatrix}4 & 2 & 1\\ -2 & 0 & -1\\ 1 & 1 & 0\end{pmatrix}$ 的特征值为 $\lambda_1=0$，$\lambda_2=\lambda_3=2$，对应于 $\lambda_1$ 的特征向量为 $(1,-1,-2)^{\mathrm{T}}$，对应于 $\lambda_2$ 的特征向量为 $(1,-1,0)^{\mathrm{T}}$，所以 $A$ 不可以对角化. 但可以找到一个可逆矩阵

$$U=\begin{pmatrix}1 & 1 & \frac{1}{5}\\ -1 & -1 & \frac{1}{5}\\ -2 & 0 & \frac{1}{5}\end{pmatrix},$$

使

$$U^{-1}AU=\begin{pmatrix}0&0&0\\0&2&1\\0&0&2\end{pmatrix}.$$

## 习题 5.2

1. 判断下列矩阵是否与对角形矩阵相似;若相似,求出可逆矩阵 $\boldsymbol{P}$ 和对角形矩阵 $\boldsymbol{\Lambda}$,使 $\boldsymbol{P}^{-1}\boldsymbol{AP}=\boldsymbol{\Lambda}$:

(1) $\begin{pmatrix}2&3&2\\1&4&2\\1&-3&1\end{pmatrix}$;　　(2) $\begin{pmatrix}3&-2&-4\\-2&6&-2\\-4&-2&3\end{pmatrix}$.

2. 设有三阶方阵 $\boldsymbol{A}=\begin{pmatrix}2&0&0\\0&0&1\\0&1&0\end{pmatrix}$ 和 $\boldsymbol{B}=\begin{pmatrix}1&0&0\\0&-1&0\\6&-6&2\end{pmatrix}$,试判断 $\boldsymbol{A}$ 与 $\boldsymbol{B}$ 是否相似.

3. 填空题:

(1) 已知矩阵 $\boldsymbol{A}=\begin{pmatrix}1&-1&1\\2&4&-2\\-3&-3&5\end{pmatrix}$,$\boldsymbol{B}=\begin{pmatrix}\lambda&0&0\\0&2&0\\0&0&2\end{pmatrix}$,且 $\boldsymbol{A}\sim\boldsymbol{B}$,则 $\lambda=$ __________.

(2) 已知矩阵 $\boldsymbol{A}=\begin{pmatrix}2&0&0\\0&0&1\\0&1&x\end{pmatrix}$ 与 $\boldsymbol{B}=\begin{pmatrix}2&0&0\\0&y&0\\0&0&-1\end{pmatrix}$ 相似,则 $x=$ __________,$y=$ __________.

(3) 若四阶方阵 $\boldsymbol{A}$ 与 $\boldsymbol{B}$ 相似,方阵 $\boldsymbol{A}$ 的特征值为 $\frac{1}{2},\frac{1}{3},\frac{1}{4},\frac{1}{5}$,则行列式 $|\boldsymbol{B}^{-1}-\boldsymbol{E}|=$ __________.

4. 设 $n$ 阶方阵 $\boldsymbol{A}$ 有 $n$ 个互异的特征值 $\lambda_1,\lambda_2,\cdots,\lambda_n$,又设 $n$ 阶方阵 $\boldsymbol{B}$ 与 $\boldsymbol{A}$ 有相同的特征值,证明:$\boldsymbol{A}\sim\boldsymbol{B}$.

# 第三节 实对称矩阵的对角化

实数域上的对称矩阵称为实对称矩阵. 从上一节我们知道,任意的 $n$ 阶方阵不一定都与对角形矩阵相似,但是可以证明实对称矩阵能与对角形矩阵相似. 本节主要讨论实对称矩阵的特征值和特征向量的性质及实对称矩阵的对角化问题.

## 一、实对称矩阵的特征值与特征向量

**定理 5.8**　**实对称矩阵的特征值都是实数.**

***证明**　在复数域 $\mathbf{C}$ 内,设 $n$ 阶实对称矩阵 $\mathbf{A}$ 有一个特征值为 $\lambda=a+b\mathrm{i}(\mathrm{i}=\sqrt{-1})$,$\mathbf{A}$ 的属于 $\lambda$ 的特征向量为 $\boldsymbol{\alpha}+\boldsymbol{\beta}\mathrm{i}$($\boldsymbol{\alpha}$ 和 $\boldsymbol{\beta}$ 至少有一个是非零向量),那么根据定义有

$$\mathbf{A}(\boldsymbol{\alpha}+\boldsymbol{\beta}\mathrm{i})=(a+b\mathrm{i})(\boldsymbol{\alpha}+\boldsymbol{\beta}\mathrm{i}),$$

即

$$\mathbf{A}\boldsymbol{\alpha}+\mathbf{A}\boldsymbol{\beta}\mathrm{i}=a\boldsymbol{\alpha}+a\boldsymbol{\beta}\mathrm{i}+b\boldsymbol{\alpha}\mathrm{i}-b\boldsymbol{\beta}.$$

由两端实部与虚部分别相等,得

$$\mathbf{A}\boldsymbol{\alpha}=a\boldsymbol{\alpha}-b\boldsymbol{\beta},$$
$$\mathbf{A}\boldsymbol{\beta}=b\boldsymbol{\alpha}+a\boldsymbol{\beta}.$$

用 $\boldsymbol{\beta}^{\mathrm{T}}$ 左乘第一式,用 $\boldsymbol{\alpha}^{\mathrm{T}}$ 左乘第二式,得

$$\boldsymbol{\beta}^{\mathrm{T}}\mathbf{A}\boldsymbol{\alpha}=a\boldsymbol{\beta}^{\mathrm{T}}\boldsymbol{\alpha}-b\boldsymbol{\beta}^{\mathrm{T}}\boldsymbol{\beta}, \tag{5.7}$$
$$\boldsymbol{\alpha}^{\mathrm{T}}\mathbf{A}\boldsymbol{\beta}=b\boldsymbol{\alpha}^{\mathrm{T}}\boldsymbol{\alpha}+a\boldsymbol{\alpha}^{\mathrm{T}}\boldsymbol{\beta}. \tag{5.8}$$

因为

$$(\boldsymbol{\beta}^{\mathrm{T}}\mathbf{A}\boldsymbol{\alpha})^{\mathrm{T}}=\boldsymbol{\beta}^{\mathrm{T}}\mathbf{A}\boldsymbol{\alpha}=\boldsymbol{\alpha}^{\mathrm{T}}\mathbf{A}\boldsymbol{\beta},\quad \text{又}\quad \boldsymbol{\alpha}^{\mathrm{T}}\boldsymbol{\beta}=\boldsymbol{\beta}^{\mathrm{T}}\boldsymbol{\alpha},$$

所以式(5.7)和式(5.8)左端相等,两式相减得

$$b(\boldsymbol{\alpha}^{\mathrm{T}}\boldsymbol{\alpha}+\boldsymbol{\beta}^{\mathrm{T}}\boldsymbol{\beta})=0.$$

因为特征向量是非零向量,所以 $\boldsymbol{\alpha}^{\mathrm{T}}\boldsymbol{\alpha}>0,\boldsymbol{\beta}^{\mathrm{T}}\boldsymbol{\beta}>0$. 故 $b=0$,即 $\lambda$ 为实数.

**定理 5.9**　**实对称矩阵的对应于不同特征值的特征向量是正交的.**

**证明**　设 $\mathbf{A}$ 为 $n$ 阶实对称矩阵,$\boldsymbol{\alpha}_1,\boldsymbol{\alpha}_2$ 是 $\mathbf{A}$ 的分别属于不同特征值 $\lambda_1,\lambda_2$ 的特征向量,则

$$\mathbf{A}\boldsymbol{\alpha}_1=\lambda_1\boldsymbol{\alpha}_1\quad(\boldsymbol{\alpha}_1\neq\mathbf{0}),$$
$$\mathbf{A}\boldsymbol{\alpha}_2=\lambda_2\boldsymbol{\alpha}_2\quad(\boldsymbol{\alpha}_2\neq\mathbf{0}).$$

两式分别左乘 $\boldsymbol{\alpha}_2^{\mathrm{T}}$ 与 $\boldsymbol{\alpha}_1^{\mathrm{T}}$,得到

$$\boldsymbol{\alpha}_2^{\mathrm{T}}\mathbf{A}\boldsymbol{\alpha}_1=\lambda_1\boldsymbol{\alpha}_2^{\mathrm{T}}\boldsymbol{\alpha}_1, \tag{5.9}$$
$$\boldsymbol{\alpha}_1^{\mathrm{T}}\mathbf{A}\boldsymbol{\alpha}_2=\lambda_2\boldsymbol{\alpha}_1^{\mathrm{T}}\boldsymbol{\alpha}_2. \tag{5.10}$$

由于 $\mathbf{A}$ 是实对称矩阵,$\boldsymbol{\alpha}_2^{\mathrm{T}}\mathbf{A}\boldsymbol{\alpha}_1$ 是一标量,因此

$$\boldsymbol{\alpha}_2^{\mathrm{T}}\mathbf{A}\boldsymbol{\alpha}_1=(\boldsymbol{\alpha}_2^{\mathrm{T}}\mathbf{A}\boldsymbol{\alpha}_1)^{\mathrm{T}}=\boldsymbol{\alpha}_1^{\mathrm{T}}\mathbf{A}\boldsymbol{\alpha}_2.$$

因而式(5.9)和式(5.10)左端相等,故

$$\lambda_1\boldsymbol{\alpha}_2^{\mathrm{T}}\boldsymbol{\alpha}_1=\lambda_2\boldsymbol{\alpha}_1^{\mathrm{T}}\boldsymbol{\alpha}_2.$$

因为 $\boldsymbol{\alpha}_1^{\mathrm{T}}\boldsymbol{\alpha}_2=\boldsymbol{\alpha}_2^{\mathrm{T}}\boldsymbol{\alpha}_1$,所以 $(\lambda_1-\lambda_2)\boldsymbol{\alpha}_1^{\mathrm{T}}\boldsymbol{\alpha}_2=0$. 又因为 $\lambda_1\neq\lambda_2$,所以 $\boldsymbol{\alpha}_1^{\mathrm{T}}\boldsymbol{\alpha}_2=0$,即 $\boldsymbol{\alpha}_1$ 与 $\boldsymbol{\alpha}_2$ 正交.

由定理 5.8 可知,实对称矩阵的特征值都是实数,若 $n$ 阶实对称矩阵 $\mathbf{A}$ 有 $m$ 个互异的实特征值 $\lambda_1,\lambda_2,\cdots,\lambda_m,\lambda_i$ 为 $\mathbf{A}$ 的 $k_i$ 重特征值($i=1,2,\cdots,m$),由代数基本定理可知 $k_1+$

$k_2+\cdots+k_m=n$. 可以证明，对于$\boldsymbol{A}$的$k_i$重特征值$\lambda_i$，$\boldsymbol{A}$恰好有$k_i$个属于特征值$\lambda_i$的线性无关的特征向量，而把这$k_i$个线性无关的特征向量用施密特正交化方法正交化后得到的向量仍是$\boldsymbol{A}$的属于特征值$\lambda_i$的特征向量. 由此可知，$n$阶实对称矩阵$\boldsymbol{A}$必有$n$个正交的特征向量. 把这$n$个正交的特征向量单位化，它们是相互正交的单位特征向量组，把所得的$n$个单位正交特征向量作为列向量组成矩阵$\boldsymbol{Q}$，则$\boldsymbol{Q}$是正交矩阵，且$\boldsymbol{Q}^{-1}\boldsymbol{AQ}=\boldsymbol{Q}^{\mathrm{T}}\boldsymbol{AQ}$为对角形矩阵.

**定理 5.10** 设$\boldsymbol{A}$为$n$阶实对称矩阵，则存在正交矩阵$\boldsymbol{Q}$，使$\boldsymbol{Q}^{-1}\boldsymbol{AQ}$为对角形矩阵.

**证明** 设$\boldsymbol{A}$的互不相同的特征值为$\lambda_1,\lambda_2,\cdots,\lambda_m$，它们的重数依次为$k_1,k_2,\cdots,k_m$，并且$k_1+k_2+\cdots+k_m=n$. 由前面的叙述知$n$阶实对称矩阵$\boldsymbol{A}$必有$n$个正交的特征向量，将其单位化后记为$\boldsymbol{\alpha}_1,\boldsymbol{\alpha}_2,\cdots,\boldsymbol{\alpha}_n$，则$\boldsymbol{\alpha}_1,\boldsymbol{\alpha}_2,\cdots,\boldsymbol{\alpha}_n$是一个单位正交的特征向量组且分别对应于特征值$\lambda_1,\lambda_2,\cdots,\lambda_n$，即$\boldsymbol{A\alpha}_i=\lambda_i\boldsymbol{\alpha}_i(i=1,2,\cdots,n)$，所以

$$(\boldsymbol{A\alpha}_1,\boldsymbol{A\alpha}_2,\cdots,\boldsymbol{A\alpha}_n)=(\lambda_1\boldsymbol{\alpha}_1,\lambda_2\boldsymbol{\alpha}_2,\cdots,\lambda_n\boldsymbol{\alpha}_n),$$

即

$$\boldsymbol{A}(\boldsymbol{\alpha}_1,\boldsymbol{\alpha}_2,\cdots,\boldsymbol{\alpha}_n)=(\boldsymbol{\alpha}_1,\boldsymbol{\alpha}_2,\cdots,\boldsymbol{\alpha}_n)\begin{pmatrix}\lambda_1&&&\\&\lambda_2&&\\&&\ddots&\\&&&\lambda_n\end{pmatrix}.$$

记$\boldsymbol{Q}=(\boldsymbol{\alpha}_1,\boldsymbol{\alpha}_2,\cdots,\boldsymbol{\alpha}_n)$，$\boldsymbol{\Lambda}$为由$\lambda_1,\lambda_2,\cdots,\lambda_n$组成的对角形矩阵，则$\boldsymbol{Q}$为正交矩阵且有$\boldsymbol{AQ}=\boldsymbol{Q\Lambda}$. 由于正交矩阵$\boldsymbol{Q}$必可逆，故$\boldsymbol{Q}^{-1}\boldsymbol{AQ}=\boldsymbol{\Lambda}$，即$\boldsymbol{A}$与对角形矩阵$\boldsymbol{\Lambda}$相似.

## 二、实对称矩阵的对角化

根据前面所讲，对于$n$阶实对称矩阵$\boldsymbol{A}$，我们可以按以下步骤求出正交矩阵$\boldsymbol{Q}$，使$\boldsymbol{Q}^{-1}\boldsymbol{AQ}$成为对角形矩阵：

(1) 求出$\boldsymbol{A}$的所有不同特征值$\lambda_1,\lambda_2,\cdots,\lambda_m$.

(2) 求出$\boldsymbol{A}$的对应于每个特征值$\lambda_i$的一组线性无关的特征向量，即求出齐次线性方程组$(\lambda_i\boldsymbol{E}-\boldsymbol{A})\boldsymbol{X}=\boldsymbol{0}$的一个基础解系；利用施密特正交化方法把基础解系正交化，再单位化，得到$\boldsymbol{A}$的$n$个相互正交的单位特征向量.

(3) 以$n$个相互正交的单位特征向量为列向量组成矩阵$\boldsymbol{Q}$，则$\boldsymbol{Q}$为正交矩阵，且$\boldsymbol{Q}^{-1}\boldsymbol{AQ}$就等于以相应的特征值作为主对角线元素的对角形矩阵.

**例 1** 设矩阵$\boldsymbol{A}=\begin{pmatrix}4&2&2\\2&4&2\\2&2&4\end{pmatrix}$，求正交矩阵$\boldsymbol{Q}$，使$\boldsymbol{Q}^{-1}\boldsymbol{AQ}$成为对角形矩阵.

**解** 矩阵$\boldsymbol{A}$的特征多项式为

$$|\lambda\boldsymbol{E}-\boldsymbol{A}|=\begin{vmatrix}\lambda-4&-2&-2\\-2&\lambda-4&-2\\-2&-2&\lambda-4\end{vmatrix}=(\lambda-2)^2(\lambda-8),$$

所以 $\boldsymbol{A}$ 的全部特征值为 $\lambda_1 = 8, \lambda_2 = \lambda_3 = 2$.

对于 $\lambda_1 = 8$，求齐次线性方程组 $(8\boldsymbol{E} - \boldsymbol{A})\boldsymbol{X} = \boldsymbol{0}$ 的基础解系，得

$$\boldsymbol{\eta}_1 = \begin{pmatrix} 1 \\ 1 \\ 1 \end{pmatrix},$$

将其单位化，得

$$\boldsymbol{e}_1 = \frac{\boldsymbol{\eta}_1}{\|\boldsymbol{\eta}_1\|} = \begin{pmatrix} \frac{1}{\sqrt{3}} \\ \frac{1}{\sqrt{3}} \\ \frac{1}{\sqrt{3}} \end{pmatrix}.$$

对于 $\lambda_2 = \lambda_3 = 2$，求齐次线性方程组 $(2\boldsymbol{E} - \boldsymbol{A})\boldsymbol{X} = \boldsymbol{0}$ 的基础解系，得

$$\boldsymbol{\eta}_2 = \begin{pmatrix} -1 \\ 1 \\ 0 \end{pmatrix}, \quad \boldsymbol{\eta}_3 = \begin{pmatrix} -1 \\ 0 \\ 1 \end{pmatrix}.$$

将 $\boldsymbol{\eta}_2, \boldsymbol{\eta}_3$ 正交化，取

$$\boldsymbol{\beta}_1 = \boldsymbol{\eta}_2,$$

$$\boldsymbol{\beta}_2 = \boldsymbol{\eta}_3 - \frac{\boldsymbol{\eta}_3^{\mathrm{T}}\boldsymbol{\eta}_2}{\boldsymbol{\eta}_2^{\mathrm{T}}\boldsymbol{\eta}_2}\boldsymbol{\eta}_2 = \begin{pmatrix} -1 \\ 0 \\ 1 \end{pmatrix} - \frac{1}{2}\begin{pmatrix} -1 \\ 1 \\ 0 \end{pmatrix} = \begin{pmatrix} -\frac{1}{2} \\ -\frac{1}{2} \\ 1 \end{pmatrix}.$$

将 $\boldsymbol{\beta}_1, \boldsymbol{\beta}_2$ 单位化，得

$$\boldsymbol{e}_2 = \frac{\boldsymbol{\beta}_1}{\|\boldsymbol{\beta}_1\|} = \begin{pmatrix} -\frac{1}{\sqrt{2}} \\ \frac{1}{\sqrt{2}} \\ 0 \end{pmatrix}, \quad \boldsymbol{e}_3 = \frac{\boldsymbol{\beta}_2}{\|\boldsymbol{\beta}_2\|} = \begin{pmatrix} -\frac{1}{\sqrt{6}} \\ -\frac{1}{\sqrt{6}} \\ \frac{2}{\sqrt{6}} \end{pmatrix}.$$

于是，令

$$\boldsymbol{Q} = (\boldsymbol{e}_1, \boldsymbol{e}_2, \boldsymbol{e}_3) = \begin{pmatrix} \frac{1}{\sqrt{3}} & -\frac{1}{\sqrt{2}} & -\frac{1}{\sqrt{6}} \\ \frac{1}{\sqrt{3}} & \frac{1}{\sqrt{2}} & -\frac{1}{\sqrt{6}} \\ \frac{1}{\sqrt{3}} & 0 & \frac{2}{\sqrt{6}} \end{pmatrix},$$

不难验证

$$Q^{-1}AQ = Q^{T}AQ = \begin{pmatrix} 8 & & \\ & 2 & \\ & & 2 \end{pmatrix}.$$

**例 2** 设 6,3,3 为三阶实对称矩阵 **A** 的全部特征值,属于 3 的特征向量为 $\boldsymbol{\alpha}_1 = \begin{pmatrix} -1 \\ 0 \\ 1 \end{pmatrix}$,$\boldsymbol{\alpha}_2 = \begin{pmatrix} 1 \\ 2 \\ 1 \end{pmatrix}$,求:

(1) 属于 6 的特征向量;

(2) 矩阵 **A**.

**解** (1) 设属于 6 的特征向量为 $\boldsymbol{\alpha}_3 = \begin{pmatrix} x_1 \\ x_2 \\ x_3 \end{pmatrix}$,则有

$$\boldsymbol{\alpha}_3^T\boldsymbol{\alpha}_1 = (x_1, x_2, x_3)\begin{pmatrix} -1 \\ 0 \\ 1 \end{pmatrix} = -x_1 + x_3 = 0,$$

$$\boldsymbol{\alpha}_3^T\boldsymbol{\alpha}_2 = (x_1, x_2, x_3)\begin{pmatrix} 1 \\ 2 \\ 1 \end{pmatrix} = x_1 + 2x_2 + x_3 = 0.$$

于是$\begin{cases} x_1 = x_3, \\ x_2 = -x_3, \end{cases}$ 取 $x_3 = 1$,得

$$\boldsymbol{\alpha}_3 = \begin{pmatrix} 1 \\ -1 \\ 1 \end{pmatrix}.$$

(2) 易知,$\boldsymbol{\alpha}_1 = \begin{pmatrix} -1 \\ 0 \\ 1 \end{pmatrix}$,$\boldsymbol{\alpha}_2 = \begin{pmatrix} 1 \\ 2 \\ 1 \end{pmatrix}$,$\boldsymbol{\alpha}_3 = \begin{pmatrix} 1 \\ -1 \\ 1 \end{pmatrix}$ 已正交,将它们单位化,得

$$\boldsymbol{\beta}_1 = \begin{pmatrix} -\frac{1}{\sqrt{2}} \\ 0 \\ \frac{1}{\sqrt{2}} \end{pmatrix}, \quad \boldsymbol{\beta}_2 = \begin{pmatrix} \frac{1}{\sqrt{6}} \\ \frac{2}{\sqrt{6}} \\ \frac{1}{\sqrt{6}} \end{pmatrix}, \quad \boldsymbol{\beta}_3 = \begin{pmatrix} \frac{1}{\sqrt{3}} \\ -\frac{1}{\sqrt{3}} \\ \frac{1}{\sqrt{3}} \end{pmatrix},$$

则有正交矩阵

$$Q=(\boldsymbol{\beta}_1,\boldsymbol{\beta}_2,\boldsymbol{\beta}_3)=\begin{pmatrix}-\frac{1}{\sqrt{2}} & \frac{1}{\sqrt{6}} & \frac{1}{\sqrt{3}}\\ 0 & \frac{2}{\sqrt{6}} & -\frac{1}{\sqrt{3}}\\ \frac{1}{\sqrt{2}} & \frac{1}{\sqrt{6}} & \frac{1}{\sqrt{3}}\end{pmatrix},$$

于是有

$$Q^{-1}AQ=Q^{\mathrm{T}}AQ=\begin{pmatrix}3 & & \\ & 3 & \\ & & 6\end{pmatrix},$$

$$A=Q\begin{pmatrix}3 & & \\ & 3 & \\ & & 6\end{pmatrix}Q^{-1}=Q\begin{pmatrix}3 & & \\ & 3 & \\ & & 6\end{pmatrix}Q^{\mathrm{T}}=\begin{pmatrix}4 & -1 & 1\\ -1 & 4 & -1\\ 1 & -1 & 4\end{pmatrix}.$$

**例 3**　设三阶实对称矩阵 $\boldsymbol{A}$ 的秩为 2，$\lambda_1=\lambda_2=6$ 是 $\boldsymbol{A}$ 的二重特征值，若 $\boldsymbol{\alpha}_1=(1,1,0)^{\mathrm{T}}$，$\boldsymbol{\alpha}_2=(2,1,1)^{\mathrm{T}}$ 都是 $\boldsymbol{A}$ 的属于特征值 $\lambda_1=\lambda_2=6$ 的特征向量，求：

(1) $\boldsymbol{A}$ 的另一个特征值和对应的特征向量；

(2) 矩阵 $\boldsymbol{A}$.

**解**　因为矩阵 $\boldsymbol{A}$ 的秩为 2，所以 $\boldsymbol{A}$ 的另一个特征值为 $\lambda_3=0$. 再由实对称矩阵不同的特征值所对应的特征向量正交可得相应的特征向量，此时矩阵 $\boldsymbol{A}$ 也立即可得.

(1) 因为 $\lambda_1=\lambda_2=6$ 是 $\boldsymbol{A}$ 的二重特征值，所以 $\boldsymbol{A}$ 的属于 $\lambda_1=\lambda_2=6$ 的线性无关的特征向量有两个，由题设知 $\boldsymbol{\alpha}_1=(1,1,0)^{\mathrm{T}}$，$\boldsymbol{\alpha}_2=(2,1,1)^{\mathrm{T}}$ 为 $\boldsymbol{A}$ 的属于 $\lambda_1=\lambda_2=6$ 的线性无关的特征向量. 又因为 $\boldsymbol{A}$ 的秩为 2，于是 $|\boldsymbol{A}|=0$，所以 $\boldsymbol{A}$ 的另一个特征值为 $\lambda_3=0$. 设其对应的特征向量为 $\boldsymbol{\alpha}=(x_1,x_2,x_3)^{\mathrm{T}}$，则有 $\boldsymbol{\alpha}_1^{\mathrm{T}}\boldsymbol{\alpha}=\boldsymbol{\alpha}_2^{\mathrm{T}}\boldsymbol{\alpha}=0$，即

$$\begin{cases}x_1+x_2=0,\\ 2x_1+x_2+x_3=0,\end{cases}$$

得基础解系为 $\boldsymbol{\alpha}=(-1,1,1)^{\mathrm{T}}$. 故 $\boldsymbol{A}$ 的属于 $\lambda_3=0$ 的全部特征向量为

$$k\boldsymbol{\alpha}=k(-1,1,1)^{\mathrm{T}}\quad(k\text{ 为任意非零常数}).$$

(2) 令 $\boldsymbol{\beta}_1=\boldsymbol{\alpha}_1$，$\boldsymbol{\beta}_2=\boldsymbol{\alpha}_2-\dfrac{\boldsymbol{\alpha}_2^{\mathrm{T}}\boldsymbol{\beta}_1}{\boldsymbol{\beta}_1^{\mathrm{T}}\boldsymbol{\beta}_1}\boldsymbol{\beta}_1=\left(\dfrac{1}{2},-\dfrac{1}{2},1\right)^{\mathrm{T}}$，将 $\boldsymbol{\beta}_1,\boldsymbol{\beta}_2,\boldsymbol{\alpha}$ 单位化，则

$$Q=\begin{pmatrix}\frac{1}{\sqrt{2}} & \frac{1}{\sqrt{6}} & -\frac{1}{\sqrt{3}}\\ \frac{1}{\sqrt{2}} & -\frac{1}{\sqrt{6}} & \frac{1}{\sqrt{3}}\\ 0 & \frac{2}{\sqrt{6}} & \frac{1}{\sqrt{3}}\end{pmatrix},\quad Q^{-1}AQ=\begin{pmatrix}6 & 0 & 0\\ 0 & 6 & 0\\ 0 & 0 & 0\end{pmatrix},$$

所以

$$A = Q\begin{pmatrix}6&0&0\\0&6&0\\0&0&0\end{pmatrix}Q^{-1} = \begin{pmatrix}4&2&2\\2&4&-2\\2&-2&4\end{pmatrix}.$$

**例 4** 已知向量 $\boldsymbol{\alpha} = (1,k,1)^T$ 是实对称矩阵 $A = \begin{pmatrix}2&1&1\\1&2&1\\1&1&2\end{pmatrix}$ 的伴随矩阵 $A^*$ 的特征向量,求 $k$ 的值和 $A^*$ 的特征值,并确定 $\boldsymbol{\alpha}$ 是 $A^*$ 的属于哪个特征值的特征向量.

**解** 由第一节例 4 知 $\boldsymbol{\alpha}$ 也是 $A$ 的特征向量,设 $\lambda$ 是 $A$ 的特征值,$\boldsymbol{\alpha}$ 是 $A$ 的属于 $\lambda$ 的特征向量,则有 $A\boldsymbol{\alpha} = \lambda\boldsymbol{\alpha}$,即

$$\begin{pmatrix}2&1&1\\1&2&1\\1&1&2\end{pmatrix}\begin{pmatrix}1\\k\\1\end{pmatrix} = \lambda\begin{pmatrix}1\\k\\1\end{pmatrix},\quad 得\quad \begin{cases}3+k=\lambda,\\2+2k=\lambda k.\end{cases}$$

解得 $k = 1$ 或 $k = -2$.

当 $k = 1$ 时,$\lambda = 4$,即 $A$ 有特征值 4. 故 $A^*$ 的特征值为 $\frac{|A|}{\lambda}$,即为 1,且 $\boldsymbol{\alpha}$ 是 $A^*$ 的属于特征值 1 的特征向量. 当 $k = -2$ 时,$\lambda = 1$,即 $A$ 有特征值 1. 故 $A^*$ 的特征值为 $\frac{|A|}{\lambda}$,即为 4,且 $\boldsymbol{\alpha}$ 是 $A^*$ 的属于特征值 4 的特征向量.

## 习题 5.3

1. 求正交矩阵 $Q$,使 $Q^{-1}AQ$ 为对角形矩阵:

(1) $A = \begin{pmatrix}2&-1&-1\\-1&2&-1\\-1&-1&2\end{pmatrix}$; (2) $A = \begin{pmatrix}1&0&2\\0&1&2\\2&2&-1\end{pmatrix}$.

2. 设三阶实对称矩阵 $A$ 的各行元素之和均为 3,向量 $\boldsymbol{\alpha}_1 = (-1,2,-1)^T$,$\boldsymbol{\alpha}_2 = (0,-1,1)^T$ 是线性方程组 $AX = \mathbf{0}$ 的两个解.

(1) 求 $A$ 的特征值和特征向量;

(2) 求正交矩阵 $Q$ 和对角形矩阵 $\Lambda$,使 $Q^{-1}AQ = \Lambda$,并求 $A$.

3. 已知 $n$ 阶实对称矩阵 $A$ 的特征值只能是 $-1$ 和 1,求 $A^2$.

4. 设三阶实对称矩阵 $A$ 的全部特征值为 $\lambda_1 = 1$,$\lambda_2 = 2$,$\lambda_3 = -2$,$\boldsymbol{\alpha}_1 = (1,-1,1)^T$ 是 $A$ 的属于 $\lambda_1 = 1$ 的一个特征向量,记 $B = A^5 - 4A^3 + E$,$E$ 为三阶单位矩阵.

(1) 验证 $\boldsymbol{\alpha}_1$ 是矩阵 $B$ 的特征向量,并求 $B$ 的全部特征值与特征向量;

(2) 求矩阵 $B$.

5. 设 $A$ 是 $n$ 阶实对称矩阵,证明:$r(A) = r(A^2)$.

# 第六章

# 二次型

微课视频

在平面解析几何中，$ax^2+2bxy+cy^2=f$ 确定一条二次曲线，为了研究二次曲线的性质，常常通过坐标变换 $\begin{cases} x=x'\cos\theta-y'\sin\theta, \\ y=x'\sin\theta+y'\cos\theta \end{cases}$ 后，可消去交叉项，化为只含平方项的标准形式 $a'x'^2+b'y'^2=f$，从而很容易判别曲线的类型. 在研究科学技术和经济管理领域中的许多数学模型时经常遇到这样一类问题：需要把 $n$ 个变量的二次齐次函数通过非退化的线性替换，化为只含完全平方项的形式，以便讨论该函数的性质.

在这一章，我们将研究 $n$ 元二次齐次函数及其标准形等有关性质.

# 第一节 二次型及其矩阵表示

## 一、基本概念

**定义 6.1** 含有 $n$ 个变量 $x_1,x_2,\cdots,x_n$ 的二次齐次函数

$$f(x_1,x_2,\cdots,x_n)=\sum_{i=1}^{n}\sum_{j=1}^{n}a_{ij}x_ix_j,$$

称为数域 $F$ 上的一个 **$n$ 元二次型**,简称**二次型**,其中 $a_{ij}=a_{ji}(i,j=1,2,\cdots,n)$ 是数域 $F$ 上的元素.

将 $f(x_1,x_2,\cdots,x_n)$ 具体写出来,就是

$$\begin{aligned}f(x_1,x_2,\cdots,x_n)=&a_{11}x_1^2+a_{12}x_1x_2+\cdots+a_{1n}x_1x_n\\&+a_{21}x_2x_1+a_{22}x_2^2+\cdots+a_{2n}x_2x_n+\cdots\\&+a_{n1}x_nx_1+a_{n2}x_nx_2+\cdots+a_{nn}x_n^2.\end{aligned}$$

现将 $f(x_1,x_2,\cdots,x_n)$ 改写为矩阵乘积的形式:

$$f(x_1,x_2,\cdots,x_n)=(x_1,x_2,\cdots,x_n)\begin{pmatrix}a_{11}&a_{12}&\cdots&a_{1n}\\a_{21}&a_{22}&\cdots&a_{2n}\\\vdots&\vdots&&\vdots\\a_{n1}&a_{n2}&\cdots&a_{nn}\end{pmatrix}\begin{pmatrix}x_1\\x_2\\\vdots\\x_n\end{pmatrix}.$$

令

$$\boldsymbol{X}=\begin{pmatrix}x_1\\x_2\\\vdots\\x_n\end{pmatrix},\quad \boldsymbol{A}=\begin{pmatrix}a_{11}&a_{12}&\cdots&a_{1n}\\a_{21}&a_{22}&\cdots&a_{2n}\\\vdots&\vdots&&\vdots\\a_{n1}&a_{n2}&\cdots&a_{nn}\end{pmatrix},$$

则

$$f(\boldsymbol{X})=\boldsymbol{X}^{\mathrm{T}}\boldsymbol{A}\boldsymbol{X},$$

其中 $\boldsymbol{A}$ 称为二次型的矩阵.因为 $a_{ij}=a_{ji}(i,j=1,2,\cdots,n)$,所以二次型的矩阵均为对称矩阵.矩阵 $\boldsymbol{A}$ 的秩 $\mathrm{r}(\boldsymbol{A})$ 称为二次型的秩.

考虑到 $\boldsymbol{A}$ 的对称性,二次型可写为

$$\begin{aligned}f(x_1,x_2,\cdots,x_n)=&a_{11}x_1^2+2a_{12}x_1x_2+2a_{13}x_1x_3+\cdots+2a_{1n}x_1x_n\\&+a_{22}x_2^2+2a_{23}x_2x_3+\cdots+2a_{2n}x_2x_n+\cdots+a_{nn}x_n^2.\end{aligned}\tag{6.1}$$

从定义可知,$n$ 元二次型与 $n$ 阶对称矩阵一一对应,即给定一个 $n$ 元二次型(6.1),就可得到唯一的 $n$ 阶对称矩阵 $\boldsymbol{A}$,$\boldsymbol{A}$ 为该二次型的矩阵,二次型可以写成 $\boldsymbol{X}^{\mathrm{T}}\boldsymbol{A}\boldsymbol{X}$;反之,如果

给定一个 $n$ 阶对称矩阵 $\boldsymbol{A}$，就可以唯一确定一个 $n$ 元二次型 $\boldsymbol{X}^{\mathrm{T}}\boldsymbol{A}\boldsymbol{X}$，该二次型的矩阵正好是 $\boldsymbol{A}$.

**例 1** 设二次型 $f(x_1,x_2,x_3)=2x_1^2-6x_1x_2+4x_1x_3+x_2x_3-x_3^2$，求二次型的矩阵 $\boldsymbol{A}$.

**解** 因为

$$f(x_1,x_2,x_3)=2x_1^2-3x_1x_2+2x_1x_3-3x_2x_1+0\cdot x_2^2+\frac{1}{2}x_2x_3+2x_3x_1+\frac{1}{2}x_3x_2-x_3^2,$$

所以

$$\boldsymbol{A}=\begin{pmatrix} 2 & -3 & 2 \\ -3 & 0 & \frac{1}{2} \\ 2 & \frac{1}{2} & -1 \end{pmatrix}.$$

**例 2** 已知对称矩阵 $\boldsymbol{A}=\begin{pmatrix} 5 & -1 & 1 \\ -1 & 1 & 3 \\ 1 & 3 & -2 \end{pmatrix}$，求 $\boldsymbol{A}$ 对应的二次型.

**解** 设 $\boldsymbol{X}=(x_1,x_2,x_3)^{\mathrm{T}}$，则

$$\begin{aligned} f(\boldsymbol{X}) &= \boldsymbol{X}^{\mathrm{T}}\boldsymbol{A}\boldsymbol{X} \\ &= (x_1,x_2,x_3)\begin{pmatrix} 5 & -1 & 1 \\ -1 & 1 & 3 \\ 1 & 3 & -2 \end{pmatrix}\begin{pmatrix} x_1 \\ x_2 \\ x_3 \end{pmatrix} \\ &= 5x_1^2-2x_1x_2+2x_1x_3+x_2^2+6x_2x_3-2x_3^2. \end{aligned}$$

**定义 6.2** 形如

$$f(y_1,y_2,\cdots,y_n)=d_1y_1^2+d_2y_2^2+\cdots+d_ny_n^2 \tag{6.2}$$

的二次型，称为二次型的**标准形**，其中 $d_1,d_2,\cdots,d_n$ 是数域 $F$ 上的元素.

将 $f(y_1,y_2,\cdots,y_n)$ 改写为矩阵乘积的形式：

$$f(y_1,y_2,\cdots,y_n)=(y_1,y_2,\cdots,y_n)\begin{pmatrix} d_1 & & & \\ & d_2 & & \\ & & \ddots & \\ & & & d_n \end{pmatrix}\begin{pmatrix} y_1 \\ y_2 \\ \vdots \\ y_n \end{pmatrix}.$$

令

$$\boldsymbol{Y}=\begin{pmatrix} y_1 \\ y_2 \\ \vdots \\ y_n \end{pmatrix},\quad \boldsymbol{D}=\begin{pmatrix} d_1 & & & \\ & d_2 & & \\ & & \ddots & \\ & & & d_n \end{pmatrix},$$

则标准形可以写为

$$f(\boldsymbol{Y})=\boldsymbol{Y}^{\mathrm{T}}\boldsymbol{D}\boldsymbol{Y}.$$

可见，标准形的矩阵为对角形矩阵，其秩 $\mathrm{r}(\boldsymbol{D})$ 为 $d_1,d_2,\cdots,d_n$ 中非零元素的个数.

**定义 6.3** 形如

$$f(z_1,z_2,\cdots,z_n)=z_1^2+z_2^2+\cdots+z_p^2-z_{p+1}^2-\cdots-z_r^2 \quad (r\leqslant n) \tag{6.3}$$

的二次型,称为实数域 **R** 上二次型的**规范形**,其矩阵为

$$\boldsymbol{\Lambda}_{\mathbf{R}}=\begin{pmatrix}1&&&&&&&&\\&\ddots&&&&&&&\\&&1&&&&&&\\&&&-1&&&&&\\&&&&\ddots&&&&\\&&&&&-1&&&\\&&&&&&0&&\\&&&&&&&\ddots&\\&&&&&&&&0\end{pmatrix},$$

其中 $\boldsymbol{\Lambda}_{\mathbf{R}}$ 主对角线上非零元素的个数为 $r$($\boldsymbol{\Lambda}_{\mathbf{R}}$ 的秩),1 的个数为 $p$,$-1$ 的个数为 $r-p$,0 的个数为 $n-r$.

令 $\boldsymbol{Z}=(z_1,\cdots,z_r,\cdots,z_n)^{\mathrm{T}}$,则实数域 **R** 上二次型的规范形为

$$f(\boldsymbol{Z})=\boldsymbol{Z}^{\mathrm{T}}\boldsymbol{\Lambda}_{\mathbf{R}}\boldsymbol{Z},$$

规范形的秩 $\mathrm{r}(\boldsymbol{\Lambda}_{\mathbf{R}})=r$.

**定义 6.4** 形如

$$f(z_1,z_2,\cdots,z_n)=z_1^2+z_2^2+\cdots+z_r^2 \quad (r\leqslant n) \tag{6.4}$$

的二次型,称为复数域 **C** 上二次型的**规范形**,其矩阵为

$$\boldsymbol{\Lambda}_{\mathbf{C}}=\begin{pmatrix}1&&&&&\\&\ddots&&&&\\&&1&&&\\&&&0&&\\&&&&\ddots&\\&&&&&0\end{pmatrix},$$

其中 1 的个数为 $r$,0 的个数为 $n-r$.

令 $\boldsymbol{Z}=(z_1,\cdots,z_r,\cdots,z_n)^{\mathrm{T}}$,则复数域 **C** 上二次型的规范形为

$$f(\boldsymbol{Z})=\boldsymbol{Z}^{\mathrm{T}}\boldsymbol{\Lambda}_{\mathbf{C}}\boldsymbol{Z},$$

规范形的秩 $\mathrm{r}(\boldsymbol{\Lambda}_{\mathbf{C}})=r$.

以后均以 $\boldsymbol{X},\boldsymbol{Y},\boldsymbol{Z}$ 代表 $n$ 维列向量.

由上面的定义可知,二次型的标准形和规范形的形式简单,矩阵都是对角形矩阵,因此把二次型化为标准形或规范形(也称为二次型化简问题)是本章要考虑的问题之一.在数域 $F$ 上任一个二次型是否一定能够化为标准形呢?如果能,那么采用什么手段化为标准形呢?又如何化为规范形呢?为此先介绍线性替换、正交替换、矩阵合同的概念.

## 二、线性替换

**定义 6.5** 设两组变量 $x_1,x_2,\cdots,x_n$ 和 $y_1,y_2,\cdots,y_n$ 满足关系式：

$$\begin{cases} x_1 = c_{11}y_1 + c_{12}y_2 + \cdots + c_{1n}y_n, \\ x_2 = c_{21}y_1 + c_{22}y_2 + \cdots + c_{2n}y_n, \\ \quad\cdots\cdots \\ x_n = c_{n1}y_1 + c_{n2}y_2 + \cdots + c_{nn}y_n, \end{cases} \tag{6.5}$$

关系式(6.5)称为由 $x_1,x_2,\cdots,x_n$ 到 $y_1,y_2,\cdots,y_n$ 的一个**线性替换**.

令

$$\boldsymbol{X} = \begin{pmatrix} x_1 \\ x_2 \\ \vdots \\ x_n \end{pmatrix}, \quad \boldsymbol{Y} = \begin{pmatrix} y_1 \\ y_2 \\ \vdots \\ y_n \end{pmatrix}, \quad \boldsymbol{C} = \begin{pmatrix} c_{11} & c_{12} & \cdots & c_{1n} \\ c_{21} & c_{22} & \cdots & c_{2n} \\ \vdots & \vdots & & \vdots \\ c_{n1} & c_{n2} & \cdots & c_{nn} \end{pmatrix},$$

则式(6.5)又可以写为

$$\boldsymbol{X} = \boldsymbol{C}\boldsymbol{Y},$$

其中系数矩阵 $\boldsymbol{C} = (c_{ij})_{n\times n}(i,j=1,2,\cdots,n)$ 称为线性替换的系数矩阵. 如果 $\boldsymbol{C}$ 可逆，则式(6.5)称为**可逆线性替换**(或**非奇异线性替换**)，且 $\boldsymbol{Y} = \boldsymbol{C}^{-1}\boldsymbol{X}$ 为式(6.5)的逆变换. 如果 $\boldsymbol{C}$ 是正交矩阵，则式(6.5)称为**正交替换**.

由正交矩阵的定义和性质可知，正交替换一定是可逆线性替换，但可逆线性替换不一定是正交替换.

设 $f(\boldsymbol{X}) = \boldsymbol{X}^{\mathrm{T}}\boldsymbol{A}\boldsymbol{X}$ 为一个 $n$ 元二次型，$\boldsymbol{X} = \boldsymbol{C}\boldsymbol{Y}$ 为一个线性替换，则有

$$f(\boldsymbol{X}) = \boldsymbol{X}^{\mathrm{T}}\boldsymbol{A}\boldsymbol{X} = (\boldsymbol{C}\boldsymbol{Y})^{\mathrm{T}}\boldsymbol{A}(\boldsymbol{C}\boldsymbol{Y}) = \boldsymbol{Y}^{\mathrm{T}}(\boldsymbol{C}^{\mathrm{T}}\boldsymbol{A}\boldsymbol{C})\boldsymbol{Y} = \boldsymbol{Y}^{\mathrm{T}}\boldsymbol{B}\boldsymbol{Y} = G(\boldsymbol{Y}),$$

其中 $\boldsymbol{B} = \boldsymbol{C}^{\mathrm{T}}\boldsymbol{A}\boldsymbol{C}$. 由于 $\boldsymbol{B}^{\mathrm{T}} = (\boldsymbol{C}^{\mathrm{T}}\boldsymbol{A}\boldsymbol{C})^{\mathrm{T}} = \boldsymbol{C}^{\mathrm{T}}\boldsymbol{A}^{\mathrm{T}}(\boldsymbol{C}^{\mathrm{T}})^{\mathrm{T}} = \boldsymbol{C}^{\mathrm{T}}\boldsymbol{A}\boldsymbol{C} = \boldsymbol{B}$，即 $\boldsymbol{B}$ 为对称矩阵，因此 $G(\boldsymbol{Y})$ 也是一个二次型. 如果 $\boldsymbol{X} = (x_1,x_2,\cdots,x_n)^{\mathrm{T}}$ 到 $\boldsymbol{U} = (u_1,u_2,\cdots,u_n)^{\mathrm{T}}$ 的可逆线性替换为 $\boldsymbol{X} = \boldsymbol{C}_1\boldsymbol{U}$，而 $\boldsymbol{U} = (u_1,u_2,\cdots,u_n)^{\mathrm{T}}$ 到 $\boldsymbol{Y} = (y_1,y_2,\cdots,y_n)^{\mathrm{T}}$ 的可逆线性替换为 $\boldsymbol{U} = \boldsymbol{C}_2\boldsymbol{Y}$，则 $\boldsymbol{X} = (x_1,x_2,\cdots,x_n)^{\mathrm{T}}$ 到 $\boldsymbol{Y} = (y_1,y_2,\cdots,y_n)^{\mathrm{T}}$ 的可逆线性替换为

$$\boldsymbol{X} = \boldsymbol{C}_1\boldsymbol{U} = (\boldsymbol{C}_1\boldsymbol{C}_2)\boldsymbol{Y}.$$

线性变换把二次型化为二次型，二次型的化简问题就是寻求合适的可逆线性替换，把二次型化为仅含平方项的问题.

## 三、矩阵合同

**定义 6.6** 设 $\boldsymbol{A}$ 与 $\boldsymbol{B}$ 都是 $n$ 阶方阵，如果存在一个可逆矩阵 $\boldsymbol{C}$，使得 $\boldsymbol{B} = \boldsymbol{C}^{\mathrm{T}}\boldsymbol{A}\boldsymbol{C}$，则称 $\boldsymbol{A}$ 与 $\boldsymbol{B}$ 是**合同**的，记作 $\boldsymbol{A} \simeq \boldsymbol{B}$.

矩阵合同具有以下性质：

(1) 反身性. 对任一 $n$ 阶方阵 $\boldsymbol{A}$，都有 $\boldsymbol{A} \simeq \boldsymbol{A}$. 因为 $\boldsymbol{A} = \boldsymbol{E}^{\mathrm{T}}\boldsymbol{A}\boldsymbol{E}$.

(2) 对称性. 若 $\boldsymbol{A} \simeq \boldsymbol{B}$，则 $\boldsymbol{B} \simeq \boldsymbol{A}$. 因为 $\boldsymbol{B} = \boldsymbol{C}^{\mathrm{T}}\boldsymbol{A}\boldsymbol{C}$，所以

$$A = (C^{T})^{-1}BC^{-1} = (C^{-1})^{T}BC^{-1}.$$

(3) 传递性. 若 $A_1 \simeq A_2, A_2 \simeq A_3$, 则 $A_1 \simeq A_3$. 因为 $A_2 = C_1^{T}A_1C_1, A_3 = C_2^{T}A_2C_2$, 所以

$$A_3 = C_2^{T}(C_1^{T}A_1C_1)C_2 = (C_1C_2)^{T}A_1(C_1C_2).$$

**定理 6.1** **经过可逆线性替换,原二次型的矩阵与新二次型的矩阵合同.**

**证明** 设原二次型 $f(X) = X^{T}AX$, 经过可逆线性替换 $X = CY$, 得

$$f(X) = X^{T}AX = (CY)^{T}A(CY) = Y^{T}(C^{T}AC)Y = Y^{T}BY,$$

其中 $B = C^{T}AC$. 因为

$$B^{T} = (C^{T}AC)^{T} = C^{T}A^{T}C = C^{T}AC = B,$$

所以 $B$ 是对称矩阵, 且为新二次型 $Y^{T}BY$ 的矩阵. 又因为 $B = C^{T}AC$, 所以 $A \simeq B$.

## 习题 6.1

1. 写出下列二次型的矩阵:

(1) $f(x_1,x_2,x_3) = 2x_1^2 + x_2^2 + 5x_3^2 - x_1x_2 + 2x_1x_3 - 4x_2x_3$;

(2) $f(x_1,x_2,x_3) = (x_1,x_2,x_3)\begin{pmatrix} 1 & 2 & 3 \\ 4 & 3 & 4 \\ 5 & 4 & 7 \end{pmatrix}\begin{pmatrix} x_1 \\ x_2 \\ x_3 \end{pmatrix}$.

2. 给定下列矩阵, 写出相应的二次型:

(1) $A = \begin{pmatrix} 3 & 1 & 0 \\ 1 & -1 & -1 \\ 0 & -1 & 2 \end{pmatrix}$; (2) $A = \begin{pmatrix} -1 & 2 & 3 \\ 2 & -1 & 0 \\ 3 & 0 & -1 \end{pmatrix}$.

3. 试证矩阵 $A$ 与 $B$ 为合同矩阵:

(1) $A = \begin{pmatrix} a_1 & 0 & 0 \\ 0 & a_2 & 0 \\ 0 & 0 & a_3 \end{pmatrix}$, $B = \begin{pmatrix} a_2 & 0 & 0 \\ 0 & a_3 & 0 \\ 0 & 0 & a_1 \end{pmatrix}$;

(2) $A = \begin{pmatrix} 0 & 1 & 1 \\ 1 & 2 & 1 \\ 1 & 1 & 0 \end{pmatrix}$, $B = \begin{pmatrix} 2 & 1 & 1 \\ 1 & 0 & 1 \\ 1 & 1 & 0 \end{pmatrix}$.

# 第二节 化二次型为标准形

本节讨论二次型化为标准形的问题, 分为一般数域 $F$ 和实数域 $\mathbf{R}$ 两种情形讨论.

## 一、数域 $F$ 上的二次型化为标准形

**定理 6.2** **数域 $F$ 上的任一 $n$ 元二次型都可经过可逆线性替换化为标准形.**

**证明** 设二次型为 $f(x_1,x_2,\cdots,x_n)=\sum_{i=1}^{n}\sum_{j=1}^{n}a_{ij}x_ix_j$，对 $n$ 做数学归纳法.

当 $n=1$ 时，$f(x_1)=a_{11}x_1^2$ 已为标准形，结论成立.

假设对 $n-1$ 元二次型结论成立，现证明对于 $n$ 元二次型结论也成立. 分 3 种情形讨论：

(1) $a_{11},a_{22},\cdots,a_{nn}$ 中至少有一个不为 0 的情形，此时不妨设 $a_{11}\neq 0$，则

$$\begin{aligned}f(x_1,x_2,\cdots,x_n)=&a_{11}x_1^2+2a_{12}x_1x_2+2a_{13}x_1x_3+\cdots+2a_{1n}x_1x_n\\&+a_{22}x_2^2+2a_{23}x_2x_3+\cdots+2a_{2n}x_2x_n+\cdots+a_{nn}x_n^2,\end{aligned}$$

$f$ 中凡包含有 $x_1$ 的项均在表达式的第 1 行，将其配方，而其他各行不变，得

$$\begin{aligned}f(x_1,x_2,\cdots,x_n)=&a_{11}\left[x_1+\frac{1}{a_{11}}(a_{12}x_2+a_{13}x_3+\cdots+a_{1n}x_n)\right]^2\\&-\frac{1}{a_{11}}(a_{12}x_2+a_{13}x_3+\cdots+a_{1n}x_n)^2\\&+a_{22}x_2^2+2a_{23}x_2x_3+\cdots+2a_{2n}x_2x_n+\cdots+a_{nn}x_n^2.\end{aligned}$$

令

$$\begin{cases}u_1=x_1+\dfrac{1}{a_{11}}(a_{12}x_2+a_{13}x_3+\cdots+a_{1n}x_n),\\u_2=x_2,\\\quad\cdots\cdots\\u_n=x_n,\end{cases}$$

也就是

$$\begin{cases}x_1=u_1-\dfrac{1}{a_{11}}(a_{12}u_2+a_{13}u_3+\cdots+a_{1n}u_n),\\x_2=u_2,\\\quad\cdots\cdots\\x_n=u_n,\end{cases}$$

这显然是可逆线性替换. 于是

$$f=a_{11}u_1^2-\frac{1}{a_{11}}(a_{12}u_2+a_{13}u_3+\cdots+a_{1n}u_n)^2+a_{22}u_2^2+2a_{23}u_2u_3+\cdots+a_{nn}u_n^2.$$

上式除第 1 项外，其剩余部分是 $u_2,u_3,\cdots,u_n$ 的一个 $n-1$ 元二次型. 根据归纳假设，存在可逆线性替换

$$\begin{cases}u_2=c_{22}y_2+c_{23}y_3+\cdots+c_{2n}y_n,\\u_3=c_{32}y_2+c_{33}y_3+\cdots+c_{3n}y_n,\\\quad\cdots\cdots\\u_n=c_{n2}y_2+c_{n3}y_3+\cdots+c_{nn}y_n,\end{cases}$$

使其化为标准形

$$d_2y_2^2+d_3y_3^2+\cdots+d_ny_n^2.$$

于是做可逆线性替换

$$\begin{cases} x_1=y_1-\dfrac{1}{a_{11}}[a_{12}(c_{22}y_2+\cdots+c_{2n}y_n)+\cdots+a_{1n}(c_{n2}y_n+\cdots+c_{nn}y_n)], \\ x_2=c_{22}y_2+\cdots+c_{2n}y_n, \\ \qquad\cdots\cdots \\ x_n=c_{n2}y_2+\cdots+c_{nn}y_n, \end{cases}$$

$f$ 就变为

$$f=a_{11}y_1^2+d_2y_2^2+\cdots+d_ny_n^2.$$

(2) $a_{11}=a_{22}=\cdots=a_{nn}=0$,但至少有一个 $a_{1j}\neq 0(j=2,3,\cdots,n)$ 的情形,此时不妨设 $a_{12}\neq 0$.令

$$\begin{cases} x_1=u_1-u_2, \\ x_2=u_1+u_2, \\ x_3=u_3, \\ \quad\cdots\cdots \\ x_n=u_n, \end{cases}$$

这显然是可逆线性替换,它使

$$\begin{aligned} f&=2a_{12}(u_1-u_2)(u_1+u_2)+2a_{13}(u_1-u_2)u_3+\cdots+2a_{1n}(u_1-u_2)u_n \\ &\quad+2a_{23}(u_1+u_2)u_3+\cdots+2a_{2n}(u_1+u_2)u_n+\cdots+2a_{(n-1)n}u_{n-1}u_n \\ &=2a_{12}u_1^2-2a_{12}u_2^2+2a_{13}u_1u_3-2a_{13}u_2u_3+\cdots \\ &\quad+2a_{1n}u_1u_n-2a_{1n}u_2u_n+2a_{23}u_1u_3+2a_{23}u_2u_3+\cdots+2a_{2n}u_1u_n \\ &\quad+2a_{2n}u_2u_n+\cdots+2a_{(n-1)n}u_{n-1}u_n. \end{aligned}$$

上式右端是 $u_1,u_2,\cdots,u_n$ 的二次型,且 $u_1^2$ 的系数为 $2a_{12}\neq 0$,所以由情形(1)知,它可经可逆线性替换化成标准形.

(3) $a_{11}=a_{22}=\cdots=a_{nn}=0$,且 $a_{12}=a_{13}=\cdots=a_{1n}=0$ 的情形,此时,

$$f(x_1,x_2,\cdots,x_n)=2a_{23}x_2x_3+\cdots+2a_{2n}x_2x_n+\cdots+2a_{(n-1)n}x_{n-1}x_n,$$

这是 $x_2,x_3,\cdots,x_n$ 的 $n-1$ 元二次型,根据归纳假设它能用可逆线性替换化成标准形.

综上所述,任何一个 $n$ 元二次型都可经过可逆线性替换化为标准形,定理得证.

**定理 6.3** **数域 $F$ 上的任一对称矩阵都与一个对角形矩阵合同,即如果 $\boldsymbol{A}$ 为 $n$ 阶对称矩阵,则存在可逆矩阵 $\boldsymbol{C}$,使 $\boldsymbol{C}^{\mathrm{T}}\boldsymbol{AC}=\boldsymbol{D}$,$\boldsymbol{D}$ 为对角形矩阵.**

**证明** 因为 $\boldsymbol{A}$ 为 $n$ 阶对称矩阵,所以可得到唯一的二次型 $\boldsymbol{X}^{\mathrm{T}}\boldsymbol{AX}$. 根据定理 6.2 知,二次型 $\boldsymbol{X}^{\mathrm{T}}\boldsymbol{AX}$ 一定可以经过可逆线性替换 $\boldsymbol{X}=\boldsymbol{CY}$ 化为标准形 $\boldsymbol{Y}^{\mathrm{T}}\boldsymbol{DY}$. 再由定理 6.1 知 $\boldsymbol{C}^{\mathrm{T}}\boldsymbol{AC}=\boldsymbol{D}$.

定理 6.2 的证明过程给出了用配方法经过可逆线性替换将二次型化为标准形的方法. 下面给出具体例子.

**例 1** 化二次型

$$f(x_1,x_2,x_3)=x_1^2+2x_1x_2+2x_1x_3+2x_2^2+8x_2x_3+5x_3^2$$

为标准形.

**解** 属于定理 6.2 的证明过程中的情形(1). 先将含有 $x_1$ 的项配方:

$$\begin{aligned}f(x_1,x_2,x_3)&=x_1^2+2x_1(x_2+x_3)+(x_2+x_3)^2-(x_2+x_3)^2+2x_2^2+8x_2x_3+5x_3^2\\&=(x_1+x_2+x_3)^2+x_2^2+6x_2x_3+4x_3^2,\end{aligned}$$

再对后 3 项中含有 $x_2$ 的项配方,则有

$$\begin{aligned}f(x_1,x_2,x_3)&=(x_1+x_2+x_3)^2+x_2^2+6x_2x_3+9x_3^2-5x_3^2\\&=(x_1+x_2+x_3)^2+(x_2+3x_3)^2-5x_3^2.\end{aligned}$$

令

$$\begin{cases}y_1=x_1+x_2+x_3,\\y_2=x_2+3x_3,\\y_3=x_3,\end{cases}$$

则有标准形

$$f=y_1^2+y_2^2-5y_3^2.$$

由 $x_1,x_2,x_3$ 到 $y_1,y_2,y_3$ 的线性替换为

$$\begin{cases}x_1=y_1-y_2+2y_3,\\x_2=y_2-3y_3,\\x_3=y_3,\end{cases}$$

或写为

$$\boldsymbol{X}=\begin{pmatrix}x_1\\x_2\\x_3\end{pmatrix}=\begin{pmatrix}1&-1&2\\0&1&-3\\0&0&1\end{pmatrix}\begin{pmatrix}y_1\\y_2\\y_3\end{pmatrix}=\boldsymbol{CY}.$$

因为

$$|\boldsymbol{C}|=\begin{vmatrix}1&-1&2\\0&1&-3\\0&0&1\end{vmatrix}=1\neq0,$$

所以上述线性替换是可逆线性替换.

**例 2** 化二次型

$$f(x_1,x_2,x_3)=-4x_1x_2+2x_1x_3+2x_2x_3$$

为标准形.

**解** 属于定理 6.2 的证明过程中的情形(2). 由证明过程,做线性替换

$$\begin{cases}x_1=u_1-u_2,\\x_2=u_1+u_2,\\x_3=u_3,\end{cases}$$

或写为

$$\boldsymbol{X}=\begin{pmatrix}x_1\\x_2\\x_3\end{pmatrix}=\begin{pmatrix}1&-1&0\\1&1&0\\0&0&1\end{pmatrix}\begin{pmatrix}u_1\\u_2\\u_3\end{pmatrix}=\boldsymbol{C}_1\boldsymbol{U}.$$

由于$|\boldsymbol{C}_1|=2\neq0$,因此$\boldsymbol{X}=\boldsymbol{C}_1\boldsymbol{U}$为一个可逆线性替换,则有

$$\begin{aligned}f&=-4(u_1-u_2)(u_1+u_2)+2(u_1-u_2)u_3+2(u_1+u_2)u_3\\&=-4u_1^2+4u_2^2+4u_1u_3=-4(u_1^2-u_1u_3)+4u_2^2\\&=-4\left(u_1-\frac{1}{2}u_3\right)^2+4u_2^2+u_3^2.\end{aligned}$$

令

$$\begin{cases}y_1=u_1-\dfrac{1}{2}u_3,\\y_2=u_2,\\y_3=u_3,\end{cases}$$

由$u_1,u_2,u_3$到$y_1,y_2,y_3$的线性替换为

$$\begin{cases}u_1=y_1+\dfrac{1}{2}y_3,\\u_2=y_2,\\u_3=y_3,\end{cases}$$

或写为

$$\boldsymbol{U}=\begin{pmatrix}u_1\\u_2\\u_3\end{pmatrix}=\begin{pmatrix}1&0&\frac{1}{2}\\0&1&0\\0&0&1\end{pmatrix}\begin{pmatrix}y_1\\y_2\\y_3\end{pmatrix}=\boldsymbol{C}_2\boldsymbol{Y},$$

这里$|\boldsymbol{C}_2|\neq0$,则有标准形

$$f=-4y_1^2+4y_2^2+y_3^2.$$

由$x_1,x_2,x_3$到$y_1,y_2,y_3$的线性替换为

$$\begin{cases}x_1=y_1-y_2+\dfrac{1}{2}y_3,\\x_2=y_1+y_2+\dfrac{1}{2}y_3,\\x_3=y_3,\end{cases}$$

或写为

$$\boldsymbol{X}=\begin{pmatrix}x_1\\x_2\\x_3\end{pmatrix}=\boldsymbol{C}_1\boldsymbol{U}=(\boldsymbol{C}_1\boldsymbol{C}_2)\boldsymbol{Y}=\boldsymbol{C}\boldsymbol{Y}=\begin{pmatrix}1&-1&\frac{1}{2}\\1&1&\frac{1}{2}\\0&0&1\end{pmatrix}\begin{pmatrix}y_1\\y_2\\y_3\end{pmatrix}.$$

因为

$$\begin{vmatrix} 1 & -1 & \frac{1}{2} \\ 1 & 1 & \frac{1}{2} \\ 0 & 0 & 1 \end{vmatrix} = 2 \neq 0,$$

所以上述线性替换是可逆线性替换.

## 二、实数域 R 上的二次型化为标准形

因为实二次型的矩阵是实对称矩阵，根据实对称矩阵的性质可知，实数域 **R** 上的二次型不仅可以用配方法经过可逆线性替换化为标准形，而且还可以用正交替换的方法化为标准形.

**定理 6.4** 实数域 R 上的任一二次型都可经过正交替换化为标准形.

**证明** 设 $f(\boldsymbol{X}) = \boldsymbol{X}^{\mathrm{T}}\boldsymbol{A}\boldsymbol{X}$ 是实数域 **R** 上的任一二次型，由于 $\boldsymbol{A}$ 为实对称矩阵，因此一定能找到一个正交矩阵 $\boldsymbol{Q}$，使

$$\boldsymbol{Q}^{-1}\boldsymbol{A}\boldsymbol{Q} = \boldsymbol{Q}^{\mathrm{T}}\boldsymbol{A}\boldsymbol{Q} = \boldsymbol{\Lambda} = \begin{pmatrix} \lambda_1 & & & \\ & \lambda_2 & & \\ & & \ddots & \\ & & & \lambda_n \end{pmatrix},$$

其中 $\lambda_1,\lambda_2,\cdots,\lambda_n$ 为 $\boldsymbol{A}$ 的全部特征值. 做正交替换 $\boldsymbol{X} = \boldsymbol{Q}\boldsymbol{Y}$，则

$$\begin{aligned} f &= \boldsymbol{X}^{\mathrm{T}}\boldsymbol{A}\boldsymbol{X} = (\boldsymbol{Q}\boldsymbol{Y})^{\mathrm{T}}\boldsymbol{A}(\boldsymbol{Q}\boldsymbol{Y}) = \boldsymbol{Y}^{\mathrm{T}}(\boldsymbol{Q}^{\mathrm{T}}\boldsymbol{A}\boldsymbol{Q})\boldsymbol{Y} = \boldsymbol{Y}^{\mathrm{T}}\boldsymbol{\Lambda}\boldsymbol{Y} \\ &= \lambda_1 y_1^2 + \lambda_2 y_2^2 + \cdots + \lambda_n y_n^2, \end{aligned}$$

此时即得到了标准形.

根据定理 6.4，利用正交替换的方法将实二次型化为标准形的步骤如下：

(1) 求出实二次型 $f(\boldsymbol{X}) = \boldsymbol{X}^{\mathrm{T}}\boldsymbol{A}\boldsymbol{X}$ 的矩阵 $\boldsymbol{A}$ 的全部特征值 $\lambda_1,\lambda_2,\cdots,\lambda_n$；

(2) 求出使 $\boldsymbol{A}$ 可对角化的正交矩阵 $\boldsymbol{Q}$；

(3) 做正交替换 $\boldsymbol{X} = \boldsymbol{Q}\boldsymbol{Y}$，得 $f$ 的标准形为

$$f = \lambda_1 y_1^2 + \lambda_2 y_2^2 + \cdots + \lambda_n y_n^2.$$

**例 3** 用正交替换的方法将实二次型

$$f(x_1,x_2,x_3) = x_1^2 + 2x_2^2 + 3x_3^2 - 4x_1x_2 - 4x_2x_3$$

化为标准形.

**解** 实二次型的矩阵为

$$\boldsymbol{A} = \begin{pmatrix} 1 & -2 & 0 \\ -2 & 2 & -2 \\ 0 & -2 & 3 \end{pmatrix},$$

则 $\boldsymbol{A}$ 的特征方程为

$$|\lambda \boldsymbol{E}-\boldsymbol{A}|=\begin{vmatrix}\lambda-1 & 2 & 0\\ 2 & \lambda-2 & 2\\ 0 & 2 & \lambda-3\end{vmatrix}=(\lambda+1)(\lambda-2)(\lambda-5)=0,$$

所以 $\boldsymbol{A}$ 的全部特征值为 $\lambda_1=-1,\lambda_2=2,\lambda_3=5$.

对于 $\lambda_1=-1$,解齐次线性方程组 $(-\boldsymbol{E}-\boldsymbol{A})\boldsymbol{X}=\boldsymbol{0}$,得其一个基础解系为

$$\boldsymbol{\eta}_1=(2,2,1)^{\mathrm{T}}.$$

对于 $\lambda_2=2$,解齐次线性方程组 $(2\boldsymbol{E}-\boldsymbol{A})\boldsymbol{X}=\boldsymbol{0}$,得其一个基础解系为

$$\boldsymbol{\eta}_2=(2,-1,-2)^{\mathrm{T}}.$$

对于 $\lambda_3=5$,解齐次线性方程组 $(5\boldsymbol{E}-\boldsymbol{A})\boldsymbol{X}=\boldsymbol{0}$,得其一个基础解系为

$$\boldsymbol{\eta}_3=(1,-2,2)^{\mathrm{T}}.$$

显然,$\boldsymbol{\eta}_1,\boldsymbol{\eta}_2,\boldsymbol{\eta}_3$ 为正交向量组.

将 $\boldsymbol{\eta}_1,\boldsymbol{\eta}_2,\boldsymbol{\eta}_3$ 单位化,因为 $\|\boldsymbol{\eta}_1\|=\|\boldsymbol{\eta}_2\|=\|\boldsymbol{\eta}_3\|=3$,所以得单位正交向量组:

$$\boldsymbol{\alpha}_1=\begin{pmatrix}\frac{2}{3}\\ \frac{2}{3}\\ \frac{1}{3}\end{pmatrix},\quad \boldsymbol{\alpha}_2=\begin{pmatrix}\frac{2}{3}\\ -\frac{1}{3}\\ -\frac{2}{3}\end{pmatrix},\quad \boldsymbol{\alpha}_3=\begin{pmatrix}\frac{1}{3}\\ -\frac{2}{3}\\ \frac{2}{3}\end{pmatrix}.$$

令

$$\boldsymbol{Q}=(\boldsymbol{\alpha}_1,\boldsymbol{\alpha}_2,\boldsymbol{\alpha}_3)=\begin{pmatrix}\frac{2}{3} & \frac{2}{3} & \frac{1}{3}\\ \frac{2}{3} & -\frac{1}{3} & -\frac{2}{3}\\ \frac{1}{3} & -\frac{2}{3} & \frac{2}{3}\end{pmatrix},$$

则 $\boldsymbol{Q}$ 为正交矩阵,且 $\boldsymbol{Q}^{-1}\boldsymbol{A}\boldsymbol{Q}=\boldsymbol{Q}^{\mathrm{T}}\boldsymbol{A}\boldsymbol{Q}=\boldsymbol{\Lambda}=\begin{pmatrix}-1 & & \\ & 2 & \\ & & 5\end{pmatrix}$. 做正交替换 $\boldsymbol{X}=\boldsymbol{Q}\boldsymbol{Y}$,得标准形为 $f=-y_1^2+2y_2^2+5y_3^2$.

## 习题 6.2

1. 用可逆线性替换将下列二次型化为标准形:

(1) $f(x_1,x_2,x_3)=x_1^2-3x_2^2-2x_1x_2+2x_1x_3-6x_2x_3$;

(2) $f(x_1,x_2,x_3)=-4x_1x_2+2x_1x_3+2x_2x_3$.

2. 若用正交替换已将二次型

$$f(x_1,x_2,x_3)=5x_1^2+5x_2^2+2x_3^2+8x_1x_2+4x_1x_3+2ax_2x_3$$

化为标准形 $f(y_1,y_2,y_3)=y_1^2+y_2^2+10y_3^2$,求 $a$($a$ 为整数)及所用的正交替换.

3. 试证：当且仅当 $b^2-4ac\neq 0$ 时，二次型 $f(x_1,x_2)=ax_1^2+bx_1x_2+cx_2^2(a\neq 0)$ 的秩等于 2.

4. 用正交替换化实二次型为标准形，其中

$$f(x_1,x_2,x_3,x_4)=x_1^2+x_2^2+x_3^2+x_4^2+2x_1x_2-2x_1x_4-2x_2x_3+2x_3x_4.$$

## 第三节　化二次型为规范形

一个二次型的标准形并不唯一. 如上节例 3 中二次型 $f$ 经正交替换得标准形为 $f=-y_1^2+2y_2^2+5y_3^2$，也可经过可逆线性替换

$$\begin{cases}x_1=u_1+2u_2-2u_3,\\ x_2=u_2-u_3,\\ x_3=u_3,\end{cases}$$

得标准形为

$$f=u_1^2-2u_2^2+5u_3^2.$$

两者都是 $f$ 的标准形，但显然不同. 但两者中系数不为零的平方项的个数相同，且所含正负项的个数相同.

**定理 6.5**　二次型的标准形中系数不为零的平方项的个数是唯一确定的.

**证明**　由定理 6.2 知，二次型 $f=\boldsymbol{X}^{\mathrm{T}}\boldsymbol{AX}$ 一定可以经过可逆线性替换 $\boldsymbol{X}=\boldsymbol{CY}$ 化为标准形 $f=\boldsymbol{Y}^{\mathrm{T}}\boldsymbol{DY}$，其中

$$\boldsymbol{D}=\begin{pmatrix}d_1 &&&&& \\ & \ddots &&&& \\ && d_r &&& \\ &&& 0 && \\ &&&& \ddots & \\ &&&&& 0\end{pmatrix}\quad (d_i\neq 0(i=1,2,\cdots,r);r\leqslant n).$$

由定理 6.3 知，$\boldsymbol{D}=\boldsymbol{C}^{\mathrm{T}}\boldsymbol{AC}$，且 $\boldsymbol{C}$ 可逆，因此 $r=\mathrm{r}(\boldsymbol{D})=\mathrm{r}(\boldsymbol{C}^{\mathrm{T}}\boldsymbol{AC})=\mathrm{r}(\boldsymbol{A})=$ 二次型 $f$ 的秩，即 $f$ 的标准形中系数不为零的平方项的个数就等于二次型 $f$ 的秩，所以是唯一确定的.

下面讨论二次型的规范形. 本书主要讨论实数域上的二次型的规范形.

**定理 6.6(惯性定理)**　任一实二次型 $f$ 都可经过可逆线性替换化为规范形

$$f(z_1,z_2,\cdots,z_n)=z_1^2+z_2^2+\cdots+z_p^2-z_{p+1}^2-\cdots-z_r^2\quad (r\leqslant n),$$

其中 $r$ 为二次型 $f$ 的秩，且规范形是唯一确定的.

**证明** 根据定理 6.4 知,实二次型 $f$ 可经过正交替换 $\boldsymbol{X}=\boldsymbol{QY}$ 化为标准形

$$f=d_1y_1^2+\cdots+d_py_p^2-d_{p+1}y_{p+1}^2-\cdots-d_ry_r^2\quad(d_i>0,i=1,2,\cdots,r).$$

其中 $r$ 为二次型 $f$ 的秩.

因为 $d_i>0$,所以可做可逆线性替换

$$\begin{cases} y_1=\dfrac{1}{\sqrt{d_1}}z_1, \\ \cdots\cdots \\ y_r=\dfrac{1}{\sqrt{d_r}}z_r, \\ y_{r+1}=z_{r+1}, \\ \cdots\cdots \\ y_n=z_n, \end{cases}$$

使 $f$ 化为规范形

$$f(z_1,z_2,\cdots,z_n)=z_1^2+z_2^2+\cdots+z_p^2-z_{p+1}^2-\cdots-z_r^2\quad(r\leqslant n),$$

且此规范形是唯一的(证明略).

因为规范形是唯一的,$r$ 是唯一确定的,所以正项的个数 $p$ 也是唯一确定的.

**定义 6.7** 在实二次型 $f$ 的规范形中,系数为正的平方项的个数 $p$ 称为 $f$ 的**正惯性指数**,系数为负的平方项的个数 $r-p$ 称为 $f$ 的**负惯性指数**,它们的差 $p-(r-p)=2p-r$,称为 $f$ 的**符号差**.

由定理 6.6 的证明可得如下推论:

**推论** 在实二次型 $f$ 的任一标准形中,系数为正的平方项的个数唯一确定,它等于 $f$ 的正惯性指数 $p$;系数为负的平方项的个数也唯一确定,它等于 $f$ 的负惯性指数 $r-p$.

将惯性定理用矩阵语言表述就是下面的定理.

**定理 6.7** **任一实对称矩阵 $\boldsymbol{A}$ 与对角形矩阵**

$$\begin{pmatrix} 1 &&&&&&&& \\ & \ddots &&&&&&& \\ && 1 &&&&&& \\ &&& -1 &&&&& \\ &&&& \ddots &&&& \\ &&&&& -1 &&& \\ &&&&&& 0 && \\ &&&&&&& \ddots & \\ &&&&&&&& 0 \end{pmatrix}$$

**合同,其中 1 和 $-1$ 的个数共有 $\mathrm{r}(\boldsymbol{A})$ 个,1 的个数由 $\boldsymbol{A}$ 唯一确定,称为 $\boldsymbol{A}$ 的正惯性指数.**

**推论** 两个 $n$ 阶实对称矩阵合同的充要条件是它们的秩和正惯性指数分别相等.

## 习题 6.3

1. 求实二次型 $f(x_1,x_2,x_3)=2x_1x_2-6x_1x_3+2x_2x_3+x_3^2$ 的规范形，并求出二次型的正惯性指数和符号差.
2. 求实二次型 $f(x_1,x_2,x_3)=-4x_1x_2+2x_1x_3+2x_2x_3$ 的规范形，并求出二次型的正惯性指数和符号差.
3. 二次型 $f(x_1,x_2,x_3)=x_1x_2+x_1x_3+x_2x_3$ 的规范形是（　　）.

(A) $z_1^2+z_2^2+z_3^2$　　(B) $z_1^2-z_2^2-z_3^2$

(C) $z_1^2+z_2^2-z_3^2$　　(D) $z_1^2-z_2^2$

# 第四节 正定二次型

## 一、基本概念

下面通过实二次型来定义正定矩阵.

**定义 6.8**　设 $f(x_1,x_2,\cdots,x_n)=\boldsymbol{X}^{\mathrm{T}}\boldsymbol{A}\boldsymbol{X}$ 为一实二次型，如果对于任意的非零实向量 $\boldsymbol{X}=(x_1,x_2,\cdots,x_n)^{\mathrm{T}}$，有 $f(x_1,x_2,\cdots,x_n)>0$，则称该二次型为**正定二次型**，矩阵 $\boldsymbol{A}$ 称为**正定矩阵**.

与此有关的还有下列概念.

**定义 6.9**　设 $f(x_1,x_2,\cdots,x_n)=\boldsymbol{X}^{\mathrm{T}}\boldsymbol{A}\boldsymbol{X}$ 为一实二次型，

(1) 如果对于任意的非零实向量 $\boldsymbol{X}=(x_1,x_2,\cdots,x_n)^{\mathrm{T}}$，有 $f(x_1,x_2,\cdots,x_n)<0$，则称该二次型为**负定二次型**，矩阵 $\boldsymbol{A}$ 称为**负定矩阵**.

(2) 如果对于任意的 $\boldsymbol{X}=(x_1,x_2,\cdots,x_n)^{\mathrm{T}}$，有 $f(x_1,x_2,\cdots,x_n)\geqslant 0$（或 $f(x_1,x_2,\cdots,x_n)\leqslant 0$），则称该二次型为**半正定**（或**半负定**）**二次型**，矩阵 $\boldsymbol{A}$ 称为**半正定**（或**半负定**）**矩阵**.

(3) 既不是半正定也不是半负定的二次型，就称为**不定二次型**，矩阵 $\boldsymbol{A}$ 称为**不定矩阵**.

由定义 6.8 和定义 6.9 可知，若 $f(x_1,x_2,\cdots,x_n)$ 是负定二次型，$-f(x_1,x_2,\cdots,x_n)$ 就是正定的，反之亦然.

## 二、正定二次型的判定定理

**定理 6.8**　**$n$ 阶实二次型 $f(x_1,x_2,\cdots,x_n)=\boldsymbol{X}^{\mathrm{T}}\boldsymbol{A}\boldsymbol{X}$ 为正定二次型的充要条件是它的正惯性指数为 $n$.**

**证明** **必要性** 因为正定二次型的矩阵 $\boldsymbol{A}$ 为实对称矩阵,所以有 $n$ 个实特征值.令

$$\boldsymbol{A}\boldsymbol{X}_i = \lambda_i\boldsymbol{X}_i \quad (i = 1,2,\cdots,n),$$

其中 $\lambda_i$ 为 $\boldsymbol{A}$ 的特征值,$\boldsymbol{X}_i$ 为 $\boldsymbol{A}$ 的属于特征值 $\lambda_i$ 的特征向量.由于 $\boldsymbol{X}_i \neq \boldsymbol{0}$,则根据二次型的正定性有

$$\boldsymbol{X}_i^{\mathrm{T}}\boldsymbol{A}\boldsymbol{X}_i = \lambda_i\boldsymbol{X}_i^{\mathrm{T}}\boldsymbol{X}_i > 0 \quad (i = 1,2,\cdots,n).$$

因为 $\boldsymbol{X}_i^{\mathrm{T}}\boldsymbol{X}_i > 0$,所以 $\lambda_i > 0(i = 1,2,\cdots,n)$.因此,存在正交矩阵 $\boldsymbol{Q}$,使得该二次型经过正交变换 $\boldsymbol{X} = \boldsymbol{Q}\boldsymbol{Y}$ 化为标准形

$$f = \boldsymbol{X}^{\mathrm{T}}\boldsymbol{A}\boldsymbol{X} = \lambda_1 y_1^2 + \lambda_2 y_2^2 + \cdots + \lambda_n y_n^2,$$

故该二次型的正惯性指数为 $n$.

**充分性** 由于 $\boldsymbol{A}$ 为实对称矩阵,因此存在正交矩阵 $\boldsymbol{Q}$,使得

$$\boldsymbol{Q}^{\mathrm{T}}\boldsymbol{A}\boldsymbol{Q} = \boldsymbol{\Lambda} = \begin{pmatrix} \lambda_1 & & & \\ & \lambda_2 & & \\ & & \ddots & \\ & & & \lambda_n \end{pmatrix},$$

其中 $\lambda_1,\lambda_2,\cdots,\lambda_n$ 为 $\boldsymbol{A}$ 的全部特征值.

对任意 $\boldsymbol{X} \neq \boldsymbol{0}$,有

$$\begin{aligned}\boldsymbol{X}^{\mathrm{T}}\boldsymbol{A}\boldsymbol{X} &= \boldsymbol{X}^{\mathrm{T}}(\boldsymbol{Q}\boldsymbol{Q}^{\mathrm{T}})\boldsymbol{A}(\boldsymbol{Q}\boldsymbol{Q}^{\mathrm{T}})\boldsymbol{X} = (\boldsymbol{Q}^{\mathrm{T}}\boldsymbol{X})^{\mathrm{T}}(\boldsymbol{Q}^{\mathrm{T}}\boldsymbol{A}\boldsymbol{Q})(\boldsymbol{Q}^{\mathrm{T}}\boldsymbol{X}) \\ &= (\boldsymbol{Q}^{\mathrm{T}}\boldsymbol{X})^{\mathrm{T}}\boldsymbol{\Lambda}(\boldsymbol{Q}^{\mathrm{T}}\boldsymbol{X}) = \boldsymbol{Y}^{\mathrm{T}}\boldsymbol{\Lambda}\boldsymbol{Y} = \lambda_1 y_1^2 + \lambda_2 y_2^2 + \cdots + \lambda_n y_n^2,\end{aligned}$$

其中 $\boldsymbol{Y} = (y_1,y_2,\cdots,y_n)^{\mathrm{T}} = \boldsymbol{Q}^{\mathrm{T}}\boldsymbol{X}$.根据正交矩阵 $\boldsymbol{Q}$ 的可逆性及 $\boldsymbol{X} \neq \boldsymbol{0}$,有 $\boldsymbol{Y} \neq \boldsymbol{0}$.因为 $\lambda_i > 0(i = 1,2,\cdots,n)$,所以 $\boldsymbol{X}^{\mathrm{T}}\boldsymbol{A}\boldsymbol{X} = \boldsymbol{Y}^{\mathrm{T}}\boldsymbol{\Lambda}\boldsymbol{Y} > 0$,即 $\boldsymbol{A}$ 为正定矩阵.

**定理 6.9** **实对称矩阵 $\boldsymbol{A}$ 为正定矩阵的充要条件是它的特征值均为正值.**

**推论** 如果 $\boldsymbol{A}$ 为正定矩阵,则 $|\boldsymbol{A}| > 0$.

**证明** 因为 $|\boldsymbol{A}| = \lambda_1\lambda_2\cdots\lambda_n$,又正定矩阵 $\boldsymbol{A}$ 的特征值均为正值,即

$$\lambda_i > 0 \quad (i = 1,2,\cdots,n),$$

所以 $|\boldsymbol{A}| > 0$.

**注**:该推论的逆命题不成立.

**定理 6.10** **$n$ 元实二次型**

$$f(x_1,x_2,\cdots,x_n) = d_1x_1^2 + d_2x_2^2 + \cdots + d_nx_n^2$$

**正定的充要条件是 $d_i > 0(i = 1,2,\cdots,n)$.**

**定理 6.11** **$n$ 元实二次型 $f(x_1,x_2,\cdots,x_n)$ 正定的充要条件是 $f$ 的规范形为**

$$f = z_1^2 + z_2^2 + \cdots + z_n^2.$$

**定理 6.12** **$n$ 阶实对称矩阵 $\boldsymbol{A}$ 为正定矩阵的充要条件是 $\boldsymbol{A}$ 合同于单位矩阵 $\boldsymbol{E}$.**

**证明** **必要性** 由于 $\boldsymbol{A}$ 为实对称矩阵,因此存在正交矩阵 $\boldsymbol{Q}$,使得

$$\boldsymbol{Q}^{\mathrm{T}}\boldsymbol{A}\boldsymbol{Q} = \boldsymbol{\Lambda} = \begin{pmatrix} \lambda_1 & & & \\ & \lambda_2 & & \\ & & \ddots & \\ & & & \lambda_n \end{pmatrix},$$

其中 $\lambda_1,\lambda_2,\cdots,\lambda_n$ 为 $\boldsymbol{A}$ 的全部特征值.

因为 $\boldsymbol{A}$ 为正定矩阵,所以 $\boldsymbol{A}$ 的全部特征值均为正值,即 $\lambda_i>0(i=1,2,\cdots,n)$. 因此,令

$$\boldsymbol{P}=\begin{pmatrix}\lambda_1^{-\frac{1}{2}} & & & \\ & \lambda_2^{-\frac{1}{2}} & & \\ & & \ddots & \\ & & & \lambda_n^{-\frac{1}{2}}\end{pmatrix},$$

设 $\boldsymbol{C}=\boldsymbol{QP}$,显然 $\boldsymbol{C}$ 可逆,且

$$\boldsymbol{C}^{\mathrm{T}}\boldsymbol{AC}=(\boldsymbol{QP})^{\mathrm{T}}\boldsymbol{A}(\boldsymbol{QP})=\boldsymbol{P}^{\mathrm{T}}(\boldsymbol{Q}^{\mathrm{T}}\boldsymbol{AQ})\boldsymbol{P}=\boldsymbol{P}^{\mathrm{T}}\boldsymbol{\Lambda P}=\boldsymbol{E},$$

即 $\boldsymbol{A}$ 合同于 $\boldsymbol{E}$.

**充分性**　已知 $\boldsymbol{A}$ 合同于 $\boldsymbol{E}$,即存在可逆矩阵 $\boldsymbol{C}$,使得 $\boldsymbol{C}^{\mathrm{T}}\boldsymbol{AC}=\boldsymbol{E}$.

对于任意的 $\boldsymbol{X}\neq\boldsymbol{0}$,令 $\boldsymbol{X}=\boldsymbol{CY}$,由于 $\boldsymbol{X}\neq\boldsymbol{0}$ 且 $\boldsymbol{C}$ 可逆,因此 $\boldsymbol{Y}\neq\boldsymbol{0}$. 于是有

$$\boldsymbol{X}^{\mathrm{T}}\boldsymbol{AX}=(\boldsymbol{CY}^{\mathrm{T}})\boldsymbol{A}(\boldsymbol{CY})=\boldsymbol{Y}^{\mathrm{T}}(\boldsymbol{C}^{\mathrm{T}}\boldsymbol{AC})\boldsymbol{Y}=\boldsymbol{Y}^{\mathrm{T}}\boldsymbol{EY}=\boldsymbol{Y}^{\mathrm{T}}\boldsymbol{Y}>0,$$

即 $\boldsymbol{A}$ 为正定矩阵.

**定义 6.10**　设 $\boldsymbol{A}=(a_{ij})$ 为 $n$ 阶实对称矩阵,将 $\boldsymbol{A}$ 的前 $k$ 行和前 $k$ 列元素组成的子矩阵记为

$$\boldsymbol{A}_k=\begin{pmatrix}a_{11} & a_{12} & \cdots & a_{1k}\\ a_{21} & a_{22} & \cdots & a_{2k}\\ \vdots & \vdots & & \vdots\\ a_{k1} & a_{k2} & \cdots & a_{kk}\end{pmatrix}\quad(k=1,2,\cdots,n),$$

其行列式 $|\boldsymbol{A}_k|$ 称为 $\boldsymbol{A}$ 的 $k$ **阶顺序主子式**.

由定义可知,$\boldsymbol{A}$ 的各阶顺序主子式是指

$$|\boldsymbol{A}_1|=a_{11},\quad|\boldsymbol{A}_2|=\begin{vmatrix}a_{11} & a_{12}\\ a_{21} & a_{22}\end{vmatrix},\quad|\boldsymbol{A}_3|=\begin{vmatrix}a_{11} & a_{12} & a_{13}\\ a_{21} & a_{22} & a_{23}\\ a_{31} & a_{32} & a_{33}\end{vmatrix},\quad\cdots,\quad|\boldsymbol{A}_n|=|\boldsymbol{A}|.$$

**定理 6.13**　**$n$ 阶实对称矩阵 $\boldsymbol{A}$ 为正定矩阵的充要条件是 $\boldsymbol{A}$ 的各阶顺序主子式均为正值,即**

$$|\boldsymbol{A}_1|=a_{11}>0,\quad|\boldsymbol{A}_2|=\begin{vmatrix}a_{11} & a_{12}\\ a_{21} & a_{22}\end{vmatrix}>0,$$

$$|\boldsymbol{A}_3|=\begin{vmatrix}a_{11} & a_{12} & a_{13}\\ a_{21} & a_{22} & a_{23}\\ a_{31} & a_{32} & a_{33}\end{vmatrix}>0,\quad\cdots,\quad|\boldsymbol{A}_n|=|\boldsymbol{A}|>0.$$

证明从略.

**例 1** 判断矩阵 $A=\begin{pmatrix}2&2&-2\\2&5&-4\\-2&-4&5\end{pmatrix}$ 是否为正定矩阵.

**解法一** 特征值法. 因为 $A$ 的特征多项式为

$$|\lambda E-A|=\begin{vmatrix}\lambda-2&-2&2\\-2&\lambda-5&4\\2&4&\lambda-5\end{vmatrix}=(\lambda-1)^2(\lambda-10),$$

则 $A$ 的全部特征值为 $\lambda_1=1$(二重根),$\lambda_2=10$,均为正值,所以 $A$ 是正定矩阵.

**解法二** 惯性指数法. 对矩阵 $A$ 所对应的二次型进行配方法:

$$\begin{aligned}f(x_1,x_2,x_3)&=2x_1^2+5x_2^2+5x_3^2+4x_1x_2-4x_1x_3-8x_2x_3\\&=2(x_1^2+2x_1x_2-2x_1x_3)+5x_2^2+5x_3^2-8x_2x_3\\&=2(x_1+x_2-x_3)^2+3\left(x_2-\frac{2}{3}x_3\right)^2+\frac{5}{3}x_3^2.\end{aligned}$$

令

$$\begin{cases}y_1=x_1+x_2-x_3,\\y_2=x_2-\dfrac{2}{3}x_3,\\y_3=x_3,\end{cases}$$

则得标准形为

$$f=2y_1^2+3y_2^2+\frac{5}{3}y_3^2.$$

由 $x_1,x_2,x_3$ 到 $y_1,y_2,y_3$ 的线性替换为

$$\begin{cases}x_1=y_1-y_2+\dfrac{1}{3}y_3,\\x_2=y_2+\dfrac{2}{3}y_3,\\x_3=y_3,\end{cases}$$

显然它是可逆线性替换. 于是由标准形可知,$p=n=3$,$f$ 为正定二次型,其矩阵 $A$ 为正定矩阵.

**解法三** 顺序主子式法. 因为 $A$ 的各阶顺序主子式为

$$|A_1|=2>0,\quad |A_2|=\begin{vmatrix}2&2\\2&5\end{vmatrix}=6>0,$$

$$|A_3|=|A|=\begin{vmatrix}2&2&-2\\2&5&-4\\-2&-4&5\end{vmatrix}=10>0,$$

所以 $A$ 是正定矩阵.

对负定矩阵有类似的结论:

(1) 实对称矩阵 $\boldsymbol{A}$ 为负定矩阵的充要条件是 $\boldsymbol{A}$ 的特征值均为负值.

(2) 实对称矩阵 $\boldsymbol{A}$ 为负定矩阵的充要条件是 $\boldsymbol{A}$ 合同于 $-\boldsymbol{E}$.

(3) 实对称矩阵 $\boldsymbol{A}$ 为负定矩阵的充要条件是 $\boldsymbol{A}$ 的顺序主子式的符号负正相间,即 $(-1)^k|\boldsymbol{A}_k|>0(k=1,2,\cdots,n)$.

## 三、正定矩阵的性质

(1) 若 $\boldsymbol{A}$ 为正定矩阵,则 $|\boldsymbol{A}|>0$,$\boldsymbol{A}$ 可逆.

(2) 若 $\boldsymbol{A}$ 为正定矩阵,则 $\boldsymbol{A}^{\mathrm{T}}$,$\boldsymbol{A}^k$($k$ 为正整数),$\boldsymbol{A}^{-1}$,$\boldsymbol{A}^*$ 均为正定矩阵.

(3) 若 $\boldsymbol{A}$ 和 $\boldsymbol{B}$ 均为 $n$ 阶正定矩阵,则 $\boldsymbol{A}+\boldsymbol{B}$ 也为正定矩阵.

(4) $n$ 阶正定矩阵 $\boldsymbol{A}=(a_{ij})$ 的主对角线元素均为正值,即 $a_{ii}>0(i=1,2,\cdots,n)$.

(1) ~ (4) 请读者自证.

(5) 若 $\boldsymbol{A}$ 为 $n$ 阶正定矩阵,则存在 $n$ 阶可逆矩阵 $\boldsymbol{P}$,使得 $\boldsymbol{A}=\boldsymbol{P}\boldsymbol{P}^{\mathrm{T}}$.

**证明** 因为 $\boldsymbol{A}$ 为实对称矩阵,所以存在正交矩阵 $\boldsymbol{Q}$,使得

$$\boldsymbol{Q}^{\mathrm{T}}\boldsymbol{A}\boldsymbol{Q}=\boldsymbol{\Lambda}=\begin{pmatrix}\lambda_1 & & & \\ & \lambda_2 & & \\ & & \ddots & \\ & & & \lambda_n\end{pmatrix}\quad(\lambda_1,\lambda_2,\cdots,\lambda_n \text{ 为 } \boldsymbol{A} \text{ 的特征值}).$$

又 $\boldsymbol{A}$ 为正定矩阵,则 $\lambda_i>0(i=1,2,\cdots,n)$. 令

$$\boldsymbol{D}=\begin{pmatrix}\lambda_1^{\frac{1}{2}} & & & \\ & \lambda_2^{\frac{1}{2}} & & \\ & & \ddots & \\ & & & \lambda_n^{\frac{1}{2}}\end{pmatrix},$$

显然 $\boldsymbol{D}\boldsymbol{D}^{\mathrm{T}}=\boldsymbol{\Lambda}$,于是

$$\boldsymbol{A}=\boldsymbol{Q}\boldsymbol{\Lambda}\boldsymbol{Q}^{\mathrm{T}}=\boldsymbol{Q}\boldsymbol{D}\boldsymbol{D}^{\mathrm{T}}\boldsymbol{Q}^{\mathrm{T}}=(\boldsymbol{Q}\boldsymbol{D})(\boldsymbol{Q}\boldsymbol{D})^{\mathrm{T}}.$$

令 $\boldsymbol{P}=\boldsymbol{Q}\boldsymbol{D}$,$|\boldsymbol{P}|=|\boldsymbol{Q}||\boldsymbol{D}|\neq 0$,故存在可逆矩阵 $\boldsymbol{P}$,使得 $\boldsymbol{A}=\boldsymbol{P}\boldsymbol{P}^{\mathrm{T}}$.

**例 2** 设二次型

$$f(x_1,x_2,x_3)=x_1^2+x_2^2+5x_3^2+2tx_1x_2-2x_1x_3+4x_2x_3,$$

试问:当 $t$ 为何值时,该二次型为正定二次型?

**解** 该二次型的矩阵为

$$\boldsymbol{A}=\begin{pmatrix}1 & t & -1\\ t & 1 & 2\\ -1 & 2 & 5\end{pmatrix},$$

当 $\boldsymbol{A}$ 的顺序主子式均为正值时,$\boldsymbol{A}$ 为正定矩阵,对应的二次型为正定二次型,则

$$|\boldsymbol{A}_1| = 1 > 0,\quad |\boldsymbol{A}_2| = \begin{vmatrix} 1 & t \\ t & 1 \end{vmatrix} = 1 - t^2 > 0,$$

$$|\boldsymbol{A}_3| = |\boldsymbol{A}| = \begin{vmatrix} 1 & t & -1 \\ t & 1 & 2 \\ -1 & 2 & 5 \end{vmatrix} = -5t^2 - 4t > 0,$$

解得 $-\frac{4}{5} < t < 0$,即当 $-\frac{4}{5} < t < 0$ 时,原二次型为正定二次型.

## *四、正定矩阵的应用

实对称矩阵的正定性在数学的各分支和微观经济分析的许多问题中具有广泛的应用.本节仅介绍正定矩阵在多元函数极值上的应用.

在微积分的多元函数理论中,曾讨论了二元函数 $z = f(x_1, x_2)$ 的极值问题,并得到了极值存在的必要条件和充分条件.现在,我们把这些条件推广到一般的 $n$ 元函数上.

设 $n$ 元函数 $f(\boldsymbol{X}) = f(x_1, x_2, \cdots, x_n)$ 在 $\boldsymbol{X} = (x_1, x_2, \cdots, x_n)^{\mathrm{T}} \in \mathbf{R}^n$ 的某个邻域内有一阶、二阶连续偏导数.记

$$\nabla f(\boldsymbol{X}) = \left(\frac{\partial f(\boldsymbol{X})}{\partial x_1}, \frac{\partial f(\boldsymbol{X})}{\partial x_2}, \cdots, \frac{\partial f(\boldsymbol{X})}{\partial x_n}\right),$$

称 $\nabla f(\boldsymbol{X})$ 为函数 $f(\boldsymbol{X})$ 在点 $\boldsymbol{X} = (x_1, x_2, \cdots, x_n)^{\mathrm{T}}$ 处的梯度,即梯度 $\nabla f(\boldsymbol{X})$ 是函数 $f(\boldsymbol{X})$ 在点 $\boldsymbol{X} = (x_1, x_2, \cdots, x_n)^{\mathrm{T}}$ 处的各一阶偏导数构成的 $n$ 维行向量.

与二元函数极值存在的必要条件类似,我们有下面的定理.

**定理 6.14(极值存在的必要条件)** **设函数 $f(\boldsymbol{X})$ 在点 $\boldsymbol{X}_0 = (x_1^0, x_2^0, \cdots, x_n^0)^{\mathrm{T}}$ 处存在一阶偏导数,且 $\boldsymbol{X}_0 = (x_1^0, x_2^0, \cdots, x_n^0)^{\mathrm{T}}$ 为该函数的极值点,则 $\nabla f(\boldsymbol{X}_0) = \boldsymbol{0}^{\mathrm{T}}$.**

满足 $\nabla f(\boldsymbol{X}_0) = \boldsymbol{0}^{\mathrm{T}}$ 的点 $\boldsymbol{X}_0 = (x_1^0, x_2^0, \cdots, x_n^0)^{\mathrm{T}}$ 称为函数 $f(\boldsymbol{X})$ 的驻点,但驻点未必是极值点.下面给出一个驻点是极值点的充分条件.首先,引入矩阵

$$\boldsymbol{H}(\boldsymbol{X}) = \left(\frac{\partial^2 f(\boldsymbol{X})}{\partial x_i \partial x_j}\right)_{n\times n} = \begin{pmatrix} \frac{\partial^2 f(\boldsymbol{X})}{\partial x_1^2} & \frac{\partial^2 f(\boldsymbol{X})}{\partial x_1 \partial x_2} & \cdots & \frac{\partial^2 f(\boldsymbol{X})}{\partial x_1 \partial x_n} \\ \vdots & \vdots & & \vdots \\ \frac{\partial^2 f(\boldsymbol{X})}{\partial x_n \partial x_1} & \frac{\partial^2 f(\boldsymbol{X})}{\partial x_n \partial x_2} & \cdots & \frac{\partial^2 f(\boldsymbol{X})}{\partial x_n^2} \end{pmatrix},$$

称 $\boldsymbol{H}(\boldsymbol{X})$ 为函数 $f(\boldsymbol{X})$ 在点 $\boldsymbol{X} = (x_1, x_2, \cdots, x_n)^{\mathrm{T}} \in \mathbf{R}^n$ 处的**黑塞(Hesse)矩阵**,即 $\boldsymbol{H}(\boldsymbol{X})$ 是由函数 $f(\boldsymbol{X})$ 的 $n^2$ 个二阶偏导数构成的 $n$ 阶实对称矩阵.

如果 $\boldsymbol{X}_0 = (x_1^0, x_2^0, \cdots, x_n^0)^{\mathrm{T}} \in \mathbf{R}^n$ 是 $f(\boldsymbol{X})$ 的一个驻点,利用泰勒(Taylor)公式将 $f(\boldsymbol{X})$ 在点 $\boldsymbol{X}_0 = (x_1^0, x_2^0, \cdots, x_n^0)^{\mathrm{T}} \in \mathbf{R}^n$ 处展开至二阶项,有

$$f(\boldsymbol{X}) = f(x_1, x_2, \cdots, x_n) = f(x_1^0, x_2^0, \cdots, x_n^0) + \sum_{i=1}^{n} \frac{\partial f(\boldsymbol{X}_0)}{\partial x_i}(x_i - x_i^0)$$
$$+ \frac{1}{2!}\sum_{i=1}^{n}\sum_{j=1}^{n} \frac{\partial^2 f(\boldsymbol{X}_0)}{\partial x_i \partial x_j}(x_i - x_i^0)(x_j - x_j^0) + o(\|\boldsymbol{X} - \boldsymbol{X}_0\|^2),$$

其中 $o(\|\boldsymbol{X}-\boldsymbol{X}_0\|^2)$ 表示当 $\boldsymbol{X}\to\boldsymbol{X}_0$ 时，比 $\|\boldsymbol{X}-\boldsymbol{X}_0\|^2$ 高阶的无穷小量.

利用矩阵的记号，上面的展开式可记为

$$f(\boldsymbol{X})=f(\boldsymbol{X}_0)+\nabla f(\boldsymbol{X}_0)(\boldsymbol{X}-\boldsymbol{X}_0)^{\mathrm{T}}$$
$$+\frac{1}{2!}(\boldsymbol{X}-\boldsymbol{X}_0)^{\mathrm{T}}\boldsymbol{H}(\boldsymbol{X}_0)(\boldsymbol{X}-\boldsymbol{X}_0)+o(\|\boldsymbol{X}-\boldsymbol{X}_0\|^2).$$

由于 $\nabla f(\boldsymbol{X}_0)=\boldsymbol{0}^{\mathrm{T}}$，当 $\boldsymbol{X}-\boldsymbol{X}_0\neq\boldsymbol{0}$，且 $\|\boldsymbol{X}-\boldsymbol{X}_0\|$ 充分小时，可略去高阶无穷小量，上式可化为

$$f(\boldsymbol{X})-f(\boldsymbol{X}_0)\approx\frac{1}{2!}(\boldsymbol{X}-\boldsymbol{X}_0)^{\mathrm{T}}\boldsymbol{H}(\boldsymbol{X}_0)(\boldsymbol{X}-\boldsymbol{X}_0).$$

由此可以看出，$f(\boldsymbol{X}_0)$ 是否是函数 $f(\boldsymbol{X})$ 的极值取决于二次型 $(\boldsymbol{X}-\boldsymbol{X}_0)^{\mathrm{T}}\boldsymbol{H}(\boldsymbol{X}_0)(\boldsymbol{X}-\boldsymbol{X}_0)$ 是否为正定或负定. 因此有下面的定理.

**定理 6.15（极值存在的充分条件）** 设函数 $f(\boldsymbol{X})=f(x_1,x_2,\cdots,x_n)$ 在点 $\boldsymbol{X}_0=(x_1^0,x_2^0,\cdots,x_n^0)^{\mathrm{T}}\in\mathbf{R}^n$ 的某个邻域内有一阶、二阶连续偏导数，且 $\nabla f(\boldsymbol{X}_0)=\boldsymbol{0}^{\mathrm{T}}$，则

(1) 当 $\boldsymbol{H}(\boldsymbol{X}_0)$ 为正定矩阵时，$f(\boldsymbol{X}_0)$ 为函数 $f(\boldsymbol{X})$ 的极小值；

(2) 当 $\boldsymbol{H}(\boldsymbol{X}_0)$ 为负定矩阵时，$f(\boldsymbol{X}_0)$ 为函数 $f(\boldsymbol{X})$ 的极大值；

(3) 当 $\boldsymbol{H}(\boldsymbol{X}_0)$ 为不定矩阵时，$f(\boldsymbol{X}_0)$ 不是函数 $f(\boldsymbol{X})$ 的极值.

**例 3** 求函数 $f(x_1,x_2,x_3)=x_1^3+x_2^2+x_3^2+12x_1x_2+2x_3$ 的极值.

**解** $\dfrac{\partial f}{\partial x_1}=3x_1^2+12x_2,\quad \dfrac{\partial f}{\partial x_2}=2x_2+12x_1,\quad \dfrac{\partial f}{\partial x_3}=2x_3+2,$

令

$$\frac{\partial f}{\partial x_1}=0,\quad \frac{\partial f}{\partial x_2}=0,\quad \frac{\partial f}{\partial x_3}=0,$$

得驻点为 $\boldsymbol{X}_0=(0,0,-1)^{\mathrm{T}},\boldsymbol{X}_1=(24,-144,-1)^{\mathrm{T}}$.

又 $f(\boldsymbol{X})$ 的各二阶偏导数为

$$\frac{\partial^2 f}{\partial x_1^2}=6x_1,\quad \frac{\partial^2 f}{\partial x_1\partial x_2}=12,\quad \frac{\partial^2 f}{\partial x_1\partial x_3}=0,\quad \frac{\partial^2 f}{\partial x_2^2}=2,\quad \frac{\partial^2 f}{\partial x_2\partial x_3}=0,\quad \frac{\partial^2 f}{\partial x_3^2}=2,$$

得黑塞矩阵为

$$\boldsymbol{H}(\boldsymbol{X})=\begin{pmatrix}6x_1 & 12 & 0\\ 12 & 2 & 0\\ 0 & 0 & 2\end{pmatrix}.$$

在点 $\boldsymbol{X}_0=(0,0,-1)^{\mathrm{T}}$ 处，有

$$\boldsymbol{H}(\boldsymbol{X}_0)=\begin{pmatrix}0 & 12 & 0\\ 12 & 2 & 0\\ 0 & 0 & 2\end{pmatrix},$$

而 $\boldsymbol{H}(\boldsymbol{X}_0)$ 的顺序主子式

$$|\boldsymbol{H}_1|=0,\quad |\boldsymbol{H}_2|=\begin{vmatrix}0&12\\12&2\end{vmatrix}=-144<0,$$

$$|\boldsymbol{H}_3|=|\boldsymbol{H}(\boldsymbol{X}_0)|=\begin{vmatrix}0&12&0\\12&2&0\\0&0&2\end{vmatrix}=-228<0,$$

故 $\boldsymbol{H}(\boldsymbol{X}_0)$ 是不定矩阵,$\boldsymbol{X}_0=(0,0,-1)^{\mathrm{T}}$ 不是极值点.

在点 $\boldsymbol{X}_1=(24,-144,-1)^{\mathrm{T}}$ 处,有

$$\boldsymbol{H}(\boldsymbol{X}_1)=\begin{pmatrix}144&12&0\\12&2&0\\0&0&2\end{pmatrix},$$

而 $\boldsymbol{H}(\boldsymbol{X}_1)$ 的顺序主子式

$$|\boldsymbol{H}_1|=144>0,\quad |\boldsymbol{H}_2|=\begin{vmatrix}144&12\\12&2\end{vmatrix}=144>0,$$

$$|\boldsymbol{H}_3|=|\boldsymbol{H}(\boldsymbol{X}_1)|=\begin{vmatrix}144&12&0\\12&2&0\\0&0&2\end{vmatrix}=228>0,$$

故 $\boldsymbol{H}(\boldsymbol{X}_1)$ 为正定矩阵,$\boldsymbol{X}_1=(24,-144,-1)^{\mathrm{T}}$ 为极小值点,极小值为

$$f(\boldsymbol{X}_1)=-6\,913.$$

## 习题 6.4

1. 判断下列矩阵是否为正定矩阵:

(1) $\boldsymbol{A}=\begin{pmatrix}1&0&2\\0&0&1\\2&1&3\end{pmatrix}$;　　(2) $\boldsymbol{A}=\begin{pmatrix}2&1&2\\1&1&1\\2&1&5\end{pmatrix}$.

2. 判断二次型 $f(x_1,x_2,x_3)=4x_1^2+9x_2^2+2x_3^2+6x_1x_2+6x_1x_3+8x_2x_3$ 是否为正定二次型.

3. 当 $t$ 取何值时,二次型

$$f(x_1,x_2,x_3)=t(x_1^2+x_2^2+x_3^2)+2x_1x_2+2x_1x_3-2x_2x_3$$

是正定的?

4. 设 $\boldsymbol{A}$ 为 $n$ 阶正定矩阵,证明:$\boldsymbol{A}+\boldsymbol{E}$ 的行列式大于 1.

5. 设实对称矩阵 $\boldsymbol{A}$ 为 $m$ 阶正定矩阵,$\boldsymbol{B}$ 为 $m\times n$ 实矩阵,试证:$\boldsymbol{B}^{\mathrm{T}}\boldsymbol{A}\boldsymbol{B}$ 为正定矩阵的充要条件是 $\mathrm{r}(\boldsymbol{B})=n$.

6. 填空题:

(1) 如果二次型 $f(x_1,x_2,x_3)=2x_1^2+x_2^2+x_3^2+2x_1x_2+tx_2x_3$ 是正定的,则 $t$ 的取值范围是__________.

(2) 若 $n$ 阶实对称矩阵 $\boldsymbol{A}$ 的秩为 $r(<n)$,且 $\boldsymbol{A}^2=\boldsymbol{A}$,则 $\boldsymbol{A}$ 是__________矩阵(正定、半正定……),正惯性指数为__________.

# 习题参考答案

**习题 1.1**

1. (1) 5;　(2) 12;　(3) 0.

**习题 1.2**

1. (1) 12;　(2) 26.

2. (1) $i=2, j=5$;　(2) $i=3, j=6$.

3. 取决于$(n-1)+(n-2)+\cdots+1$的奇偶性.

4. (1) 正号;　(2) $a_{14}a_{23}a_{31}a_{42}$.

5. $(-1)^{\frac{(n-1)(n-2)}{2}}n!$.

6. $2x^4, -x^3$.

7. $(-1)^n a$.

**习题 1.3**

1. (1) 160;　(2) 0;　(3) $(a-b)^3$;　(4) $-1\,800$;
   (5) $x^4$.

2. $\frac{12}{5}$.

**习题 1.4**

1. $M_{23}=\begin{vmatrix} a_{11} & a_{12} & a_{14} & a_{15} \\ a_{31} & a_{32} & a_{34} & a_{35} \\ a_{41} & a_{42} & a_{44} & a_{45} \\ a_{51} & a_{52} & a_{54} & a_{55} \end{vmatrix}, A_{32}=-\begin{vmatrix} a_{11} & a_{13} & a_{14} & a_{15} \\ a_{21} & a_{23} & a_{24} & a_{25} \\ a_{41} & a_{43} & a_{44} & a_{45} \\ a_{51} & a_{53} & a_{54} & a_{55} \end{vmatrix}$.

2. 略.

3. 0.

4. (1) 0;　(2) 18;　(3) 0.

5. (1) $a_1a_2\cdots a_n\left(1+\sum_{i=1}^{n}\frac{1}{a_i}\right)$;　(2) $x^n+(-1)^{n+1}y^n$;
   (3) 当$n=1$时,$D=1$,当$n\geqslant 2$时,$D=-2(n-2)!$;
   (4) $n!(n-1)!\cdots 2!$;

(5) $D_n=\begin{cases}a_1+b_1, & n=1,\\(a_1-a_2)(b_2-b_1), & n=2,\\0, & n\geqslant 3;\end{cases}$

(6) $a^n-a^{n-2}$;　　(7) $x^n+a_1x^{n-1}+a_2x^{n-2}+\cdots+a_{n-1}x+a_n$;

(8) $x^n\left(1+\sum\limits_{i=1}^{n}\dfrac{a_i}{x}\right)$.

**习题 1.5**

1. $\lambda=1,\mu=0$.
2. $f(x)=2x^2-4x+3$.
3. (1) $x_1=\dfrac{a+d}{2},x_2=\dfrac{c-d}{2},x_3=\dfrac{b-c}{2},x_4=\dfrac{a-b}{2}$;

   (2) $x_1=1,x_2=0,x_3=0,\cdots,x_n=0$.

**习题 2.2**

1.2. 略.

3. (1) $\begin{pmatrix}0 & 0\\ aa_1+bb_1+cc_1 & 0\end{pmatrix}$;　(2) $\begin{pmatrix}0&0&0\\0&0&0\\0&0&0\end{pmatrix}$;

   (3) $\begin{pmatrix}21&26&36\\18&12&34\end{pmatrix}$;　(4) $\begin{pmatrix}3&2&1&5\\6&4&2&10\\9&6&3&15\\12&8&4&20\end{pmatrix}$,30;

   (5) $\begin{pmatrix}-6&29\\5&32\end{pmatrix}$.

4. (1) ① $\begin{pmatrix}3&1\\4&-2\end{pmatrix}$, $\begin{pmatrix}-2&0&1\\0&2&2\\2&2&1\end{pmatrix}$,　② $\begin{pmatrix}-2&0&2\\0&2&2\\1&2&1\end{pmatrix}$;

   (2) $\begin{pmatrix}2&-4&-4\\2&-2&4\\0&-2&0\end{pmatrix}$.

5. (1) $-135$;　(2) $-15$;　(3) $-5k^3$.

6. (1) $\boldsymbol{X}=\begin{pmatrix}a&0&0\\0&c&2b\\0&b&c-3b\end{pmatrix}$　($a,b,c$ 为任意常数);

   (2) $\boldsymbol{X}=\begin{pmatrix}a&b&c\\0&a&b\\0&0&a\end{pmatrix}$　($a,b,c$ 为任意常数).

7. (1) $\begin{pmatrix} 1 & 3n \\ 0 & 1 \end{pmatrix}$;　　(2) $A^n = \begin{cases} 2^n E, & n \text{ 为偶数}, \\ 2^{n-1} A, & n \text{ 为奇数}. \end{cases}$

**习题 2.3**

1. (1) $\begin{pmatrix} 6 & 6 & 9 \\ 9 & 5 & 11 \\ 3 & 2 & 2 \end{pmatrix}$;　　(2) $\begin{pmatrix} 0 & 1 \\ 3 & 2 \end{pmatrix}$.

2. 3. 略.

**习题 2.5**

1. (1) $\begin{pmatrix} -2 & 1 & 0 \\ -\frac{13}{2} & 3 & -\frac{1}{2} \\ -16 & 7 & -1 \end{pmatrix}$;　　(2) $\begin{pmatrix} \frac{3}{2} & -3 & 1 \\ -\frac{3}{2} & 5 & -2 \\ \frac{1}{2} & -2 & 1 \end{pmatrix}$;

(3) $\begin{pmatrix} 1 & -2 & 1 \\ 0 & 1 & -2 \\ 0 & 0 & 1 \end{pmatrix}$;　　(4) $\begin{pmatrix} 1 & 0 & 0 & 0 \\ -\frac{1}{2} & \frac{1}{2} & 0 & 0 \\ -\frac{1}{2} & -\frac{1}{6} & \frac{1}{3} & 0 \\ \frac{1}{8} & -\frac{5}{24} & -\frac{1}{12} & \frac{1}{4} \end{pmatrix}$.

2. 略.

3. $(A^*)^{-1} = \frac{1}{|A|}A = \begin{pmatrix} 5 & -2 & -1 \\ -2 & 2 & 0 \\ -1 & 0 & 1 \end{pmatrix}$.

4. $-\frac{16}{27}$.

5. 6. 略.

7. $B = (8E - A)^{-1}$.

8. (1) $\begin{pmatrix} 5 & -2 & 0 & 0 & 0 \\ -2 & 1 & 0 & 0 & 0 \\ 0 & 0 & \frac{1}{3} & 0 & 0 \\ 0 & 0 & 0 & \frac{1}{2} & 0 \\ 0 & 0 & 0 & 0 & \frac{1}{4} \end{pmatrix}$;　　(2) $\begin{pmatrix} 0 & 0 & \frac{3}{8} & -\frac{1}{8} \\ 0 & 0 & \frac{1}{4} & \frac{1}{4} \\ \frac{1}{5} & \frac{1}{5} & 0 & 0 \\ -\frac{2}{5} & \frac{3}{5} & 0 & 0 \end{pmatrix}$;

(3) $\begin{pmatrix} \frac{1}{2} & 0 & -\frac{1}{2} & 0 & -\frac{1}{7} \\ 0 & \frac{1}{2} & 0 & -1 & -\frac{3}{14} \\ 0 & 0 & 1 & 0 & 0 \\ 0 & 0 & 0 & 2 & 0 \\ 0 & 0 & 0 & 0 & \frac{1}{7} \end{pmatrix}$.

**习题 2.6**

1. 略.

2. (1) $\begin{pmatrix} -\frac{5}{2} & 1 & -\frac{1}{2} \\ 5 & -1 & 1 \\ \frac{7}{2} & -1 & \frac{1}{2} \end{pmatrix}$; (2) $\begin{pmatrix} -2 & 0 & 1 \\ 0 & -3 & 4 \\ 1 & 2 & -3 \end{pmatrix}$;

(3) $\begin{pmatrix} -4 & 2 & -1 \\ 4 & -1 & 2 \\ 3 & -1 & 1 \end{pmatrix}$; (4) $\begin{pmatrix} 0 & 0 & 0 & 1 \\ 0 & 0 & 1 & -1 \\ 0 & 1 & -1 & 0 \\ 1 & -1 & 0 & 0 \end{pmatrix}$.

3. $(\boldsymbol{A}-\boldsymbol{E})^{-1} = \frac{1}{2}\boldsymbol{B}-\boldsymbol{E} = \begin{pmatrix} 0 & 0 & 1 \\ 0 & 1 & 0 \\ 1 & 0 & 0 \end{pmatrix}$.

4. (1) $\boldsymbol{X} = \begin{pmatrix} \frac{8}{3} & \frac{5}{3} \\ -\frac{10}{3} & -\frac{7}{3} \\ \frac{5}{3} & \frac{5}{3} \end{pmatrix}$; (2) $\boldsymbol{X} = \begin{pmatrix} -2 & \frac{7}{3} & \frac{4}{3} \\ -1 & \frac{4}{3} & \frac{1}{3} \end{pmatrix}$;

(3) $\boldsymbol{X} = \begin{pmatrix} 2 & -1 & 0 \\ 0 & 3 & -4 \\ 1 & 0 & -2 \end{pmatrix}$;

(4) ① $\boldsymbol{X} = \begin{pmatrix} 1 & 3 \\ 0 & -1 \\ 2 & 2 \end{pmatrix}$; ② $\boldsymbol{X} = \begin{pmatrix} \frac{1}{4} & -\frac{1}{4} \\ \frac{1}{2} & \frac{1}{2} \\ -\frac{9}{4} & \frac{5}{4} \end{pmatrix} = \frac{1}{4}\begin{pmatrix} 1 & -1 \\ 2 & 2 \\ -9 & 5 \end{pmatrix}$.

5. ~ 9. 略.

**习题 3.1**

1. (1) $x_1=\frac{25}{7}+\frac{11}{7}c, x_2=\frac{1}{7}+\frac{1}{7}c, x_3=c$;

(2) $x_1=\frac{4}{3}+c_1+\frac{1}{3}c_2+c_3, x_2=c_1, x_3=\frac{1}{3}+\frac{4}{3}c_2-c_3, x_4=c_2, x_5=c_3$.

2. 当 $a\neq 2, b\in\mathbf{R}$ 时,方程组有唯一解;当 $a=2, b\neq 1$ 时,方程组无解;当 $a=2, b=1$ 时,方程组有无穷多解:$x_1=-8, x_2=3-2c, x_3=c, x_4=2$.

**习题 3.2**

1. (1) $\boldsymbol{\beta}$ 可以由 $\boldsymbol{\alpha}_1, \boldsymbol{\alpha}_2, \boldsymbol{\alpha}_3$ 线性表示,且表示法不唯一,其中一个表达式为

$$\boldsymbol{\beta}=-\boldsymbol{\alpha}_1+2\boldsymbol{\alpha}_2+0\cdot\boldsymbol{\alpha}_3;$$

(2) $\boldsymbol{\beta}$ 不可由 $\boldsymbol{\alpha}_1, \boldsymbol{\alpha}_2, \boldsymbol{\alpha}_3$ 线性表示.

2. (1) 线性相关; (2) 线性无关.

3. (1) $\lambda\neq 0, \lambda\neq -3$ 时,表达式唯一; (2) $\lambda=0$ 时,表达式不唯一;

(3) $\lambda=-3$ 时,$\boldsymbol{\beta}$ 不能由 $\boldsymbol{\alpha}_1, \boldsymbol{\alpha}_2, \boldsymbol{\alpha}_3$ 线性表示.

4. 当 $m\neq 0, m\neq\pm 2$ 时,$\boldsymbol{\beta}_1, \boldsymbol{\beta}_2, \boldsymbol{\beta}_3$ 线性无关;当 $m=0, m=2$ 或 $m=-2$ 时,$\boldsymbol{\beta}_1, \boldsymbol{\beta}_2, \boldsymbol{\beta}_3$ 线性相关.

5.6. 略.

**习题 3.3**

1. 等价. $\boldsymbol{\beta}_1=2\boldsymbol{\alpha}_1-3\boldsymbol{\alpha}_2, \boldsymbol{\beta}_2=-\boldsymbol{\alpha}_1+2\boldsymbol{\alpha}_2$; $\boldsymbol{\alpha}_1=2\boldsymbol{\beta}_1+3\boldsymbol{\beta}_2, \boldsymbol{\alpha}_2=\boldsymbol{\beta}_1+2\boldsymbol{\beta}_2$.

2. 略.

**习题 3.4**

1. (1) $r=3$; (2) $r=2$; (3) $r=2$; (4) $r=2$.

2. (1) $\boldsymbol{\alpha}_1, \boldsymbol{\alpha}_2, \boldsymbol{\alpha}_3$ 是它的一个极大无关组,且 $\boldsymbol{\alpha}_4=2\boldsymbol{\alpha}_1+\boldsymbol{\alpha}_2-\boldsymbol{\alpha}_3$;

(2) $\boldsymbol{\alpha}_1, \boldsymbol{\alpha}_2$ 为向量组 $\boldsymbol{\alpha}_1, \boldsymbol{\alpha}_2, \boldsymbol{\alpha}_3, \boldsymbol{\alpha}_4$ 的一个极大无关组,且 $\boldsymbol{\alpha}_3=2\boldsymbol{\alpha}_1-\boldsymbol{\alpha}_2, \boldsymbol{\alpha}_4=-\boldsymbol{\alpha}_1+2\boldsymbol{\alpha}_2$.

3. (1) 正确; (2) 错误; (3) 正确; (4) 错误; (5) 正确.

**习题 3.5**

1. 基础解系为

$$\boldsymbol{\eta}_1=\begin{pmatrix}1\\-2\\1\\0\\0\end{pmatrix},\quad \boldsymbol{\eta}_2=\begin{pmatrix}2\\-3\\0\\1\\0\end{pmatrix},$$

全部解为

$$\boldsymbol{\eta}=c_1\begin{pmatrix}1\\-2\\1\\0\\0\end{pmatrix}+c_2\begin{pmatrix}2\\-3\\0\\1\\0\end{pmatrix}.$$

2. 全部解为

$$\boldsymbol{\gamma}_0+c_1\boldsymbol{\eta}_1+c_2\boldsymbol{\eta}_2+c_3\boldsymbol{\eta}_3=\begin{pmatrix}-3\\2\\0\\0\\0\end{pmatrix}+c_1\begin{pmatrix}1\\-2\\1\\0\\0\end{pmatrix}+c_2\begin{pmatrix}1\\-2\\0\\1\\0\end{pmatrix}+c_3\begin{pmatrix}5\\-6\\0\\0\\1\end{pmatrix}.$$

3. 齐次线性方程组$\begin{cases}x_1-2x_2+x_3=0,\\2x_1-3x_2+x_4=0\end{cases}$即为所求.

4. 非齐次线性方程组的一般解为$\boldsymbol{\eta}_1+k[(\boldsymbol{\eta}_2-\boldsymbol{\eta}_1)+(\boldsymbol{\eta}_3-\boldsymbol{\eta}_1)]$,其中$k$为任意常数,且$\boldsymbol{\eta}_1=(2,3,4,5)^{\mathrm{T}}$,$(\boldsymbol{\eta}_2-\boldsymbol{\eta}_1)+(\boldsymbol{\eta}_3-\boldsymbol{\eta}_1)=(-3,-4,-5,-6)^{\mathrm{T}}$.

5.6. 略.

7. (1) 当$a\neq b$且$a\neq-(n-1)b$时,方程组仅有零解;

(2) 当$a=b$时,方程组的全部解为$c_1\boldsymbol{\eta}_1+c_2\boldsymbol{\eta}_2+\cdots+c_{n-1}\boldsymbol{\eta}_{n-1}$,其中$c_1,c_2,\cdots,c_{n-1}$为任意常数,且

$\boldsymbol{\eta}_1=(-1,1,0,\cdots,0)^{\mathrm{T}},\boldsymbol{\eta}_2=(-1,0,1,0,\cdots,0)^{\mathrm{T}},\cdots,\boldsymbol{\eta}_{n-1}=(-1,0,\cdots,0,1)^{\mathrm{T}}$;

(3) 当$a=-(n-1)b$时,全部解为$c\boldsymbol{\eta}$,其中$c$为任意常数,且$\boldsymbol{\eta}=(1,1,1,\cdots,1)^{\mathrm{T}}$.

8. (1) 略;

(2) 该方程组的全部解为$\boldsymbol{\eta}_1+c(\boldsymbol{\eta}_1-\boldsymbol{\eta}_2)$,$c$为任意常数,且$\boldsymbol{\eta}_1-\boldsymbol{\eta}_2=(-2,0,2)^{\mathrm{T}}$.

**习题 4.1**

1. $(k_3,-k_2,2k_1)$.

2. $\left(1,\frac{1}{2},-\frac{1}{2}\right)$.

3. 略.

**习题 4.2**

1. $\begin{pmatrix}0&0&0&1\\0&0&1&0\\0&1&0&0\\1&0&0&0\end{pmatrix}$.

2. (1) $\begin{pmatrix} 0 & 0 & \cdots & 0 & 1 \\ 1 & 0 & \cdots & 0 & 0 \\ 0 & 1 & \cdots & 0 & 0 \\ \vdots & \vdots & & \vdots & \vdots \\ 0 & 0 & \cdots & 1 & 0 \end{pmatrix}$；　　(2) $(a_n, a_1, a_2, \cdots, a_{n-1})$.

3. $\boldsymbol{A} = \begin{pmatrix} 1 & 0 & 0 & 1 \\ 1 & 1 & 0 & 1 \\ 0 & 1 & 1 & 1 \\ 0 & 0 & 1 & 0 \end{pmatrix}$, $\left(\frac{3}{13}, \frac{5}{13}, -\frac{2}{13}, -\frac{3}{13}\right)$.

4. $(a, a, a, -a)^{\mathrm{T}} (a \neq 0)$.

**习题 4.3**

1. (1) $\boldsymbol{\alpha}_1, \boldsymbol{\alpha}_2, \boldsymbol{\alpha}_4, 3$；　　(2) $\boldsymbol{\alpha}_1, \boldsymbol{\alpha}_2, \boldsymbol{\alpha}_3, 3$.
2. 维数是 2，基为 $\boldsymbol{\eta}_1 = (1, -24, -9, 0)^{\mathrm{T}}, \boldsymbol{\eta}_1 = (2, -21, 0, 9)^{\mathrm{T}}$(不唯一).

**习题 4.4**

1. (1) 1；(2) 80；(3) $\pm\left(\frac{1}{\sqrt{6}}, \frac{1}{\sqrt{6}}, -\frac{2}{\sqrt{6}}\right)$.
2. 略.

**习题 4.5**

1. (1) $\boldsymbol{\eta}_1 = \left(\frac{1}{3}, -\frac{2}{3}, \frac{2}{3}\right)^{\mathrm{T}}, \boldsymbol{\eta}_2 = \left(-\frac{2}{3}, -\frac{2}{3}, -\frac{1}{3}\right)^{\mathrm{T}}, \boldsymbol{\eta}_3 = \left(\frac{2}{3}, -\frac{1}{3}, -\frac{2}{3}\right)^{\mathrm{T}}$；

   (2) $\boldsymbol{\eta}_1 = \left(\frac{1}{2}, \frac{1}{2}, \frac{1}{2}, \frac{1}{2}\right)^{\mathrm{T}}, \boldsymbol{\eta}_2 = \left(\frac{1}{2}, \frac{1}{2}, -\frac{1}{2}, -\frac{1}{2}\right)^{\mathrm{T}}, \boldsymbol{\eta}_3 = \left(-\frac{1}{2}, \frac{1}{2}, -\frac{1}{2}, \frac{1}{2}\right)^{\mathrm{T}}$.

2. ～ 4. 略.

5. $\boldsymbol{\eta}_1 = \frac{1}{\sqrt{2}}(0, 1, 1, 0, 0)^{\mathrm{T}}, \boldsymbol{\eta}_2 = \frac{1}{\sqrt{10}}(2, -1, 1, -2, 0)^{\mathrm{T}}$,

   $\boldsymbol{\eta}_3 = \frac{1}{\sqrt{315}}(7, -6, 6, 13, 5)^{\mathrm{T}}$(不唯一).

**习题 5.1**

1. (1) $\lambda_1 = \lambda_2 = 3, \lambda_3 = 1$,

   属于 $\lambda = 3$ 的全部特征向量为 $k_1 \boldsymbol{\alpha}_1 = k_1 \begin{pmatrix} -1 \\ -1 \\ 1 \end{pmatrix} (k_1 \neq 0)$；

属于 $\lambda=1$ 的全部特征向量为 $k_2\boldsymbol{\alpha}_2=k_2\begin{pmatrix}-1\\-\frac{1}{3}\\1\end{pmatrix}(k_2\neq 0)$.

(2) $\lambda_1=\lambda_2=7,\lambda_3=-2$,

属于 $\lambda=7$ 的全部特征向量为 $k_1\boldsymbol{\alpha}_1+k_2\boldsymbol{\alpha}_2$($k_1,k_2$ 不同时为零),其中 $\boldsymbol{\alpha}_1=\begin{pmatrix}-\frac{1}{2}\\1\\0\end{pmatrix}$,

$\boldsymbol{\alpha}_2=\begin{pmatrix}-1\\0\\1\end{pmatrix}$;

属于 $\lambda=-2$ 的全部特征向量为 $k_3\boldsymbol{\alpha}_3(k_3\neq 0)$,其中 $\boldsymbol{\alpha}_3=\begin{pmatrix}1\\\frac{1}{2}\\1\end{pmatrix}$.

2. 特征值分别为 $\frac{1}{\lambda},\frac{|\boldsymbol{A}|}{\lambda},1-\frac{1}{\lambda},\lambda^2-\lambda+1$;特征向量都是 $\boldsymbol{\alpha}$.

3. $\mathrm{tr}(\boldsymbol{A})=2+2+2+5=11,|\boldsymbol{A}|=2\times2\times2\times5=40$.

4. $a=-2,b=6,\lambda_1=-4$.

5.6. 略.

### 习题 5.2

1. (1) 不能; (2) 能,$\boldsymbol{P}=\begin{pmatrix}1&-\frac{1}{2}&-1\\\frac{1}{2}&1&0\\1&0&1\end{pmatrix},\boldsymbol{\Lambda}=\begin{pmatrix}-2&&\\&7&\\&&7\end{pmatrix}$.

2. $\boldsymbol{A}$ 与 $\boldsymbol{B}$ 相似.

3. (1) $\lambda=6$; (2) $x=0,y=1$; (3) $|\boldsymbol{B}^{-1}-\boldsymbol{E}|=24$.

4. 略.

### 习题 5.3

1. (1) $\boldsymbol{Q}=\begin{pmatrix}-\frac{1}{\sqrt{2}}&\frac{1}{\sqrt{6}}&\frac{1}{\sqrt{3}}\\\frac{1}{\sqrt{2}}&\frac{1}{\sqrt{6}}&\frac{1}{\sqrt{3}}\\0&-\frac{2}{\sqrt{6}}&\frac{1}{\sqrt{3}}\end{pmatrix}$; (2) $\boldsymbol{Q}=\begin{pmatrix}-\frac{1}{\sqrt{2}}&\frac{1}{\sqrt{6}}&\frac{1}{\sqrt{3}}\\\frac{1}{\sqrt{2}}&\frac{1}{\sqrt{6}}&\frac{1}{\sqrt{3}}\\0&-\frac{2}{\sqrt{6}}&\frac{1}{\sqrt{3}}\end{pmatrix}$.

2. (1) $\lambda_1 = 3$ 是一个特征值，$\boldsymbol{\alpha} = (1,1,1)$ 是对应的特征向量，

$\lambda_2 = \lambda_3 = 0$ 是 $\boldsymbol{A}$ 的二重特征值，$\boldsymbol{\alpha}_1,\boldsymbol{\alpha}_2$ 是 $\boldsymbol{A}$ 的对应于 $\lambda_2 = \lambda_3 = 0$ 的特征向量；

(2) $\boldsymbol{Q} = \begin{pmatrix} \frac{1}{\sqrt{3}} & -\frac{1}{\sqrt{6}} & -\frac{1}{\sqrt{2}} \\ \frac{1}{\sqrt{3}} & \frac{2}{\sqrt{6}} & 0 \\ \frac{1}{\sqrt{3}} & -\frac{1}{\sqrt{6}} & \frac{1}{\sqrt{2}} \end{pmatrix}$，对角形矩阵为 $\begin{pmatrix} 3 & & \\ & 0 & \\ & & 0 \end{pmatrix}$，$\boldsymbol{A} = \begin{pmatrix} 1 & 1 & 1 \\ 1 & 1 & 1 \\ 1 & 1 & 1 \end{pmatrix}$.

3. $\boldsymbol{A}^2 = \boldsymbol{E}$.

4. (1) $\boldsymbol{B}$ 的全部特征值为 $-2,1,1$,

$\boldsymbol{B}$ 的属于 $-2$ 的全部特征向量为 $k_1\boldsymbol{\alpha}_1$（$k_1$ 为任意非零常数）；

$\boldsymbol{B}$ 的属于 1 的全部特征向量为 $k_2\boldsymbol{\alpha}_2 + k_3\boldsymbol{\alpha}_3 = k_2(1,1,0)^{\mathrm{T}} + k_3(-1,0,1)^{\mathrm{T}}$（$k_2,k_3$ 为两个不同时为零的任意常数）；

(2) $\boldsymbol{B} = \begin{pmatrix} 0 & 1 & -1 \\ 1 & 0 & 1 \\ -1 & 1 & 0 \end{pmatrix}$.

5. 略.

**习题 6.1**

1. (1) $\boldsymbol{A} = \begin{pmatrix} 2 & -\frac{1}{2} & 1 \\ -\frac{1}{2} & 1 & -2 \\ 1 & -2 & 5 \end{pmatrix}$；　(2) $\boldsymbol{A} = \begin{pmatrix} 1 & 3 & 4 \\ 3 & 3 & 4 \\ 4 & 4 & 7 \end{pmatrix}$.

2. (1) $f(x_1,x_2,x_3) = 3x_1^2 - x_2^2 + 2x_3^2 + 2x_1x_2 - 2x_2x_3$；

(2) $f(x_1,x_2,x_3) = -x_1^2 - x_2^2 - x_3^2 + 4x_1x_2 + 6x_1x_3$.

3. 略.

**习题 6.2**

1. (1) $f = y_1^2 - y_2^2$；

(2) $f = -4y_1^2 + 4y_2^2 + y_3^2$.

2. $a = 2$，正交替换矩阵为 $\boldsymbol{Q} = \begin{pmatrix} \frac{1}{\sqrt{2}} & \frac{\sqrt{2}}{6} & \frac{2}{3} \\ -\frac{1}{\sqrt{2}} & \frac{\sqrt{2}}{6} & \frac{2}{3} \\ 0 & -\frac{2\sqrt{2}}{3} & \frac{1}{3} \end{pmatrix}$.

3. 略.

4. $f = y_1^2 + y_2^2 + 3y_3^2 - y_4^2$,正交替换矩阵为 $\boldsymbol{Q} = \frac{1}{2}\begin{pmatrix} \sqrt{2} & 0 & 1 & -1 \\ 0 & \sqrt{2} & 1 & 1 \\ \sqrt{2} & 0 & -1 & 1 \\ 0 & \sqrt{2} & -1 & -1 \end{pmatrix}$.

**习题 6.3**

1. $f = z_1^2 + z_2^2 - z_3^2$,正惯性指数为 $p = 2$,负惯性指数为 $r - p = 3 - 2 = 1$,符号差为 1.

2. $f = z_1^2 + z_2^2 - z_3^2$,正惯性指数为 $p = 2$,负惯性指数为 $r - p = 3 - 2 = 1$,符号差为 1.

3. (B).

**习题 6.4**

1. (1) 非正定; (2) 正定.

2. 不是正定二次型.

3. $t > 2$ 时,正定.

4. 5. 略.

6. (1) $|t| < \sqrt{2}$; (2) 半正定,$r$.

# 参考文献


[1] 内蒙古财经大学统计与数学学院.经济数学基础二:线性代数[M].上海:复旦大学出版社,2015.

[2] 李梵蓓,胡格吉乐吐.线性代数[M].呼和浩特:远方出版社,2008.

[3] 熊维玲.线性代数[M].2 版.上海:复旦大学出版社,2017.

[4] 卢刚.线性代数中的典型例题分析与习题[M].3 版.北京:高等教育出版社,2015.

[5] 褚永增.线性代数学习与考试参考题集[M].北京:中国人民大学出版社,2000.

[6] 龚德恩.经济数学基础:第二分册:线性代数[M].5 版.成都:四川人民出版社,2016.

[7] 北京大学数学系前代数小组.高等代数[M].4 版.北京:高等教育出版社,2013.

[8] 周勇.线性代数[M].北京:北京大学出版社,2018.

[9] 卢刚.线性代数[M].3 版.北京:高等教育出版社,2009.

**图书在版编目(CIP)数据**

经济数学基础. 线性代数/内蒙古财经大学统计与数学学院组编. —北京：北京大学出版社，2019.7
ISBN 978-7-301-30574-4

Ⅰ. ①经… Ⅱ. ①内… Ⅲ. ①经济数学—高等学校—教材 ②线性代数—高等学校—教材 Ⅳ. ①F224.0 ②O151.2

中国版本图书馆 CIP 数据核字(2019)第 133415 号

| | |
|---|---|
| **书　　名** | 经济数学基础（线性代数）<br>JINGJI SHUXUE JICHU (XIANXING DAISHU) |
| **著作责任者** | 内蒙古财经大学统计与数学学院　组编 |
| **责 任 编 辑** | 尹照原 |
| **标 准 书 号** | ISBN 978-7-301-30574-4 |
| **出 版 发 行** | 北京大学出版社 |
| **地　　址** | 北京市海淀区成府路 205 号　100871 |
| **网　　址** | http://www.pup.cn |
| **电 子 信 箱** | zpup@pup.cn |
| **新 浪 微 博** | @北京大学出版社 |
| **电　　话** | 邮购部 010-62752015　发行部 010-62750672　编辑部 010-62752021 |
| **印 刷 者** | 长沙超峰印刷有限公司 |
| **经 销 者** | 新华书店 |
| | 787 毫米×1092 毫米　16 开本　11.5 印张　287 千字 |
| | 2019 年 7 月第 1 版　2019 年 7 月第 1 次印刷 |
| **定　　价** | 42.00 元 |